Bilhar 3 Tabelas: Subir e descer os padrões de colina

De torneios de campeonato professional

Teste-se contra jogadores profissionais

Allan P. Sand
PBIA Instrutor de Bilhar Certificado

ISBN 978-1-62505-334-3
PRINT 7x10

ISBN 978-1-62505-498-2
PRINT 8.5x11

First edition

Copyright © 2019 Allan P. Sand

All rights reserved under International and Pan-American Copyright Conventions.

Published by Billiard Gods Productions.
Santa Clara, CA 95051
U.S.A.

For the latest information about books and videos, go to: http://www.billiardgods.com

Acknowledgements

Wei Chao created the software that was used to create these graphics.

Índice

Introdução 1
   Sobre os layouts de tabela 1
   Instruções de configuração da tabela 2
   Objetivo dos layouts 2

A: Desça a colina, pequeno gancho de canto 3
   A: Grupo 1 3
   A: Grupo 2 8
   A: Grupo 3 13
   A: Grupo 4 18

B: Descendo a colina, gancho de canto grande 23
   B: Grupo 1 23
   B: Grupo 2 28
   B: Grupo 3 33
   B: Grupo 4 38

C: Mesa completa (tabelas curta) 43
   C: Grupo 1 43
   C: Grupo 2 48
   C: Grupo 3 53

D: Retorno de canto básico (tabelas longa) 58
   D: Grupo 1 58
   D: Grupo 2 63
   D: Grupo 3 68
   D: Grupo 4 73

E: Retorno de canto estendido (tabelas longa) 78
   E: Grupo 1 78
   E: Grupo 2 83
   E: Grupo 3 88

F: Perna de ângulo raso, descendo a colina 93
   F: Grupo 1 93
   F: Grupo 2 98
   F: Grupo 3 103
   F: Grupo 4 108

G: No canto (tabelas curta) 113
   G: Grupo 1 113
   G: Grupo 2 118
   G: Grupo 3 123

H: Gancho duplo básico 128
   H: Grupo 1 128
   H: Grupo 2 133
   H: Grupo 3 138

I: Gancho duplo (estendido) 143
   I: Grupo 1 143
   I: Grupo 2 148

    I: Grupo 3 153
    I: Grupo 4 158
J: Gancho duplo (com diagonal de retorno) 163
    J: Grupo 1 163
    J: Grupo 2 168
    J: Grupo 3 173
    J: Grupo 4 178
K: Topo duplo da colina 183
    K: Grupo 1 183
L: Gancho de retorno externo 188
    L: Grupo 1 188
    L: Grupo 2 193
M: Retorno ao canto externo (tabelas curta) 198
    M: Grupo 1 198

Other books by the author ...
- 3 Cushion Billiards Championship Shots (a series)
- Carom Billiards: Some Riddles & Puzzles
- Carom Billiards: MORE Riddles & Puzzles
- Why Pool Hustlers Win
- Table Map Library
- Safety Toolbox
- Cue Ball Control Cheat Sheets
- Advanced Cue Ball Control Self-Testing Program
- Drills & Exercises for Pool & Pocket Billiards
- The Art of War versus The Art of Pool
- The Psychology of Losing – Tricks, Traps & Sharks
- The Art of Team Coaching
- The Art of Personal Competition
- The Art of Politics & Campaigning
- The Art of Marketing & Promotion
- Kitche God's Guide for Single Guys

Introdução

Este é um dos livros da série Carom Billiards que mostra como os jogadores profissionais tomam decisões, com base no layout da mesa. Todos esses layouts são de competições internacionais.

Esses layouts colocam você dentro da cabeça do jogador, começando pelas posições das bolas (mostradas na primeira tabela). O segundo layout da tabela mostra o que o jogador decidiu fazer.

Sobre os layouts de tabela

Estas são as três bolas na mesa:

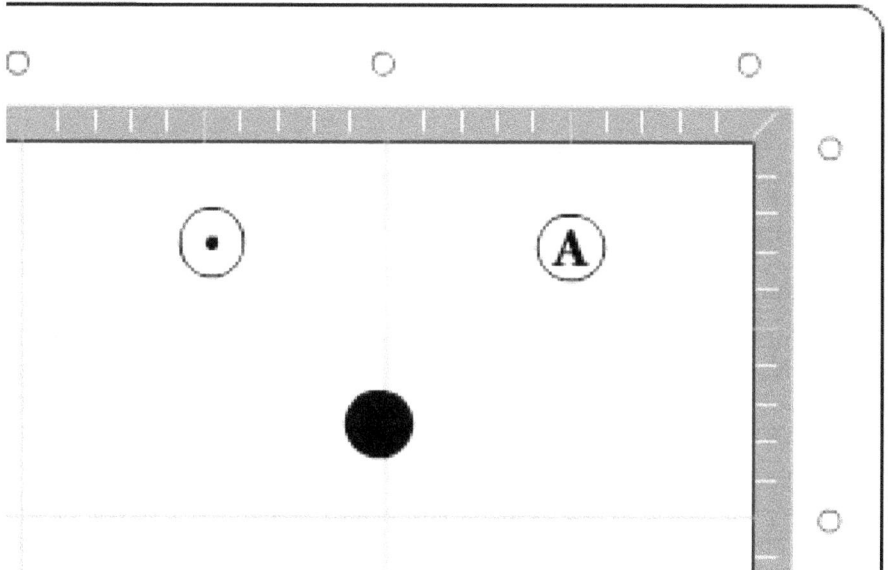

(A) (CB) (sua bola de bilhar)

(•) (OB) (bola de bilhar oponente)

● (RB) (bola de bilhar vermelha)

Cada configuração tem dois layouts de tabela. A primeira tabela é a posição das bolas. A segunda mesa é como as bolas se movem na mesa.

Instruções de configuração da tabela

Use anéis de papel para marcar as posições da bola (comprar em qualquer loja de material de escritório).

Coloque uma moeda em cada tabelas da mesa que o (CB) vai tocar.

Compare seu caminho (CB) com a segunda configuração da tabela. Para aprender, você pode precisar de várias tentativas. Após cada falha, faça o ajuste e tente novamente até ter sucesso.

Objetivo dos layouts

Esses layouts são fornecidos para dois propósitos.

- Sua análise - Em casa, você pode considerar como reproduzir a configuração na primeira tabela. Compare suas ideias com o padrão real na segunda tabela. Pense na sua solução e considere as opções. Na segunda tabela, você também pode analisar como seguir o padrão. Mentalmente jogue o tiro e decida como você pode ser bem sucedido.

- Pratique a configuração da mesa - Coloque as bolas na posição, de acordo com a configuração da primeira mesa. Tente fotografar da mesma maneira que o segundo padrão de mesa. Você pode precisar de muitas tentativas antes de encontrar a maneira correta de jogar. É assim que você pode aprender e jogar essas jogadas durante competições e torneios.

A combinação de análise mental e prática prática fará de você um jogador mais inteligente.

A: Desça a colina, pequeno gancho de canto

O (CB) sai do primeiro (OB) e vai para o meio da tabelas longa. O (CB) vai para o canto distante - na tabelas curta e na tabelas longa.

Ⓐ (CB) (sua bola de bilhar) - ⊙ (OB) (bola de bilhar oponente) - ● (RB) (bola de bilhar vermelha)

A: Grupo 1

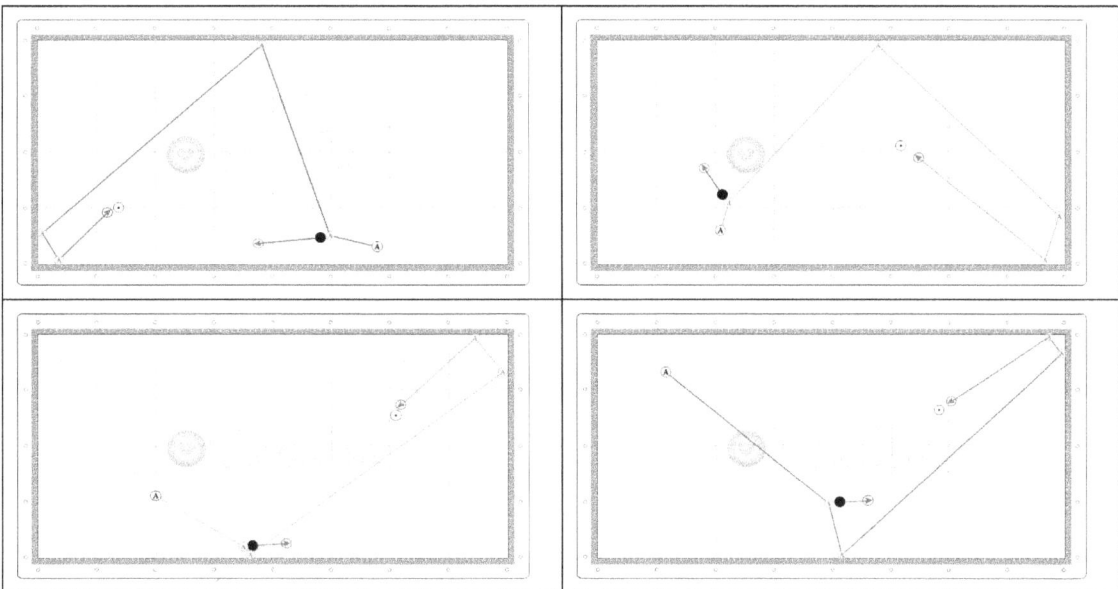

Análise:

A:1a. _____

A:1b. _____

A:1c. _____

A:1d. _____

A:1a – Configuração

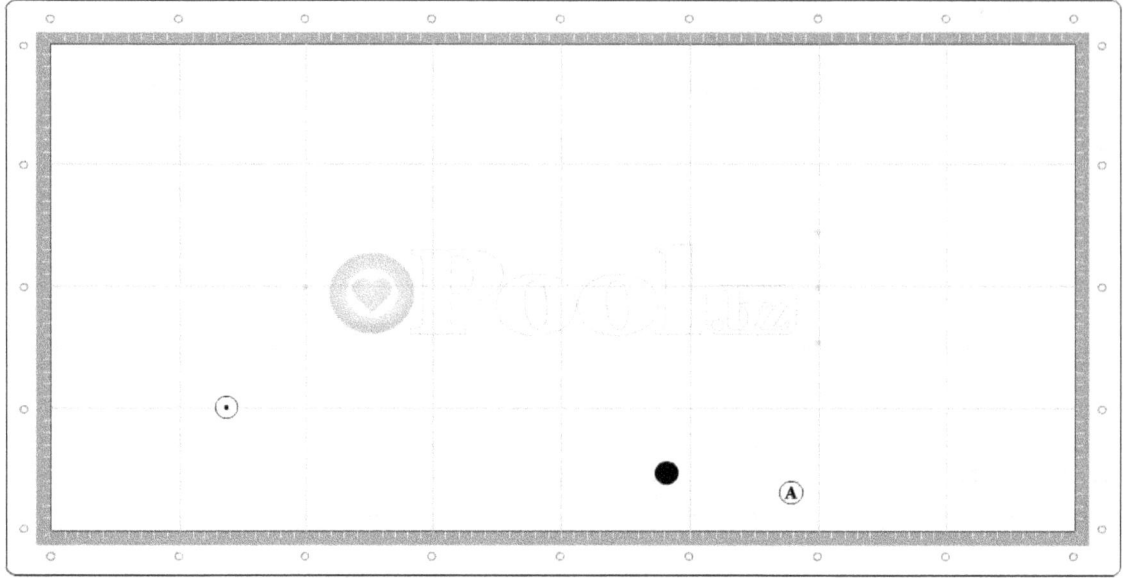

Notas e ideias:

Tiro padrão

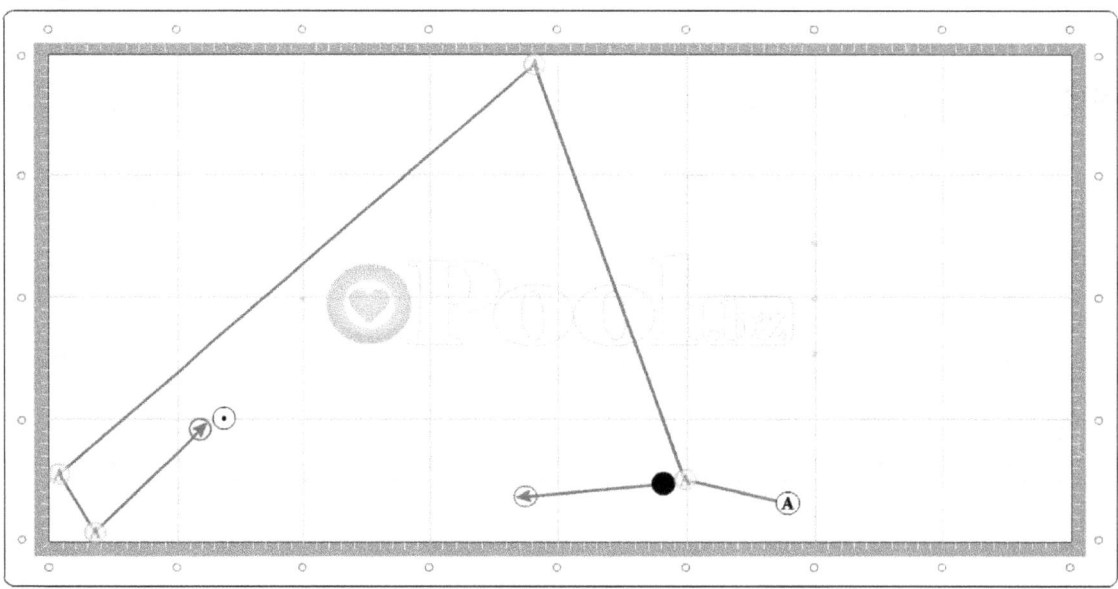

A:1b – Configuração

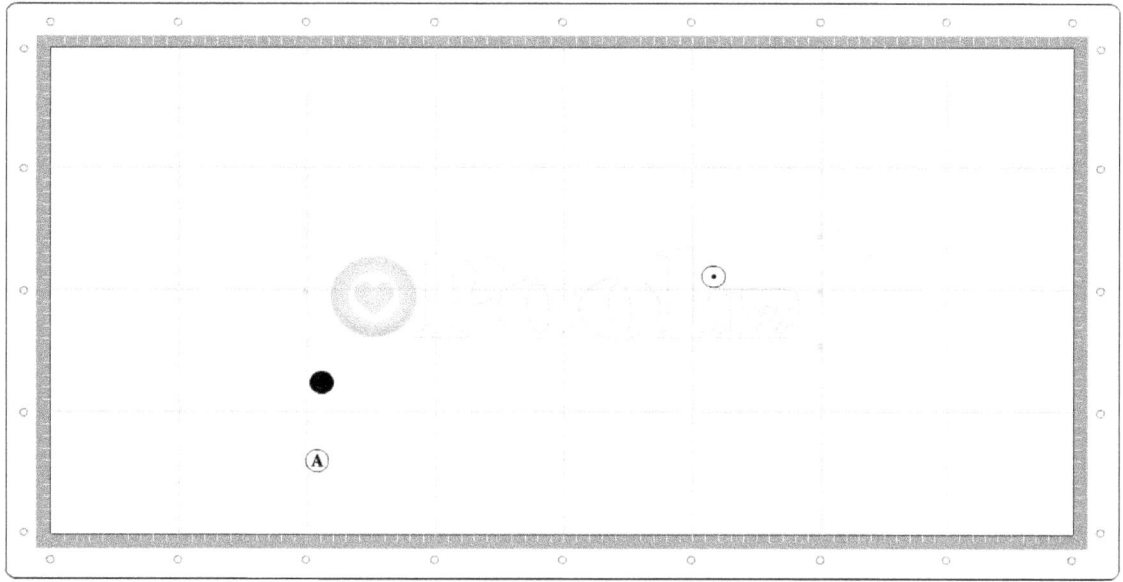

Notas e ideias:

Tiro padrão

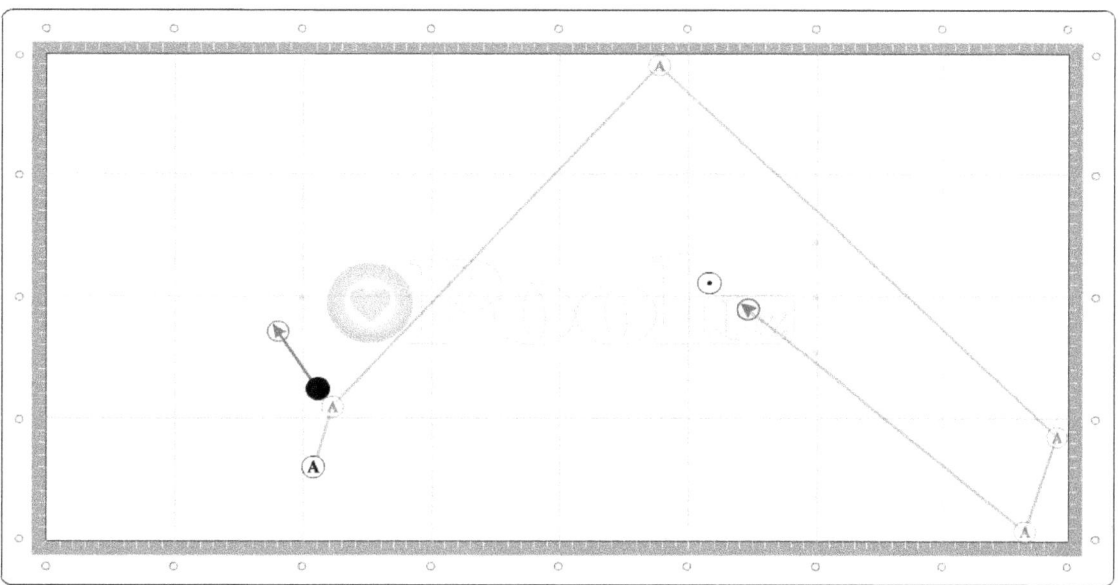

A:1c – Configuração

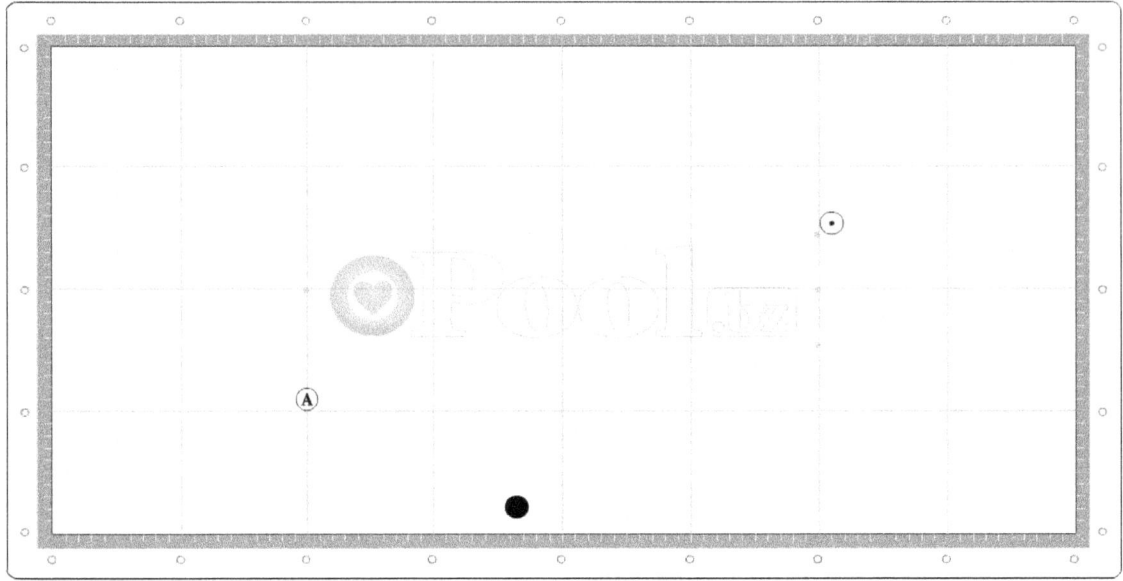

Notas e ideias:

Tiro padrão

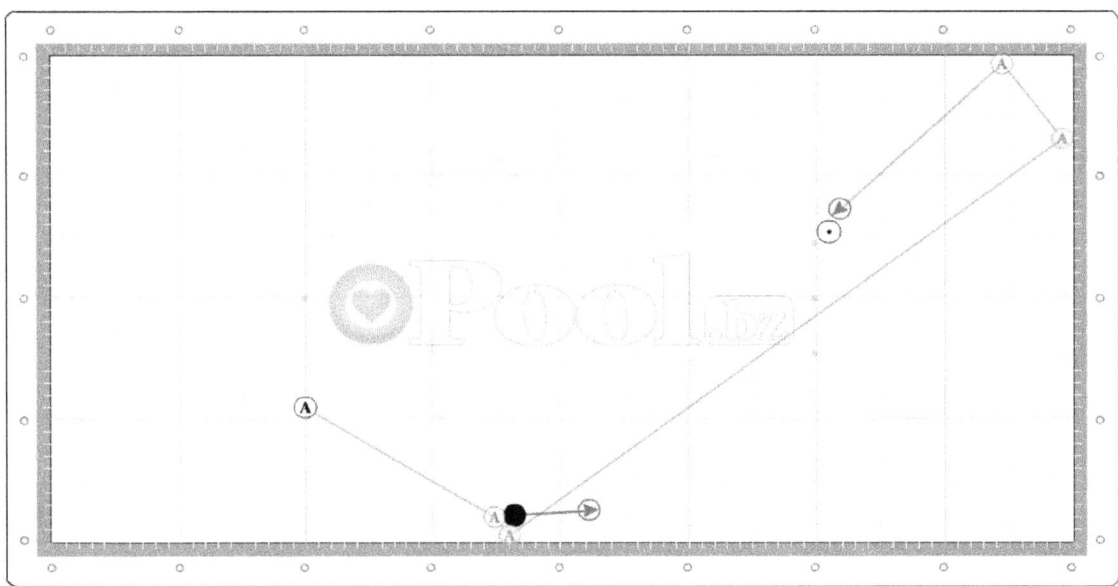

A:1d – Configuração

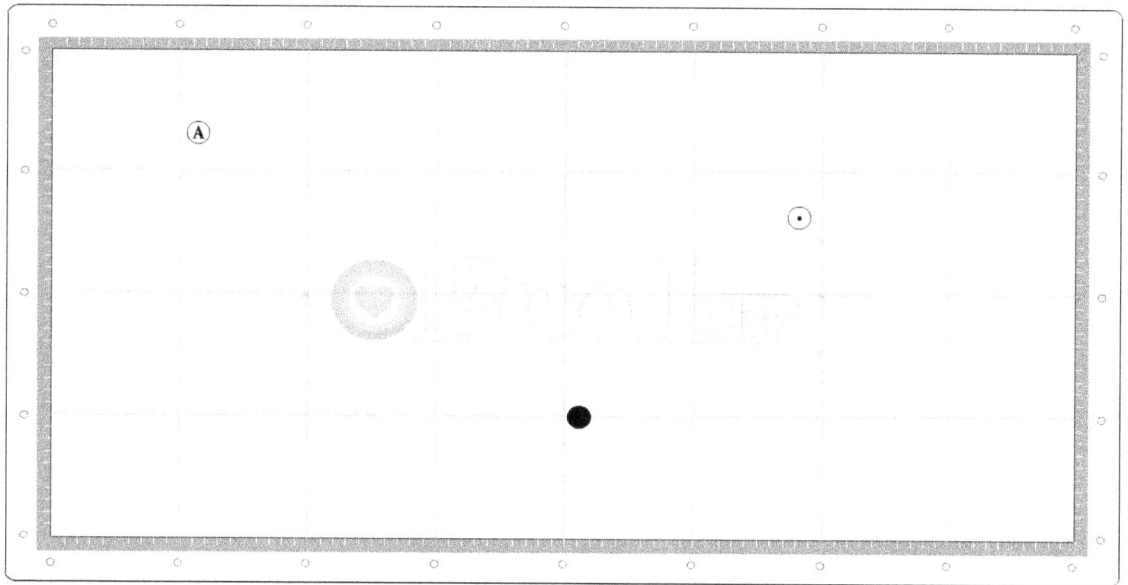

Notas e ideias:

Tiro padrão

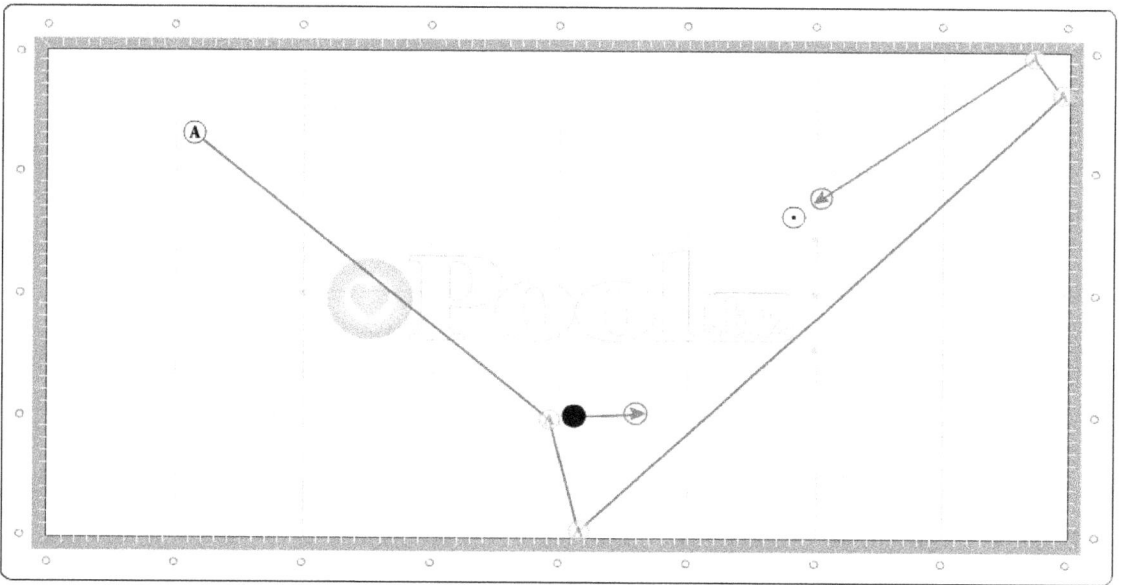

A: Grupo 2

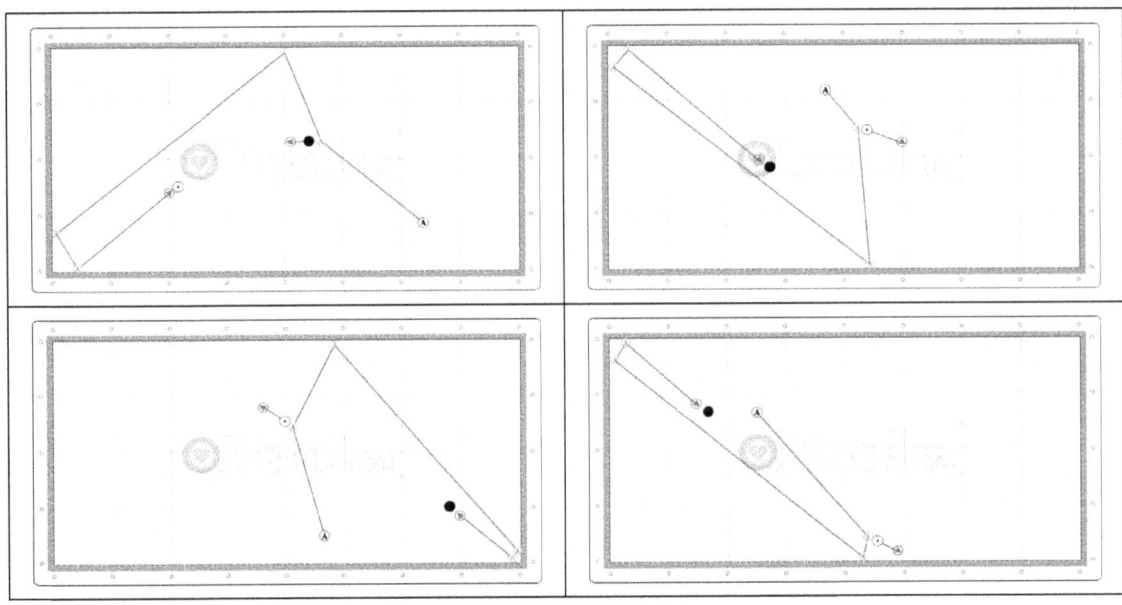

Análise:

A:2a. _____

A:2b. _____

A:2c. _____

A:2d. _____

A:2a – Configuração

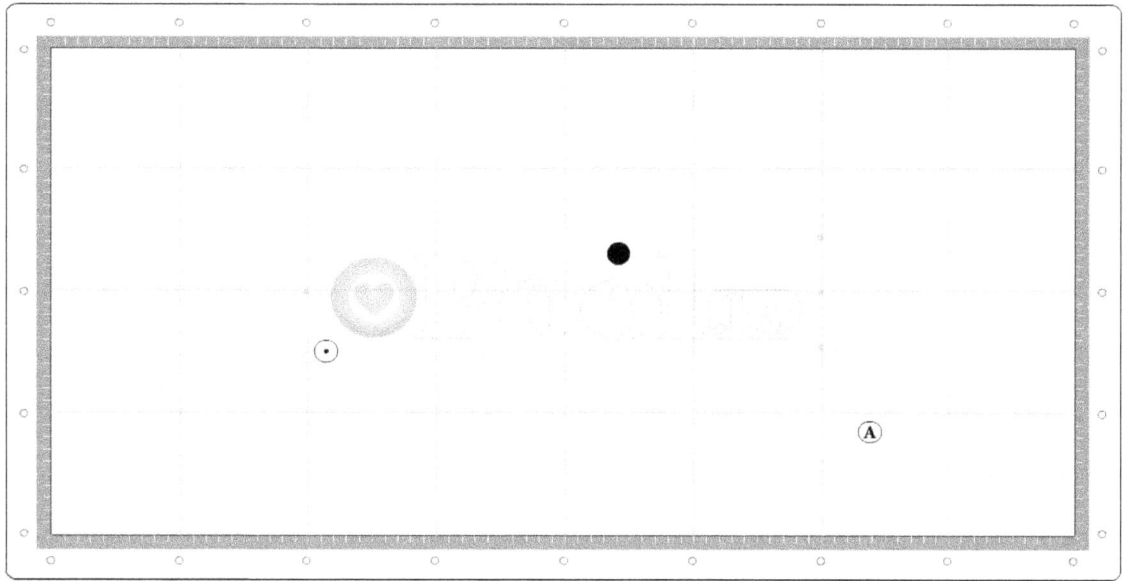

Notas e ideias:

Tiro padrão

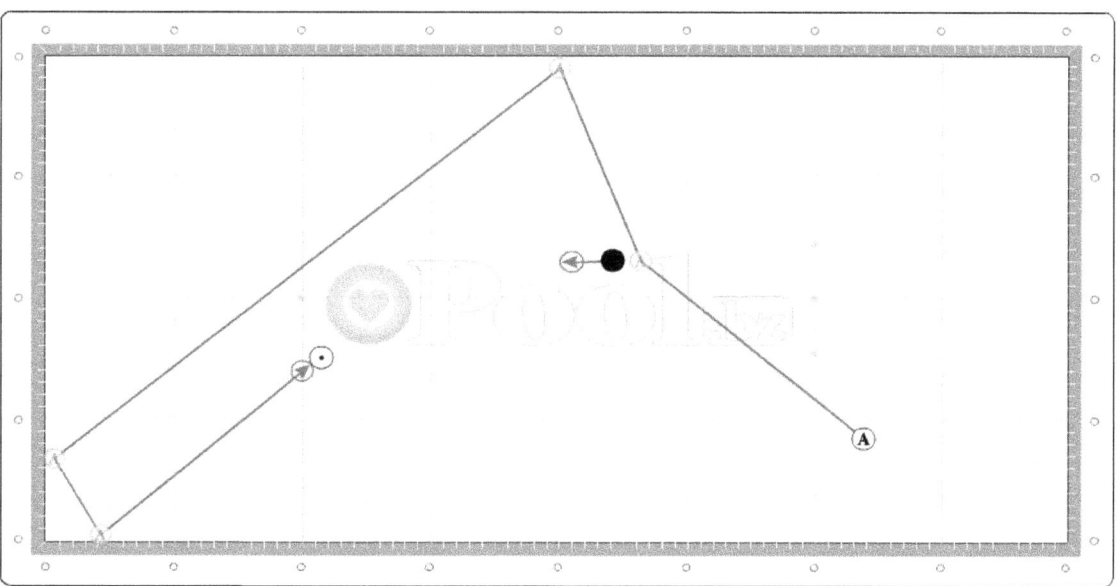

A:2b – Configuração

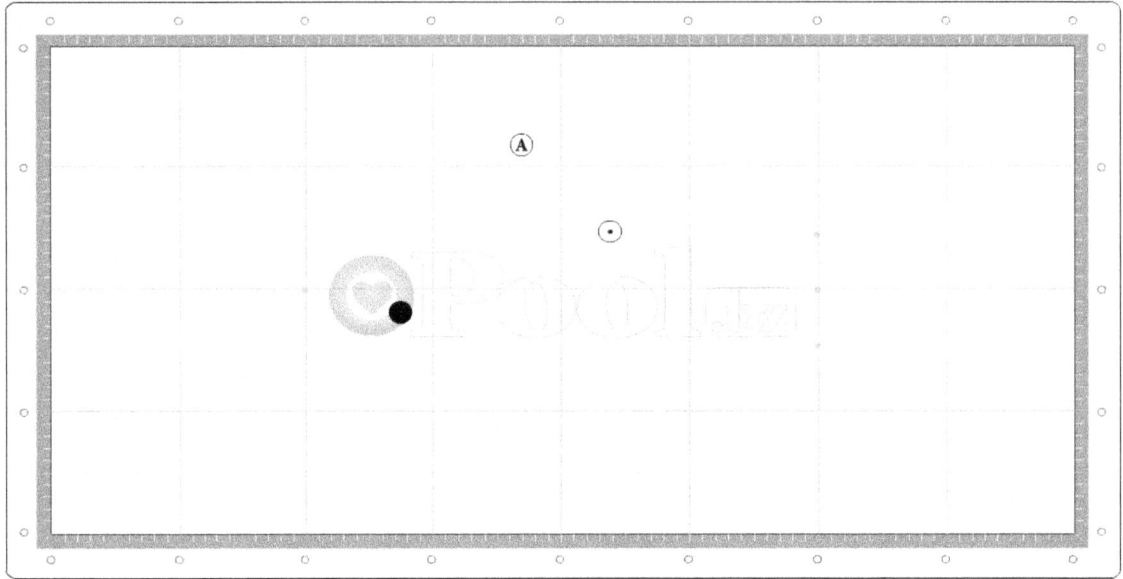

Notas e ideias:

Tiro padrão

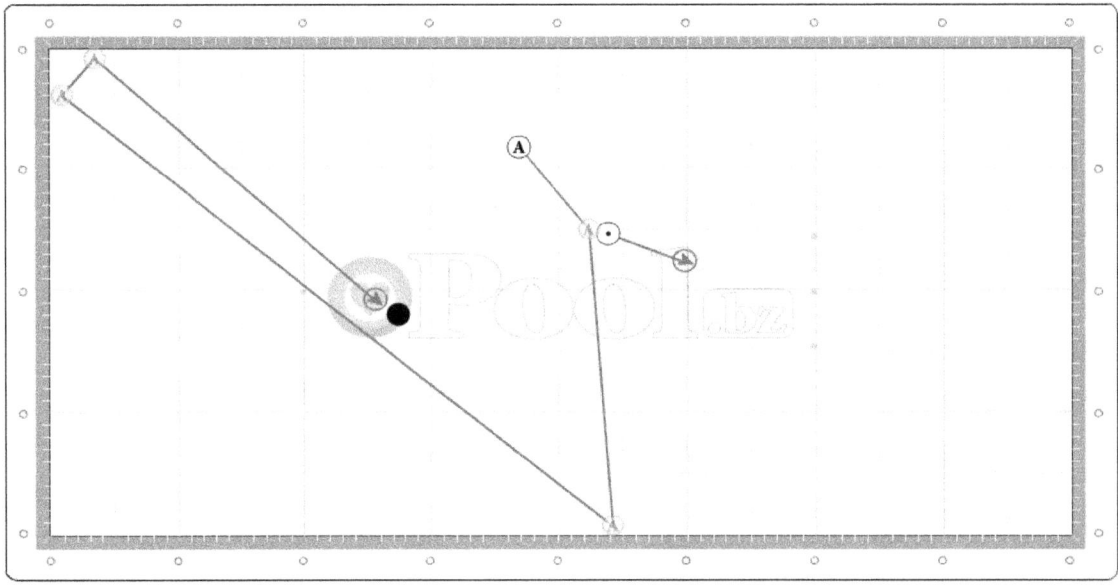

A:2c – Configuração

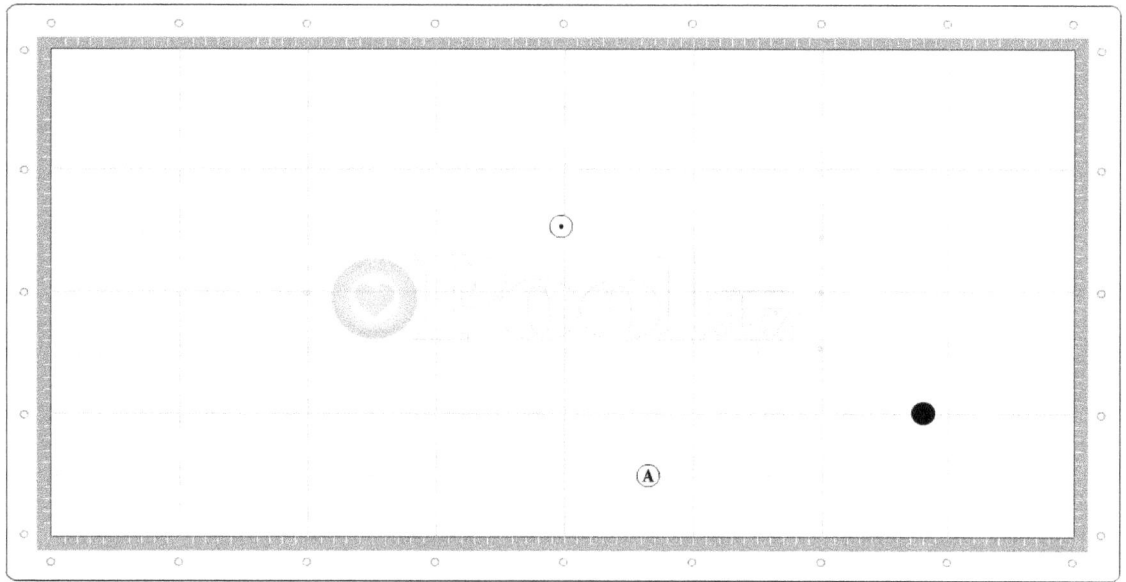

Notas e ideias:

Tiro padrão

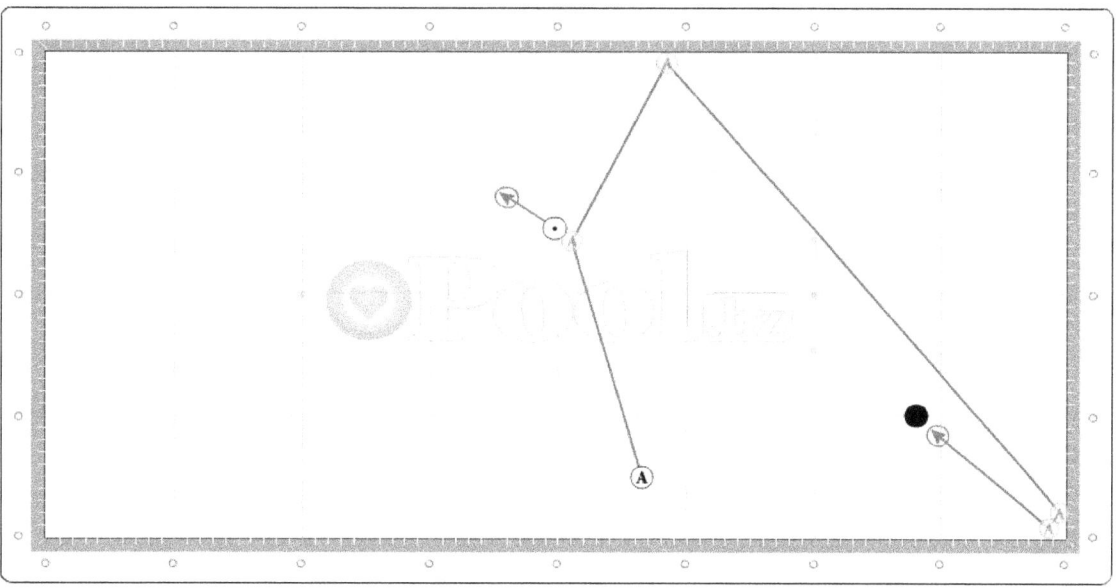

A:2d – Configuração

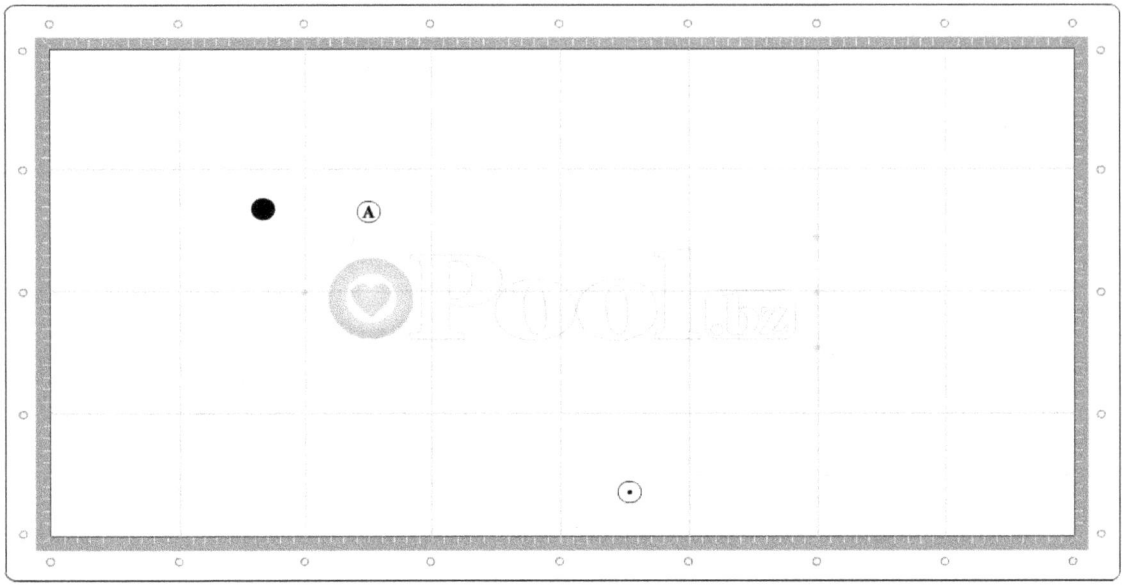

Notas e ideias:

Tiro padrão

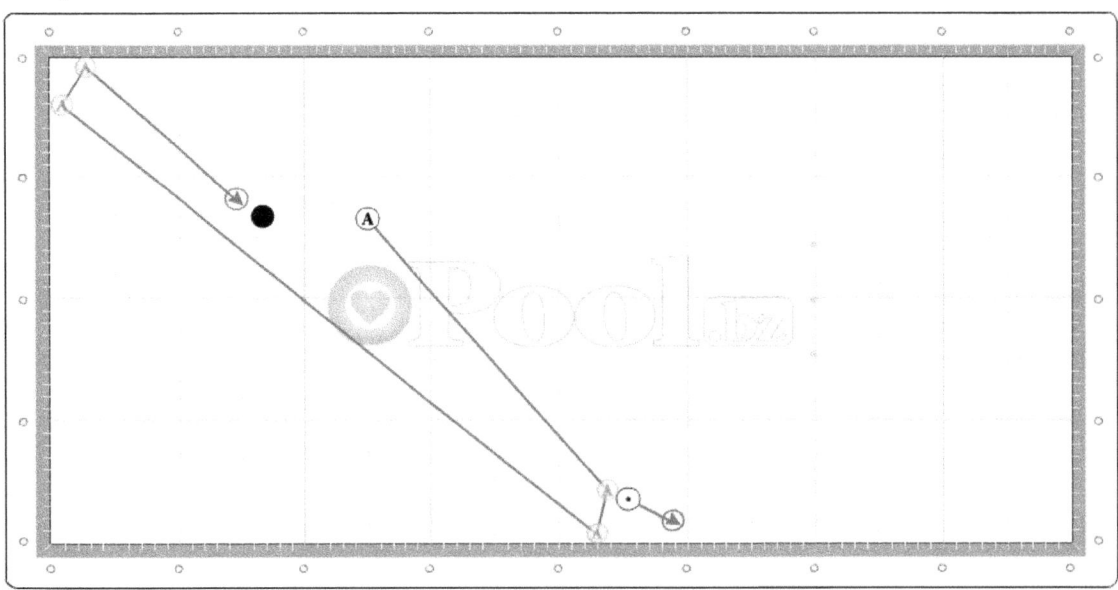

A: Grupo 3

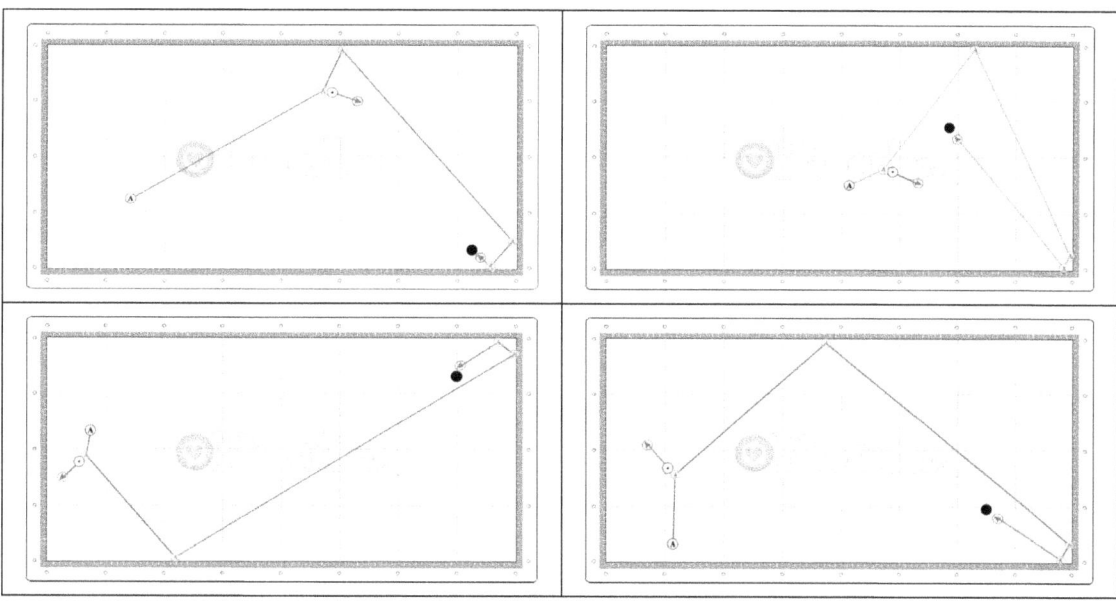

Análise:

A:3a. _____

A:3b. _____

A:3c. _____

A:3d. _____

A:3a – Configuração

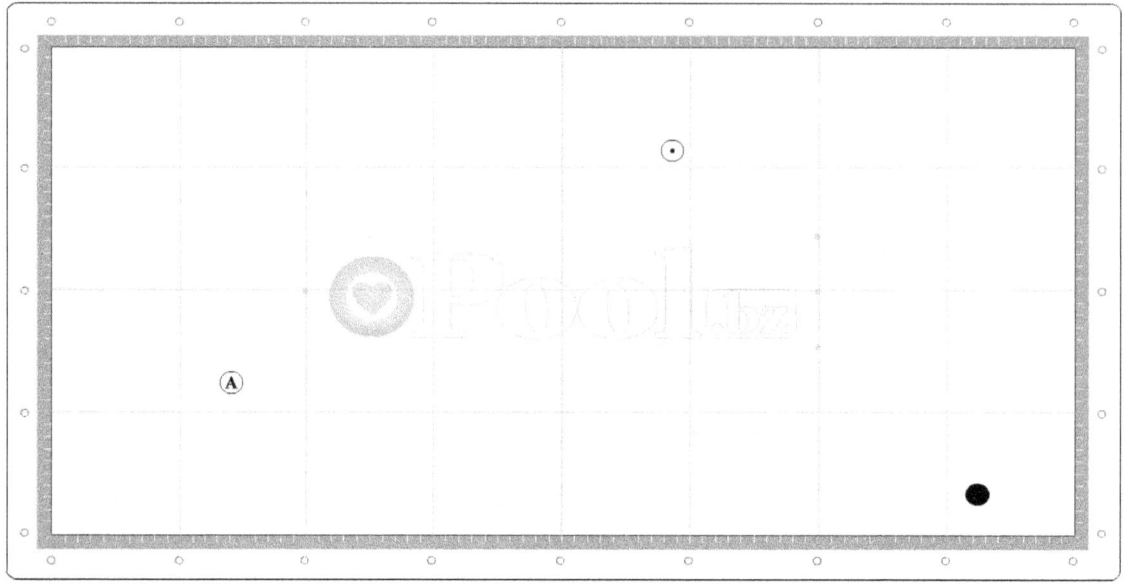

Notas e ideias:

Tiro padrão

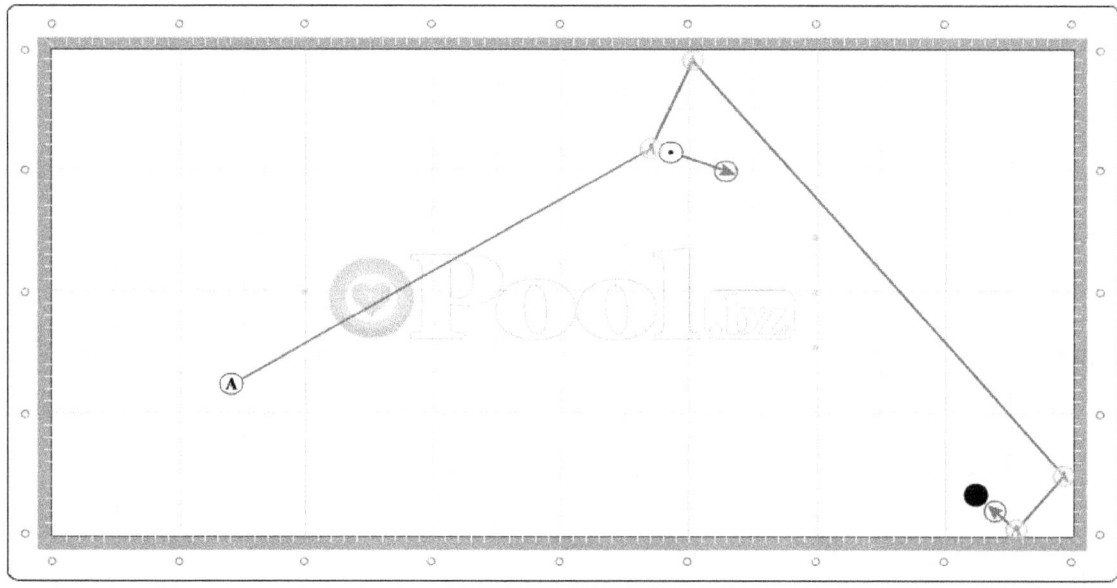

A:3b – Configuração

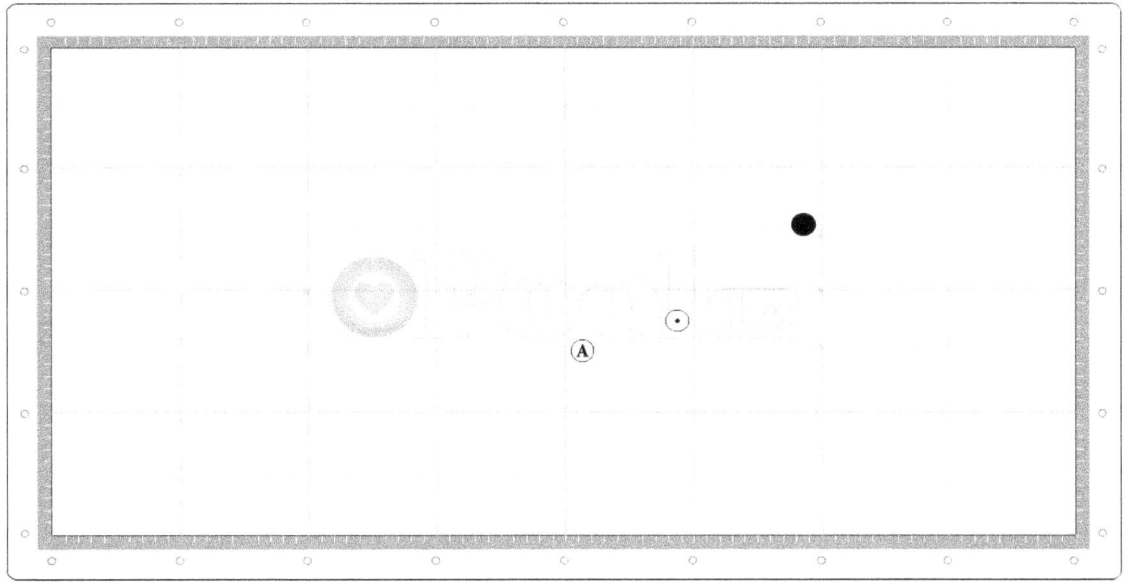

Notas e ideias:

Tiro padrão

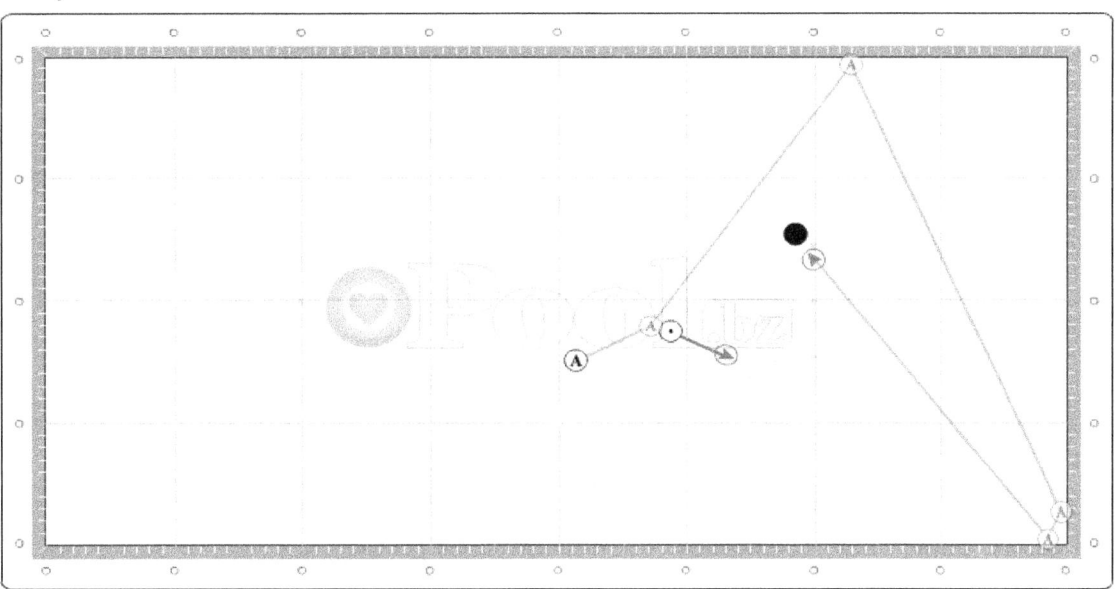

A:3c – Configuração

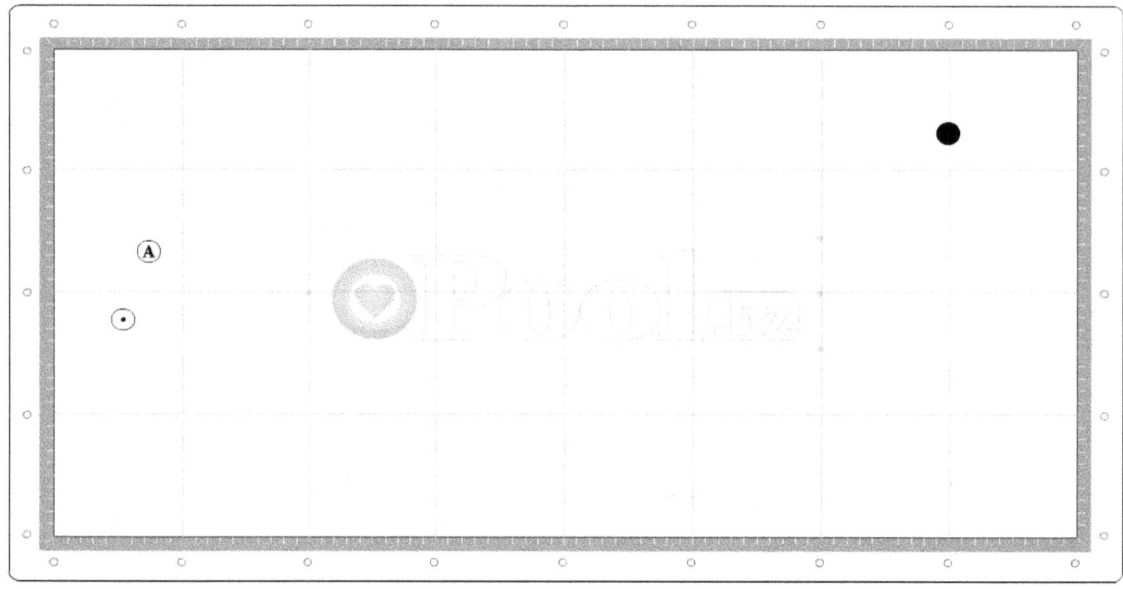

Notas e ideias:

Tiro padrão

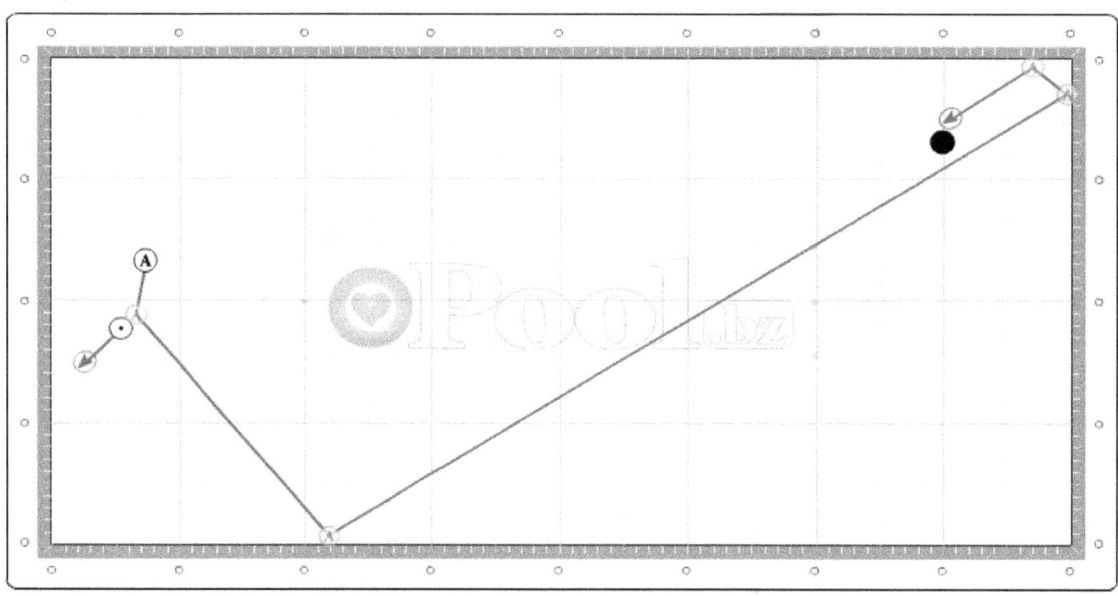

A:3d– Configuração

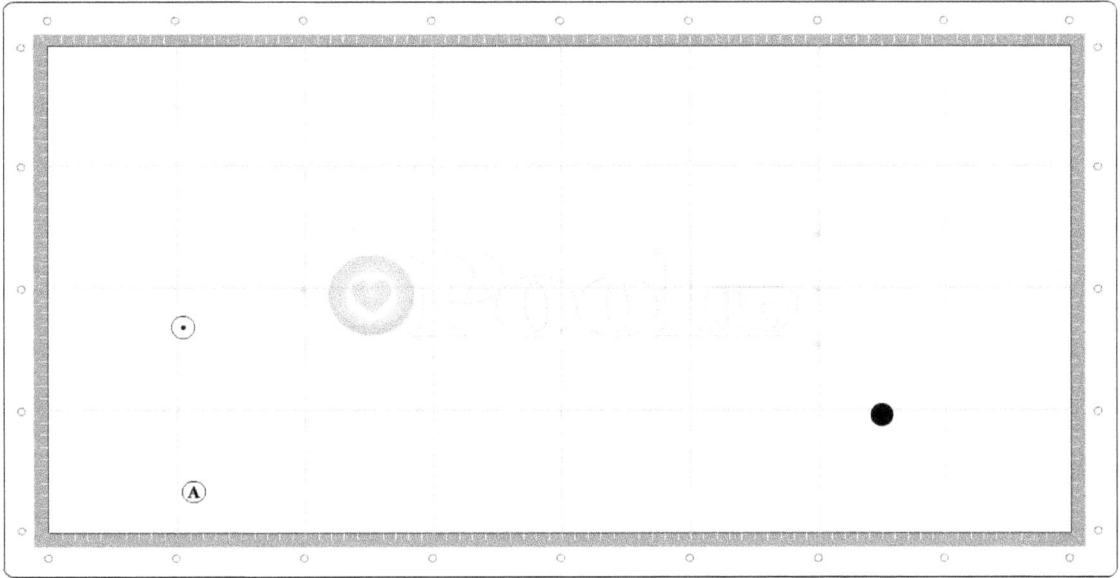

Notas e ideias:

Tiro padrão

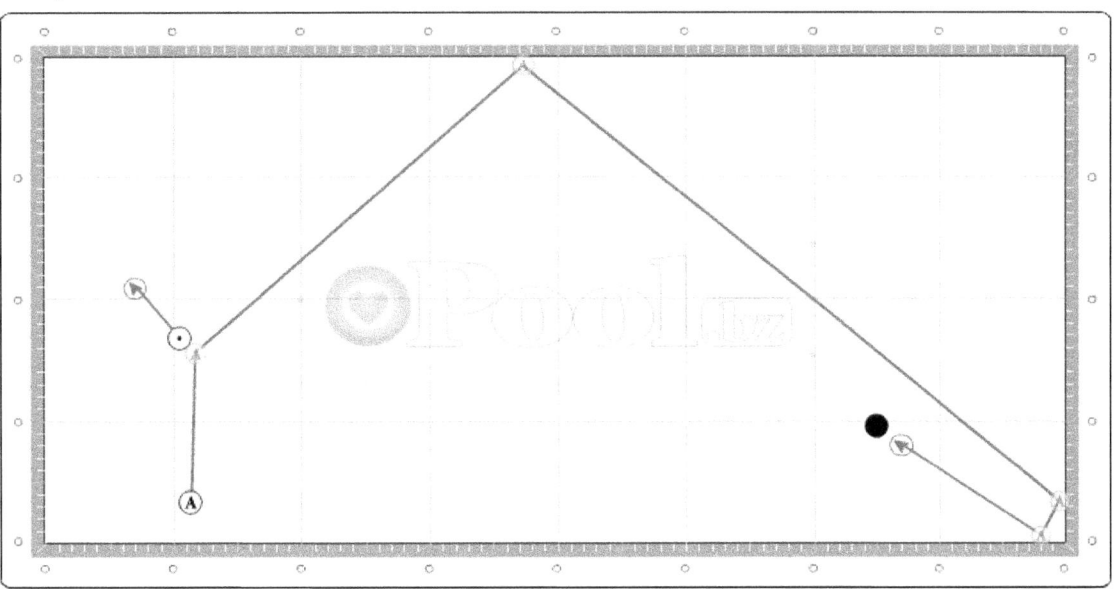

A: Grupo 4

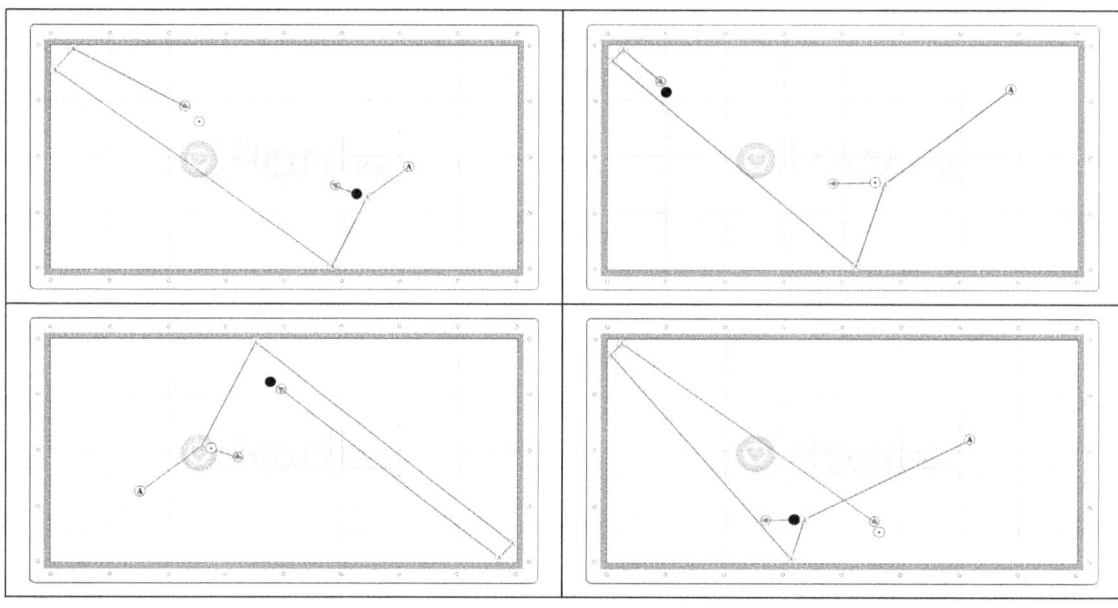

Análise:

A:4a. _____

A:4b. _____

A:4c. _____

A:4d. _____

A:4a – Configuração

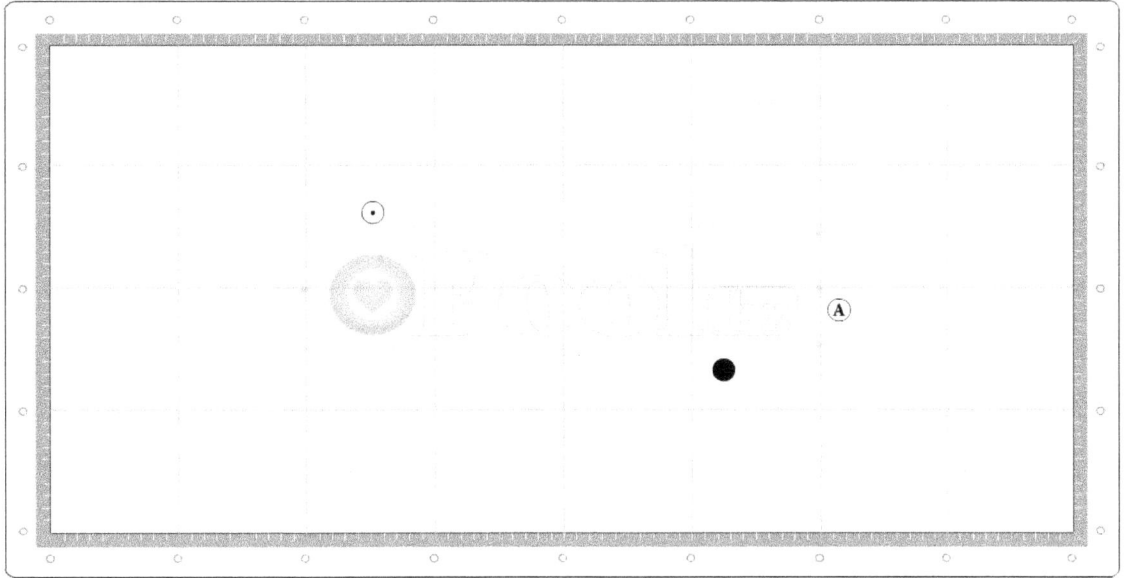

Notas e ideias:

Tiro padrão

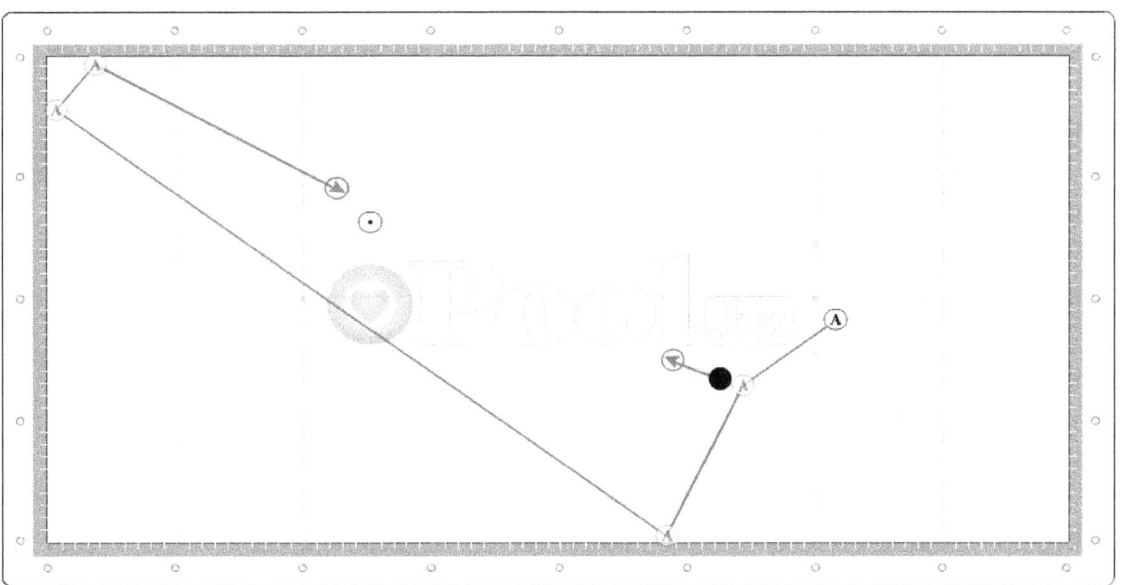

A:4b – Configuração

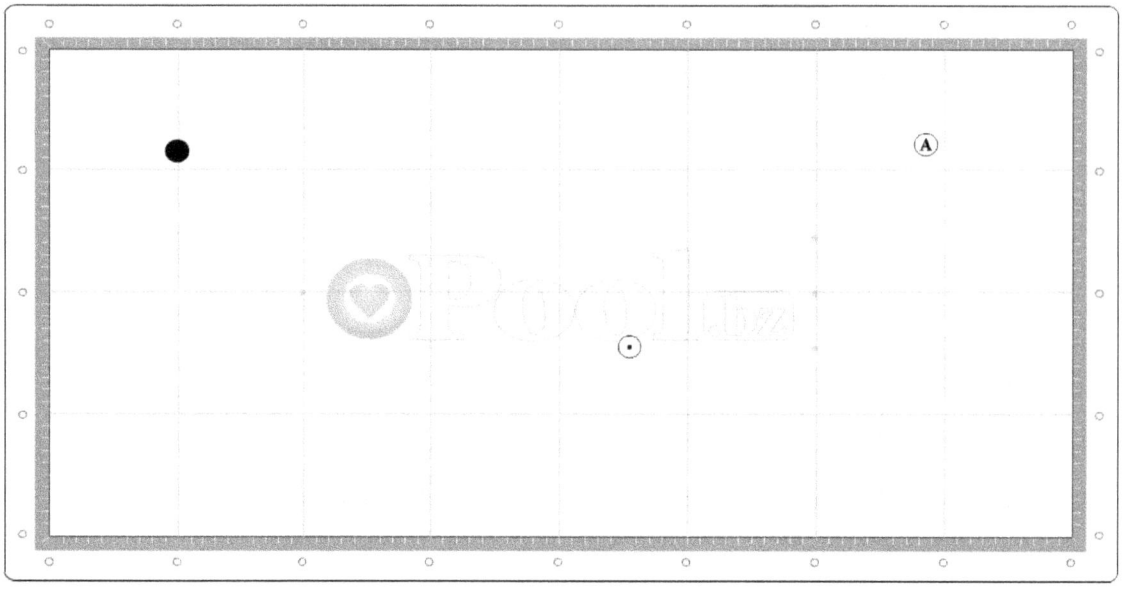

Notas e ideias:

Tiro padrão

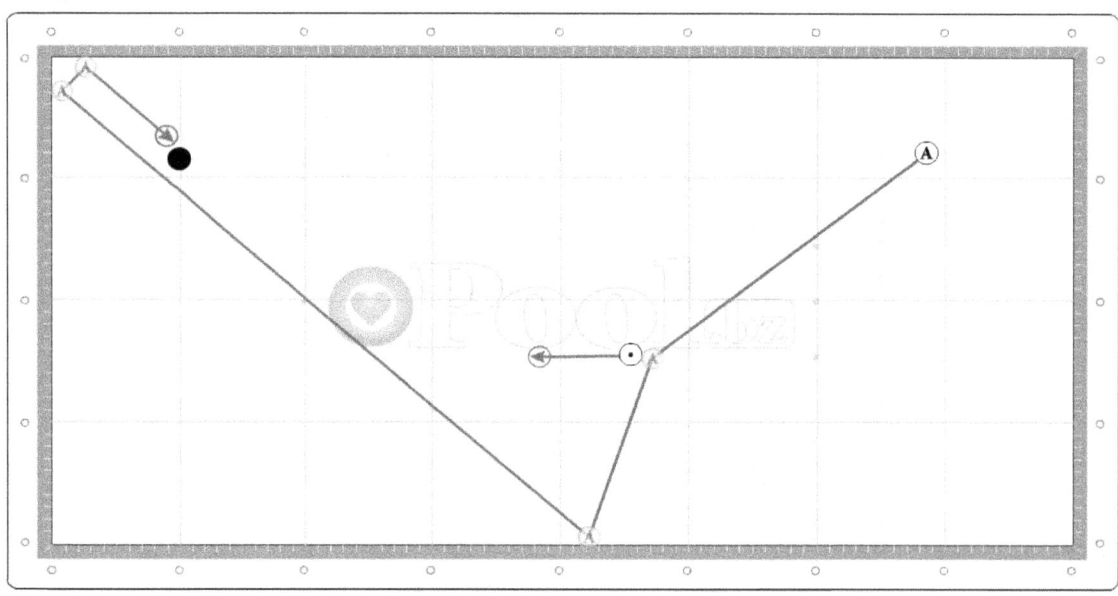

A:4c – Configuração

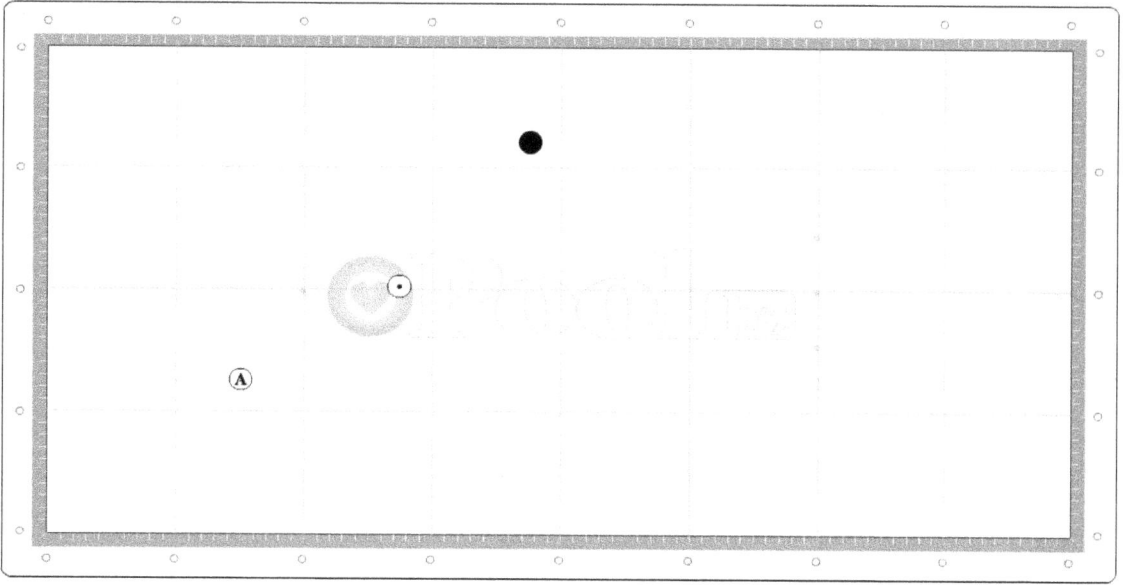

Notas e ideias:

Tiro padrão

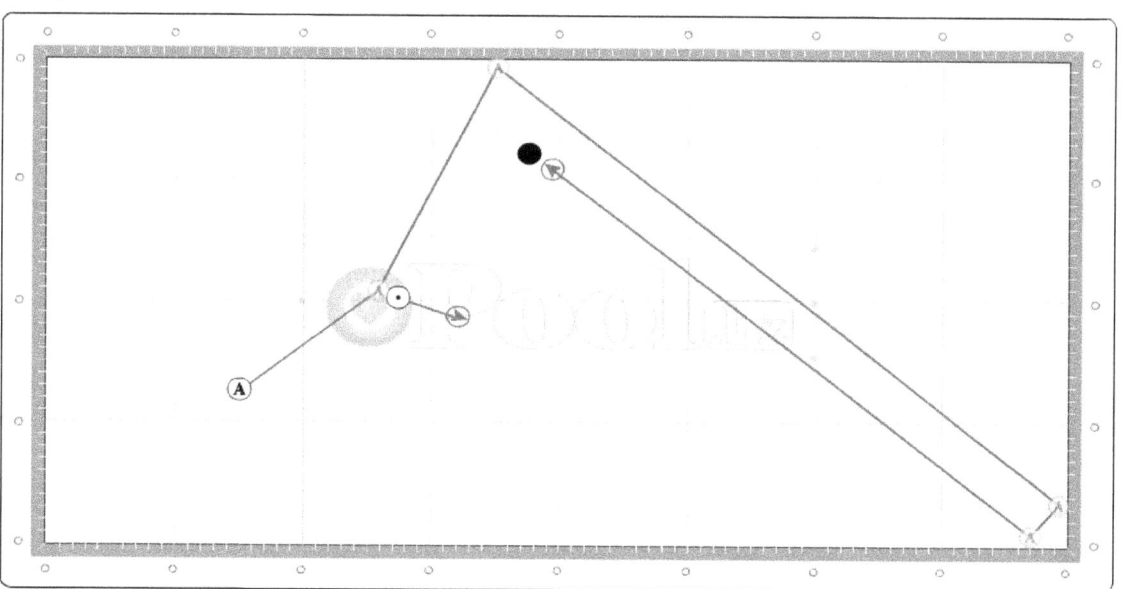

A:4d – Configuração

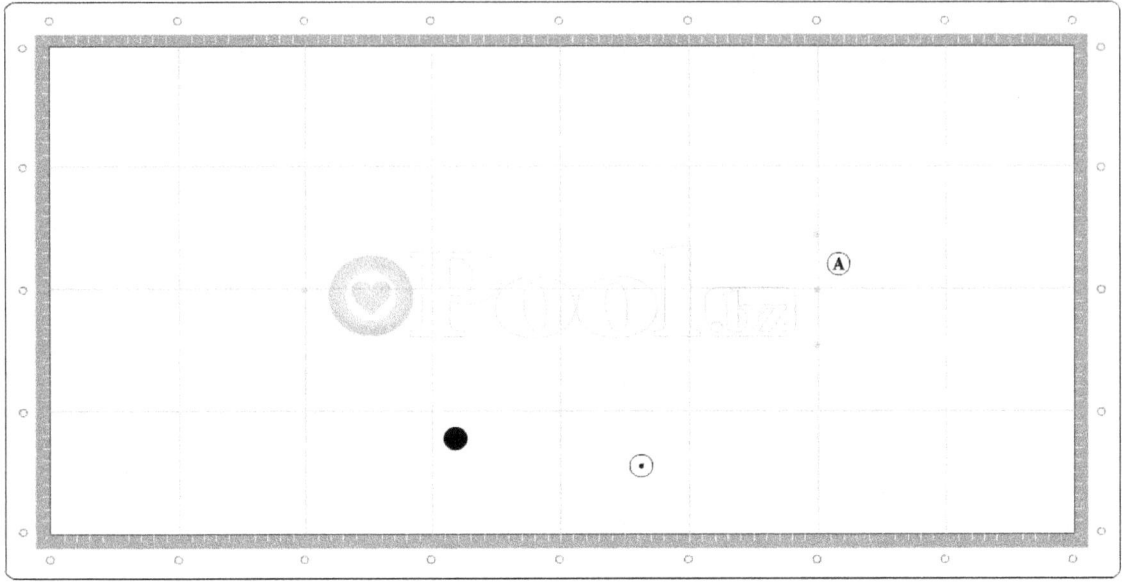

Notas e ideias:

Tiro padrão

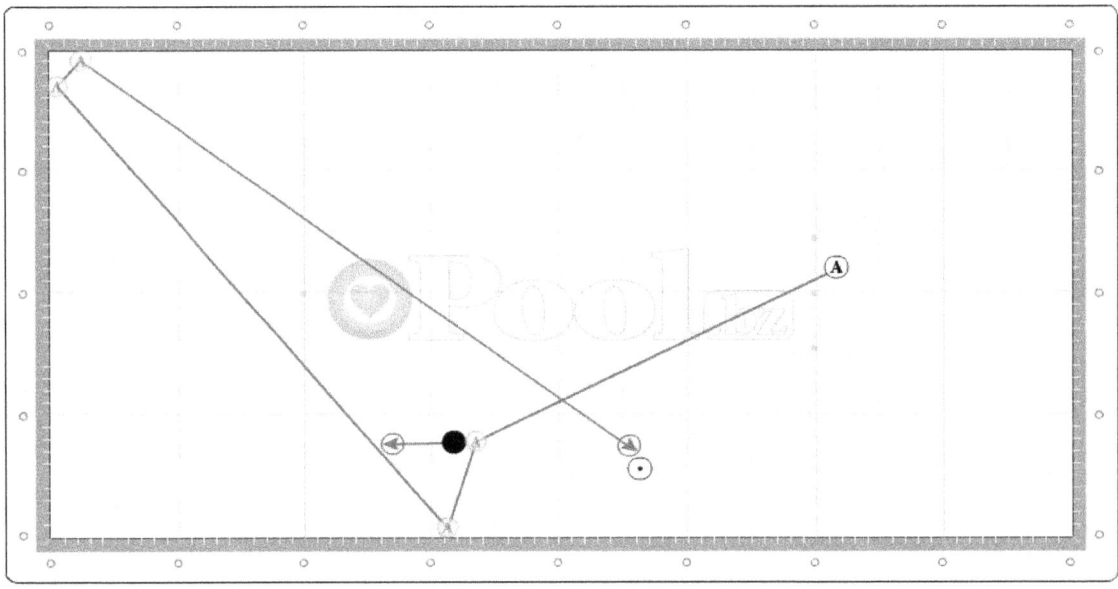

B: Descendo a colina, gancho de canto grande

O (CB) sai do primeiro (OB) e vai para o lado do centro da tabelas longa. Então, vai para o outro canto. Aqui, ele entra em contato com a tabelas curta e a tabelas longa, e depois entra em contato com a outra (OB).

Ⓐ (CB) (sua bola de bilhar) - ⊙ (OB) (bola de bilhar oponente) - ● (RB) (bola de bilhar vermelha)

B: Grupo 1

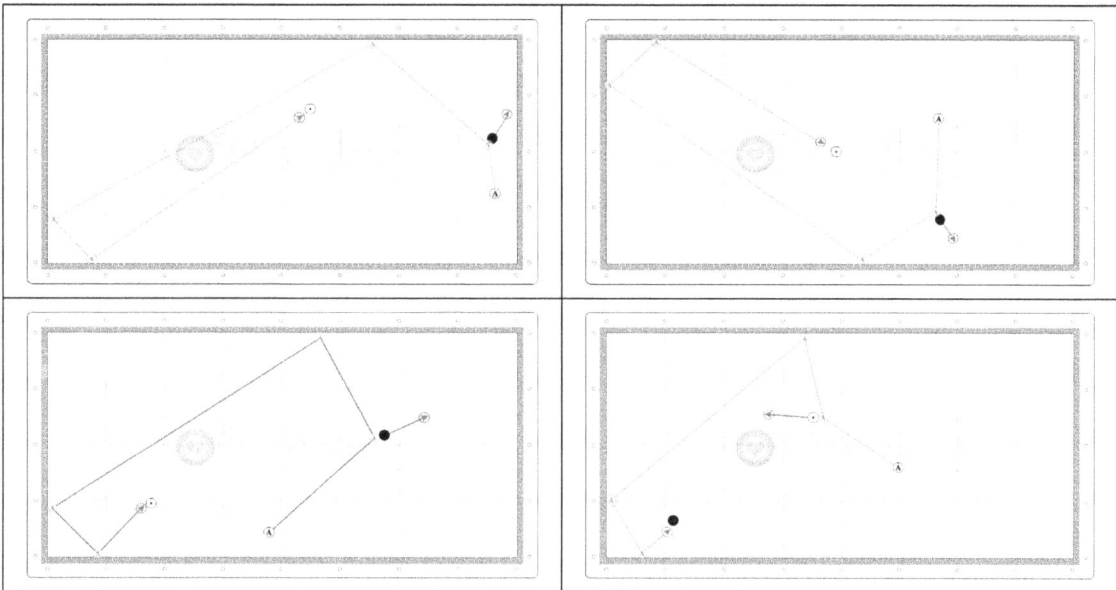

Análise:

B:1a. _____

B:1b. _____

B:1c. _____

B:1d. _____

B:1a – Configuração

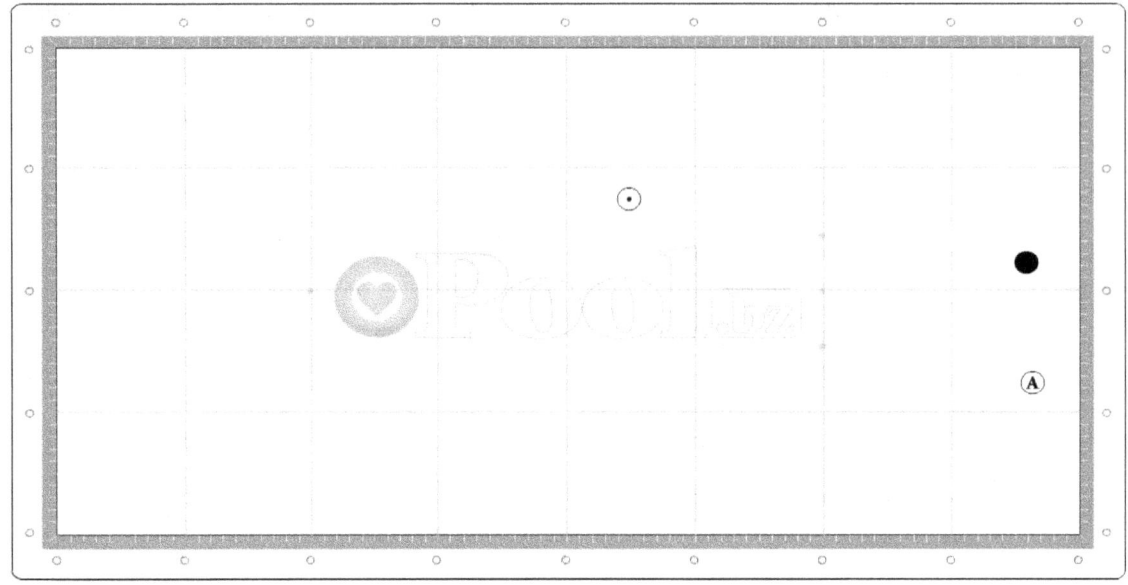

Notas e ideias:

Tiro padrão

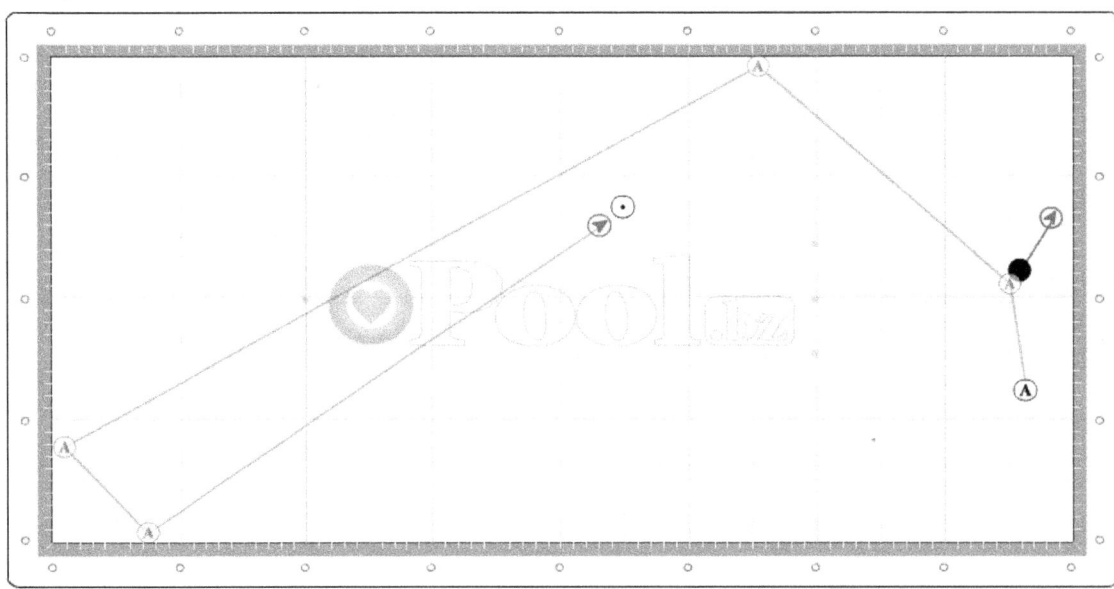

B:1b – Configuração

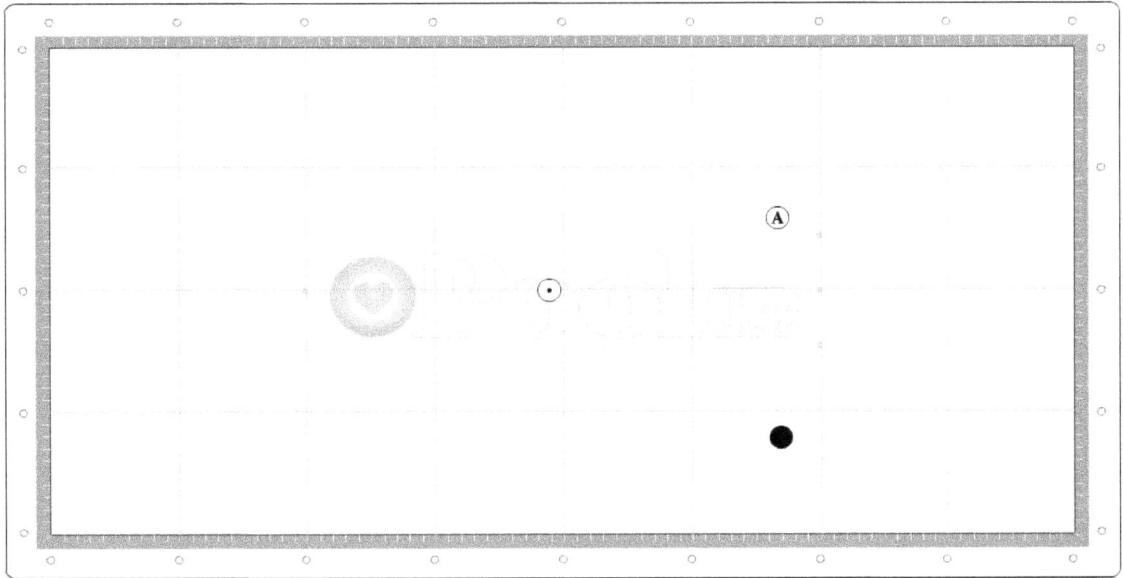

Notas e ideias:

Tiro padrão

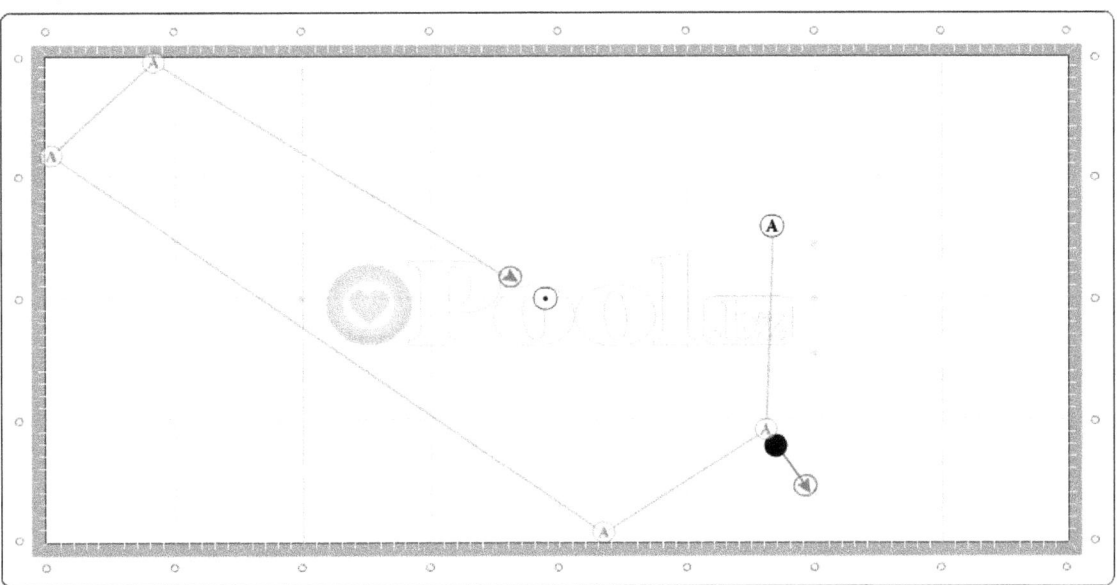

B:1c – Configuração

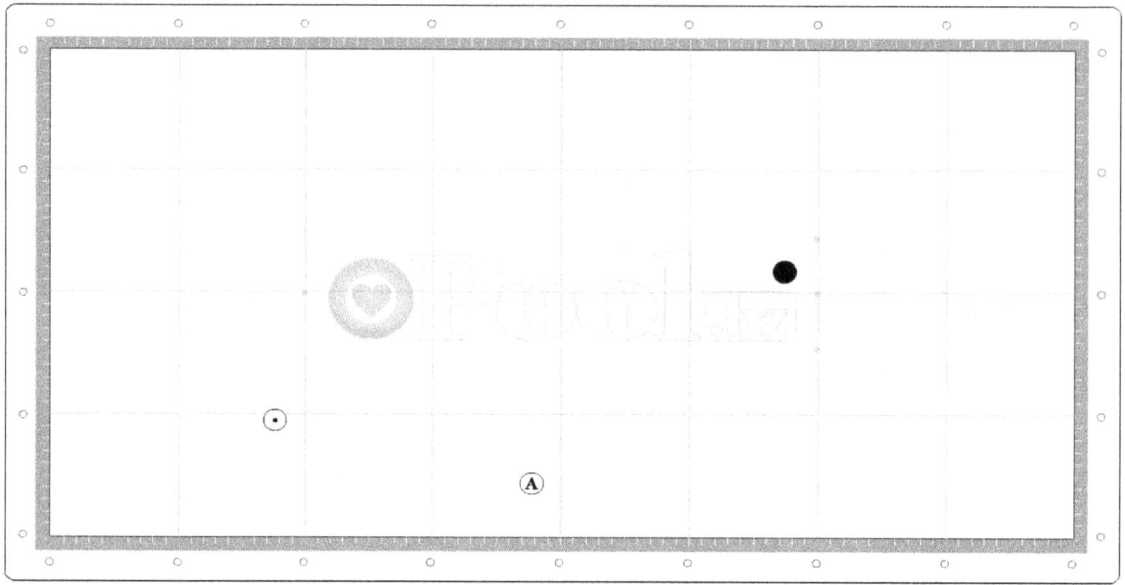

Notas e ideias:

Tiro padrão

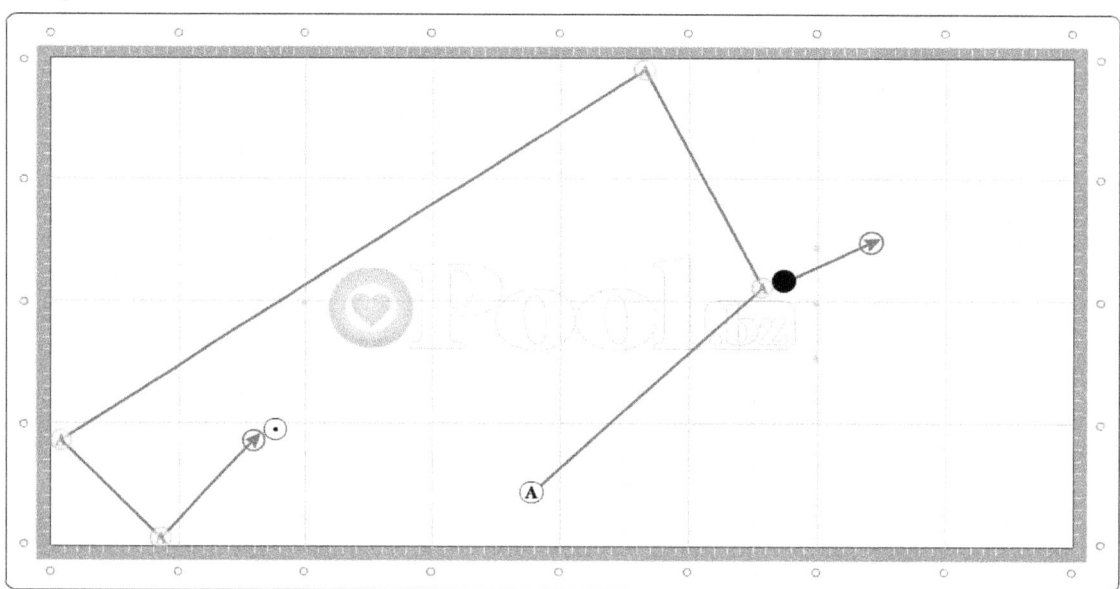

B:1d – Configuração

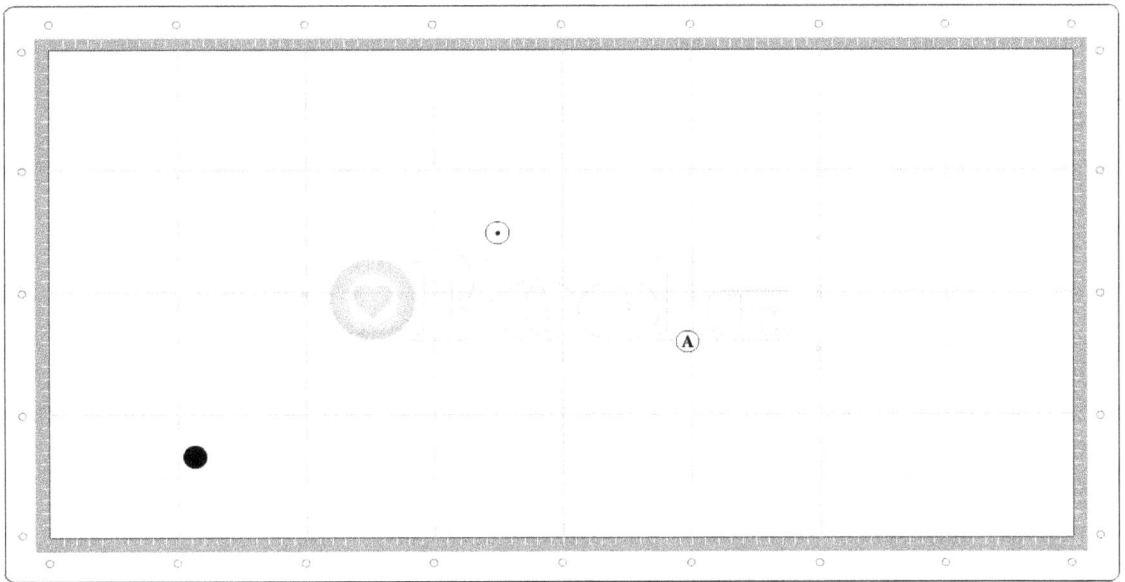

Notas e ideias:

Tiro padrão

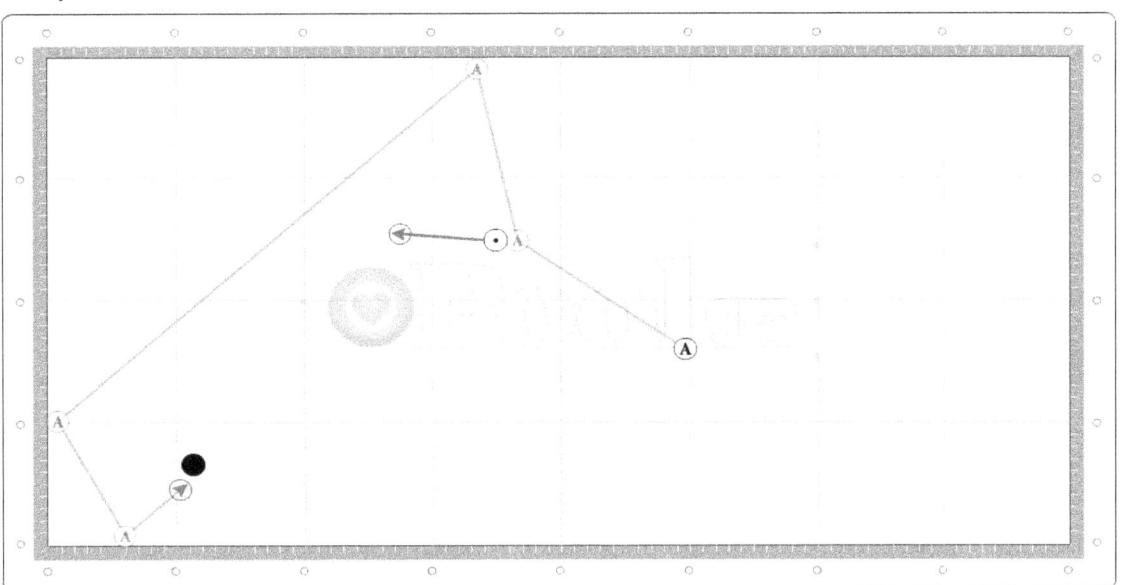

B: Grupo 2

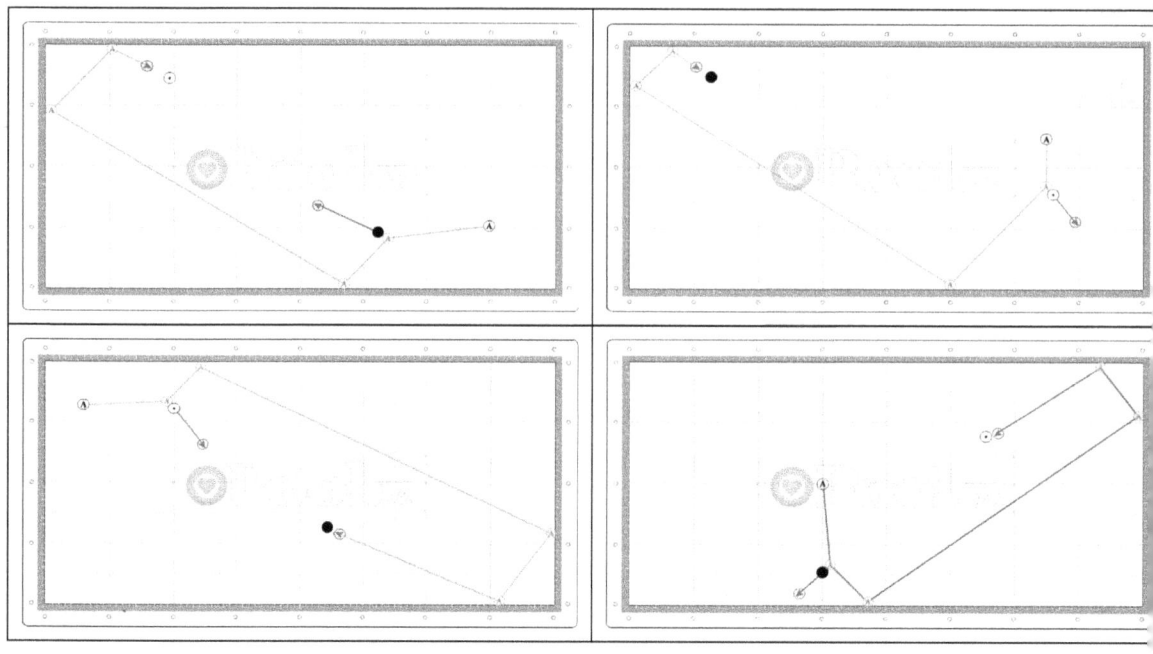

Análise:

B:2a. _____

B:2b. _____

B:2c. _____

B:2d. _____

B:2a – Configuração

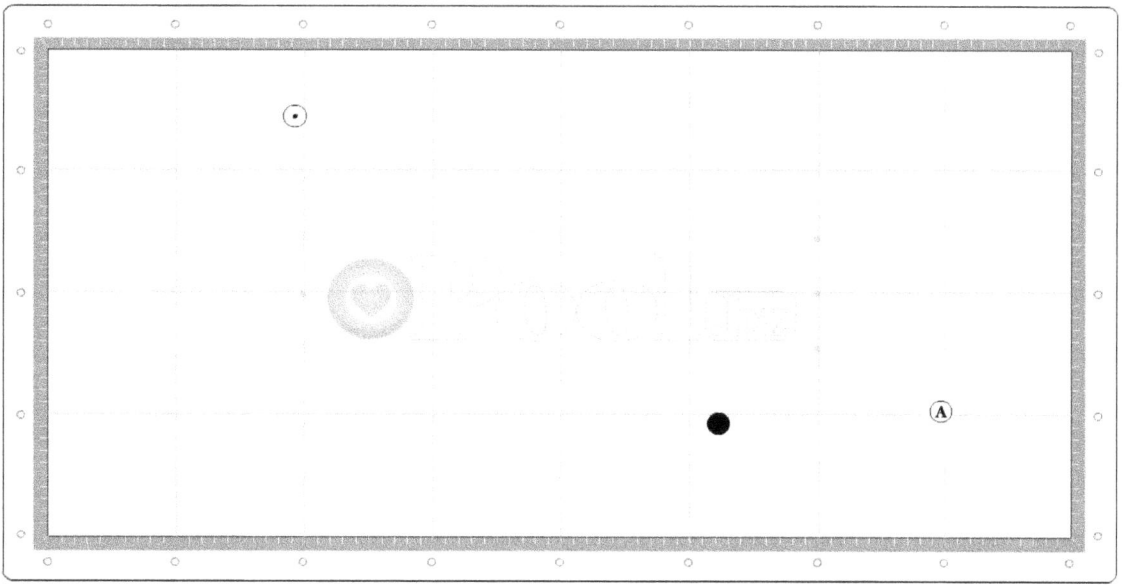

Notas e ideias:

Tiro padrão

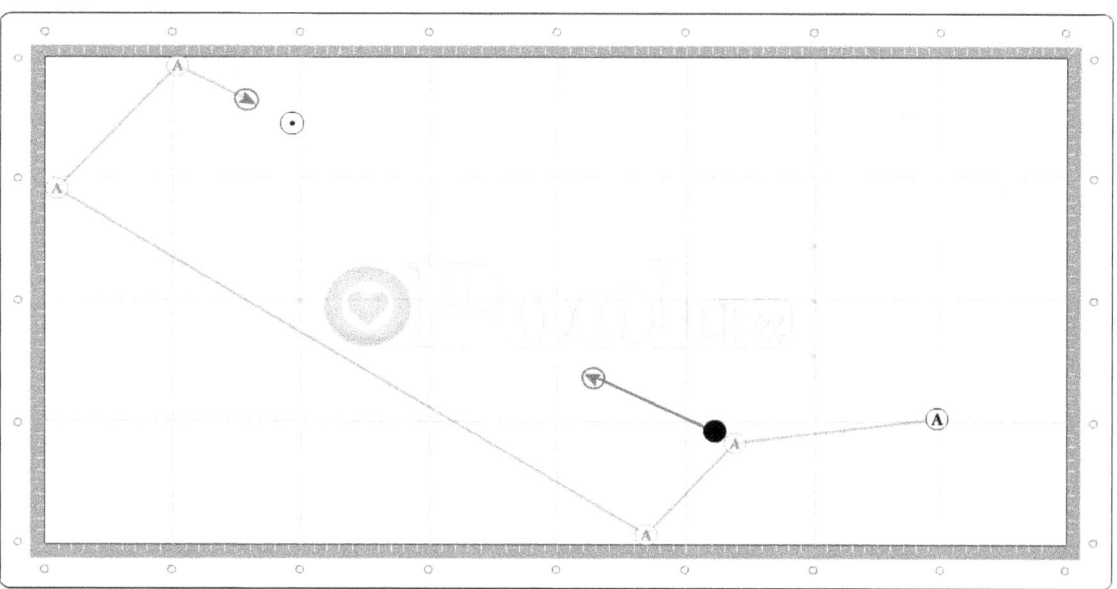

B:2b – Configuração

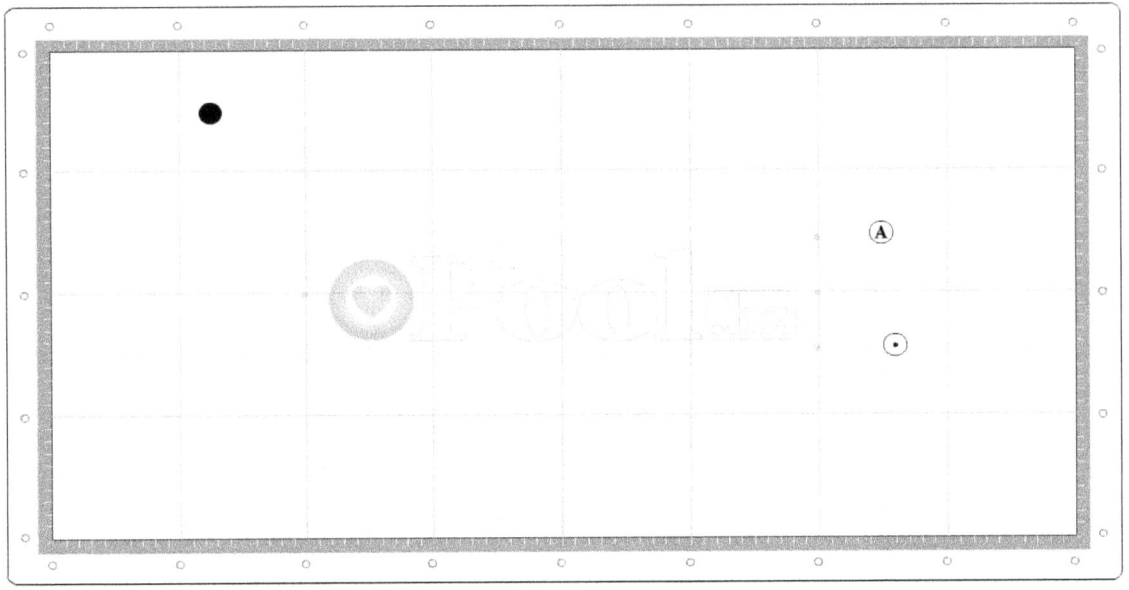

Notas e ideias:

Tiro padrão

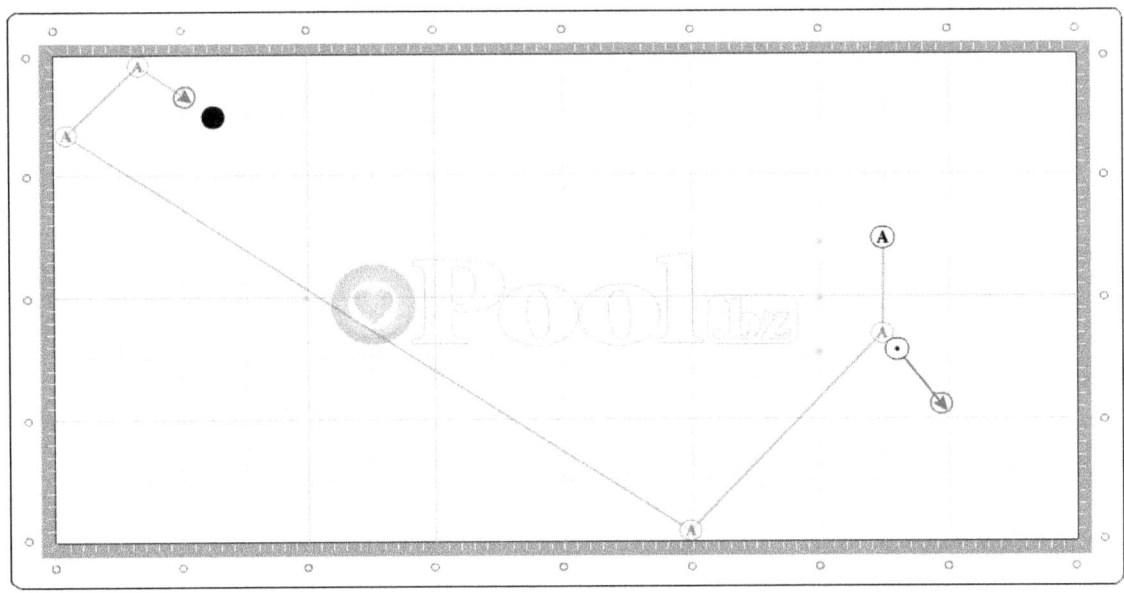

B:2c – Configuração

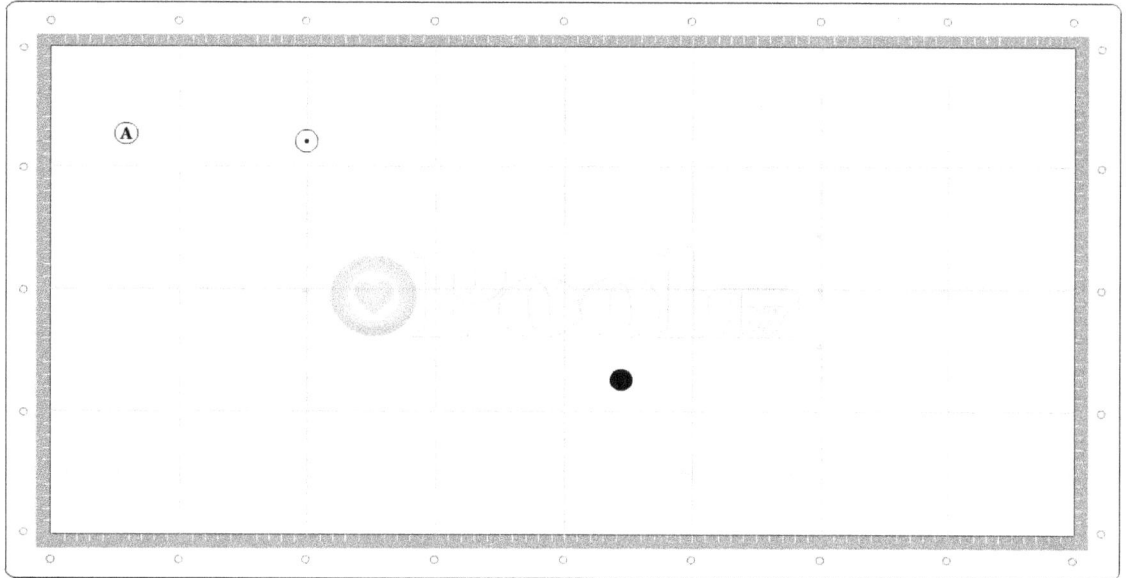

Notas e ideias:

Tiro padrão

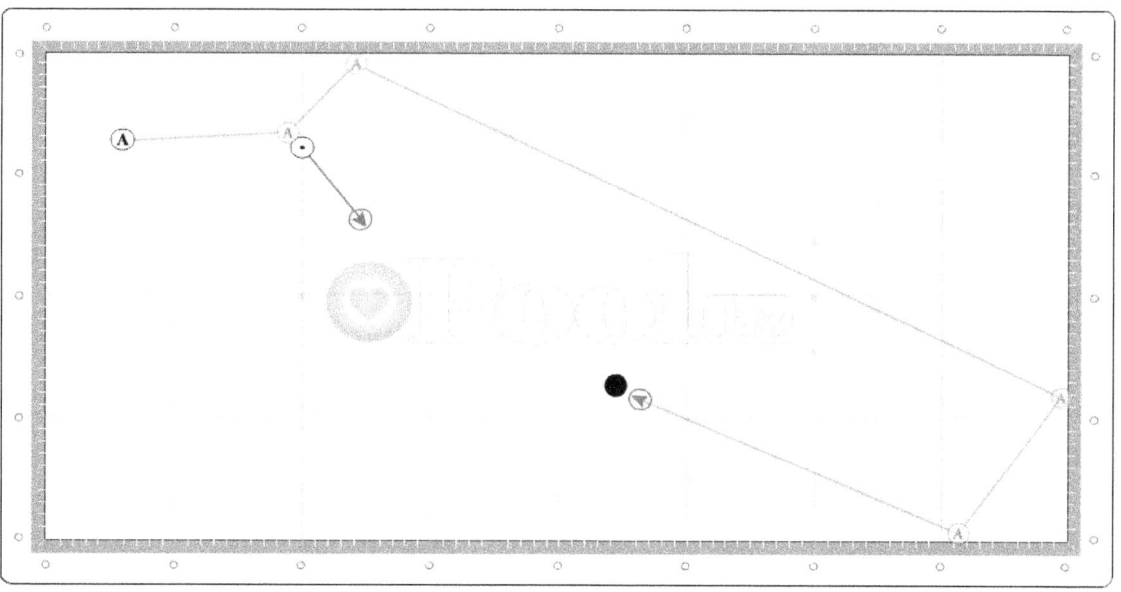

B:2d – Configuração

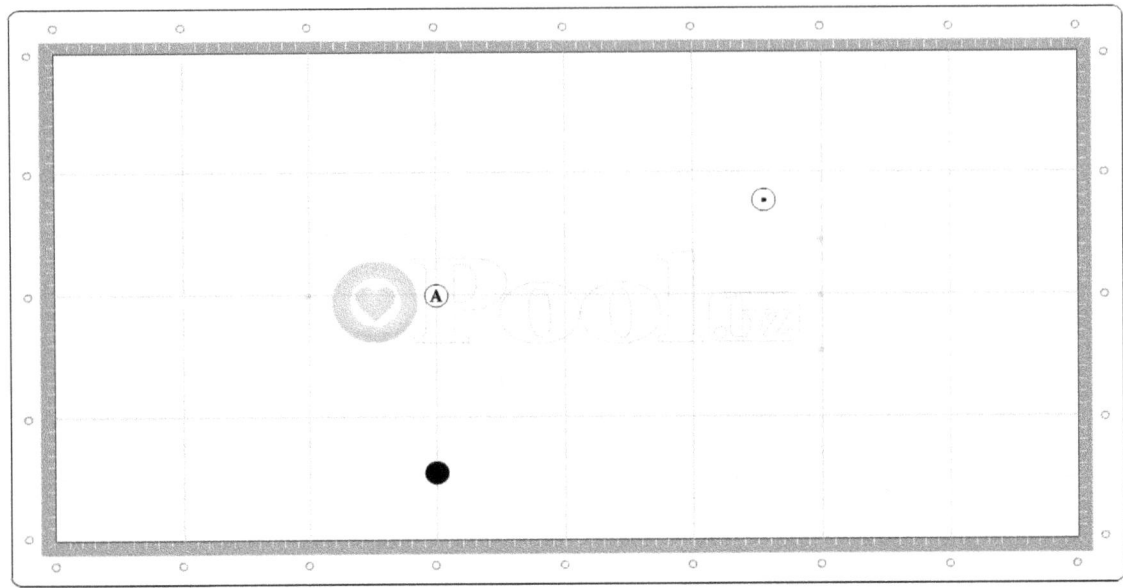

Notas e ideias:

Tiro padrão

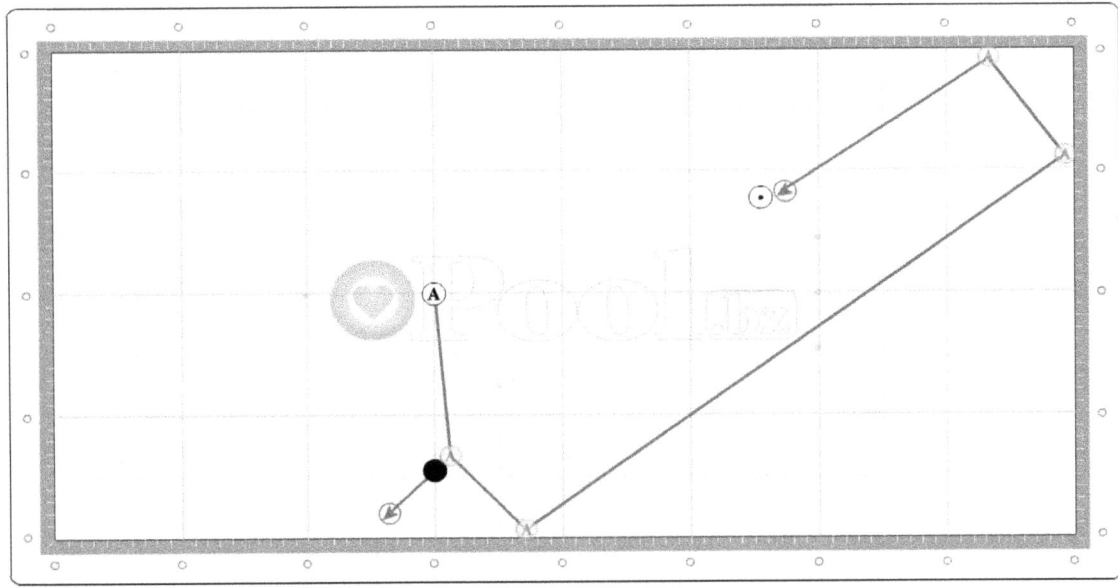

B: Grupo 3

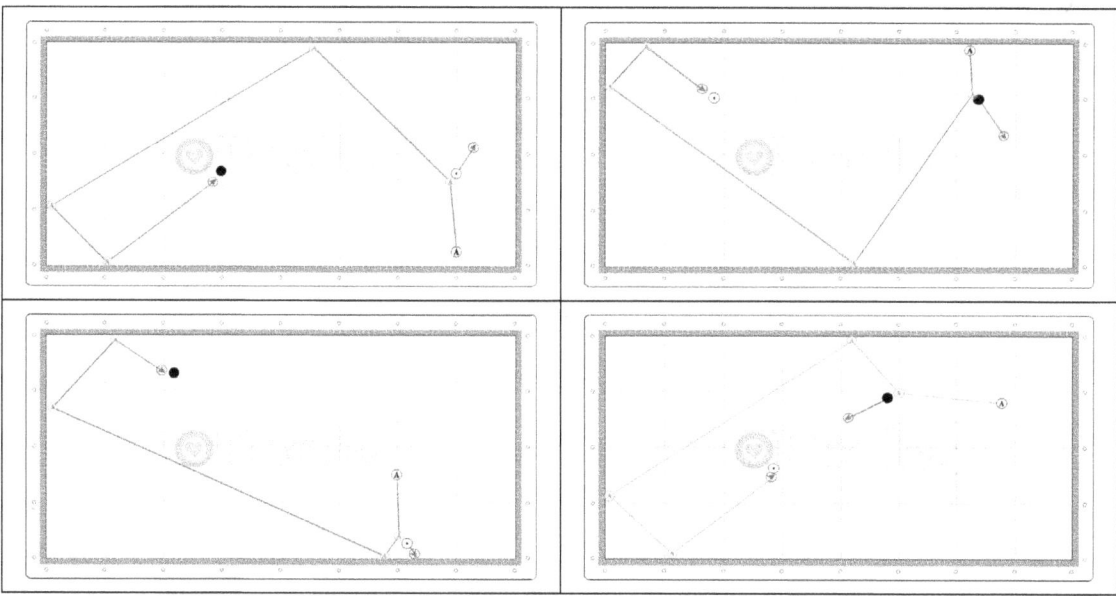

Análise:

B:3a. _____

B:3b. _____

B:3c. _____

B:3d. _____

B:3a – Configuração

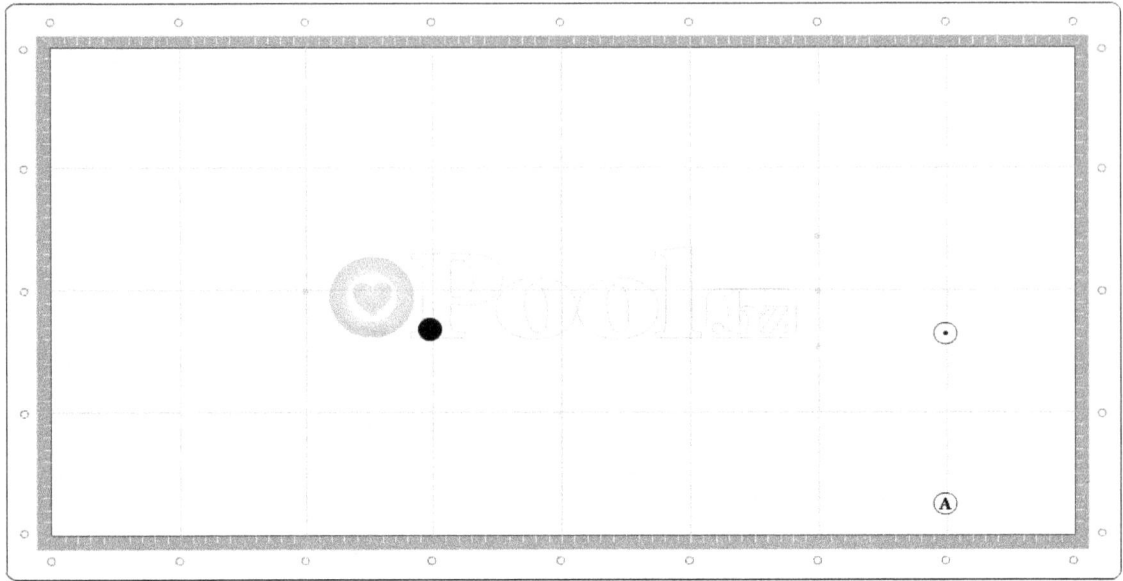

Notas e ideias:

Tiro padrão

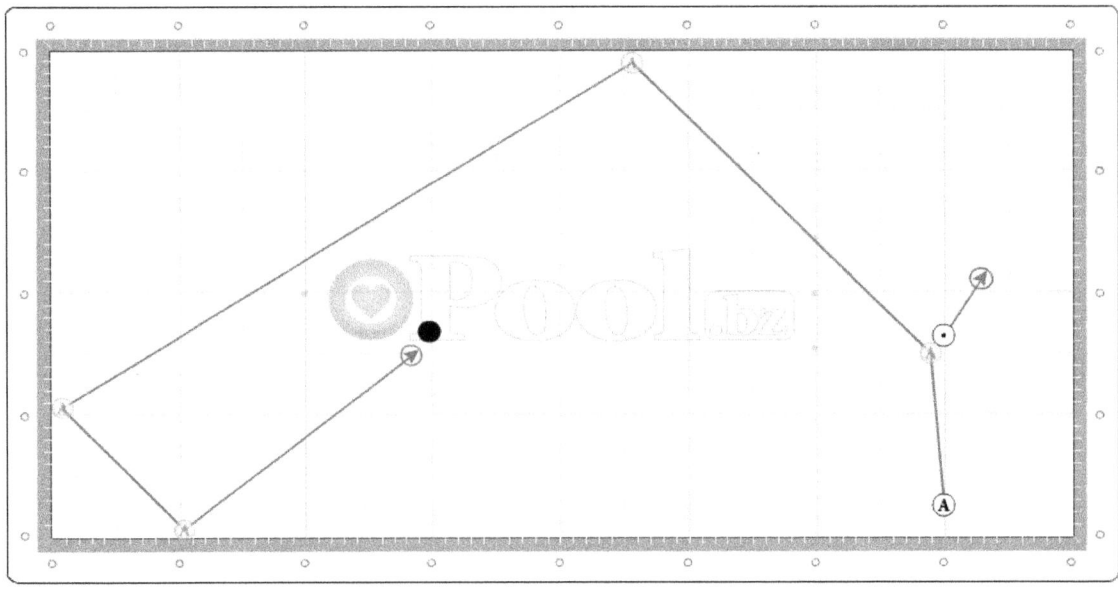

B:3b – Configuração

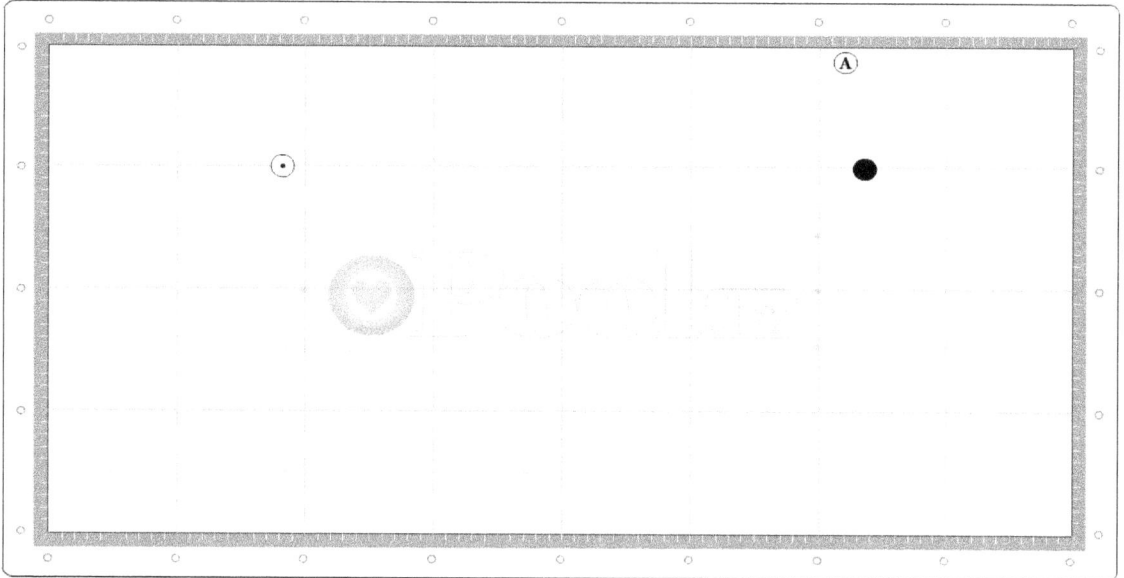

Notas e ideias:

Tiro padrão

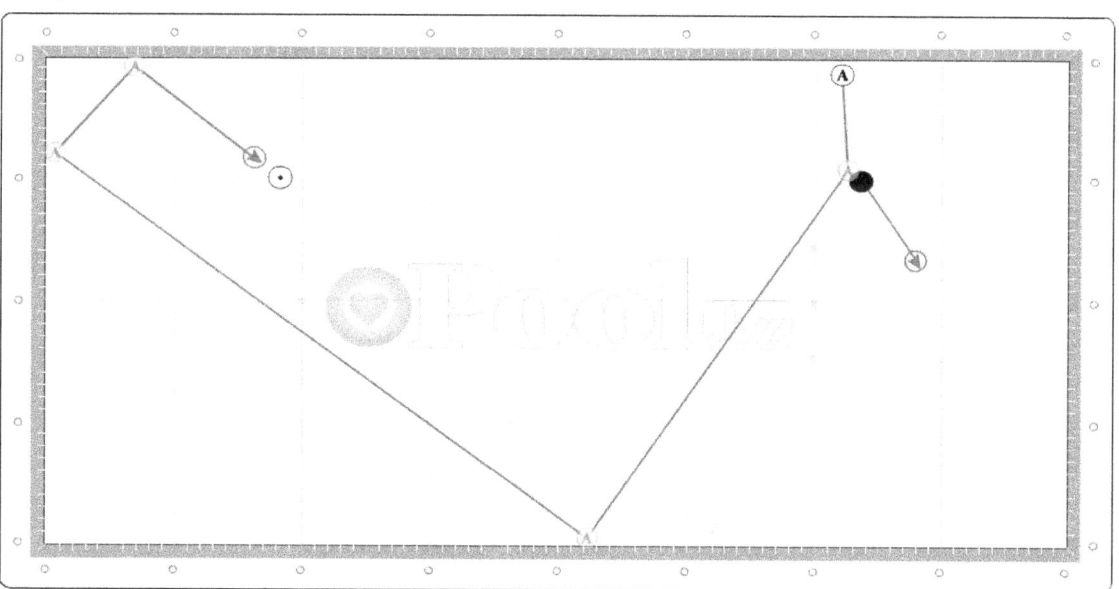

B:3c – Configuração

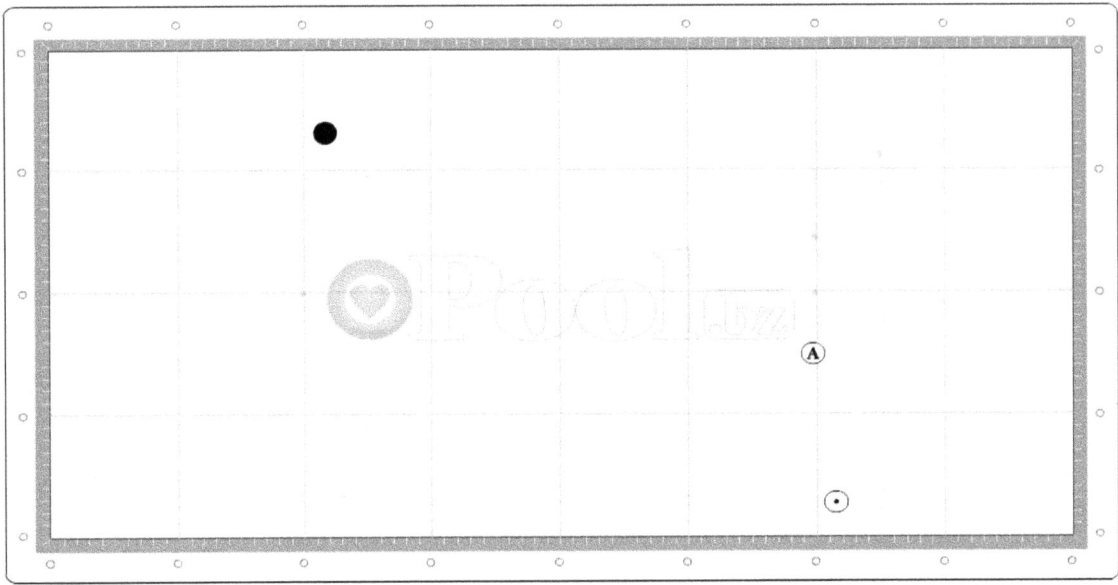

Notas e ideias:

Tiro padrão

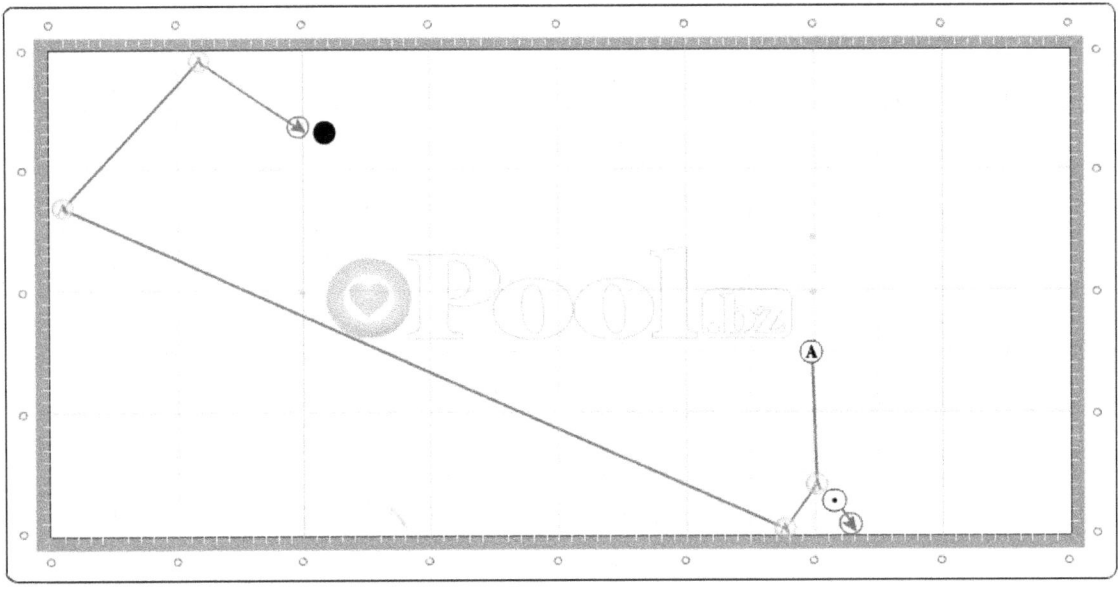

B:3d – Configuração

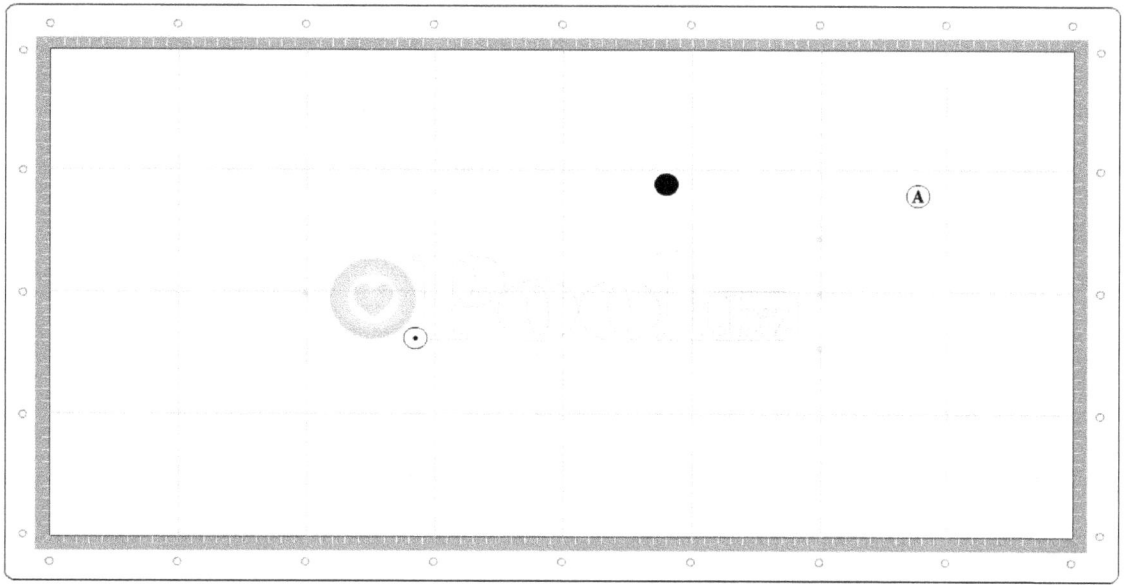

Notas e ideias:

Tiro padrão

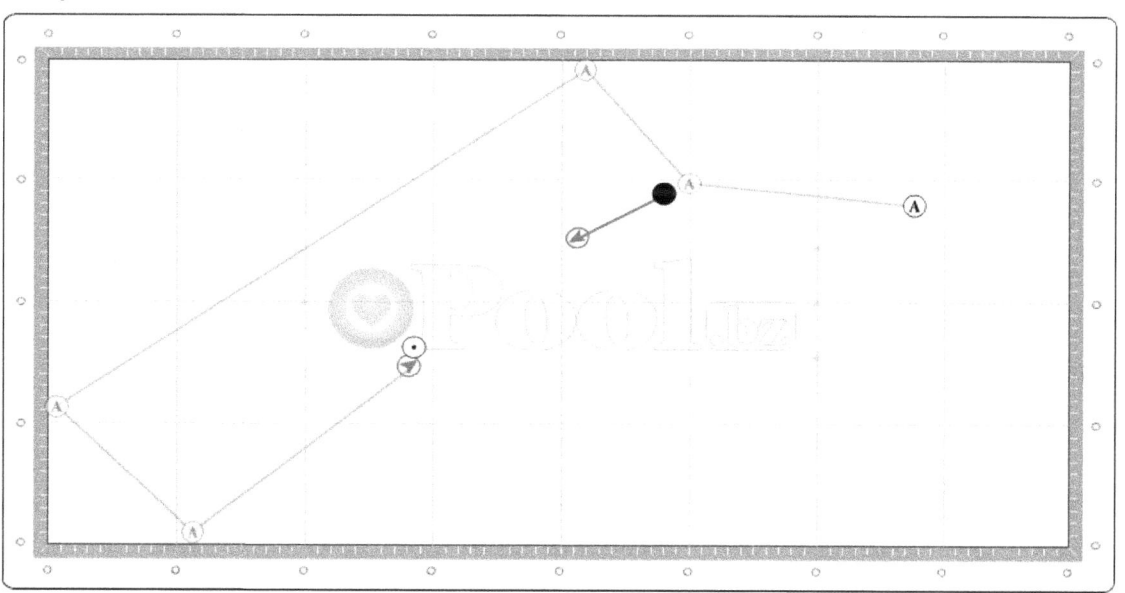

B: Grupo 4

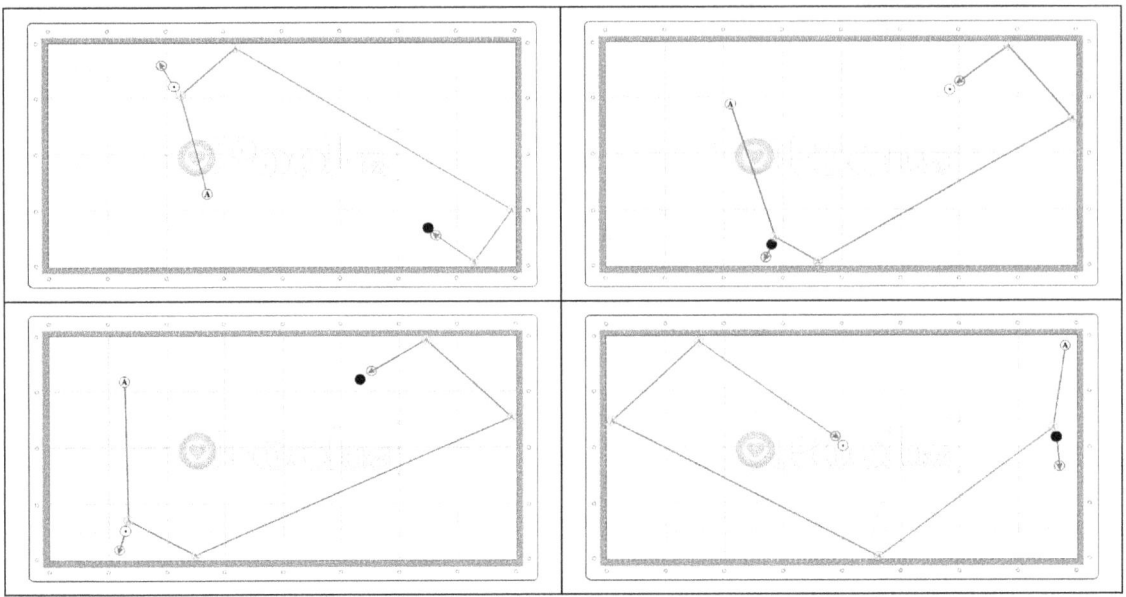

Análise:

B:4a. _____

B:4b. _____

B:4c. _____

B:4d. _____

B:4a – Configuração

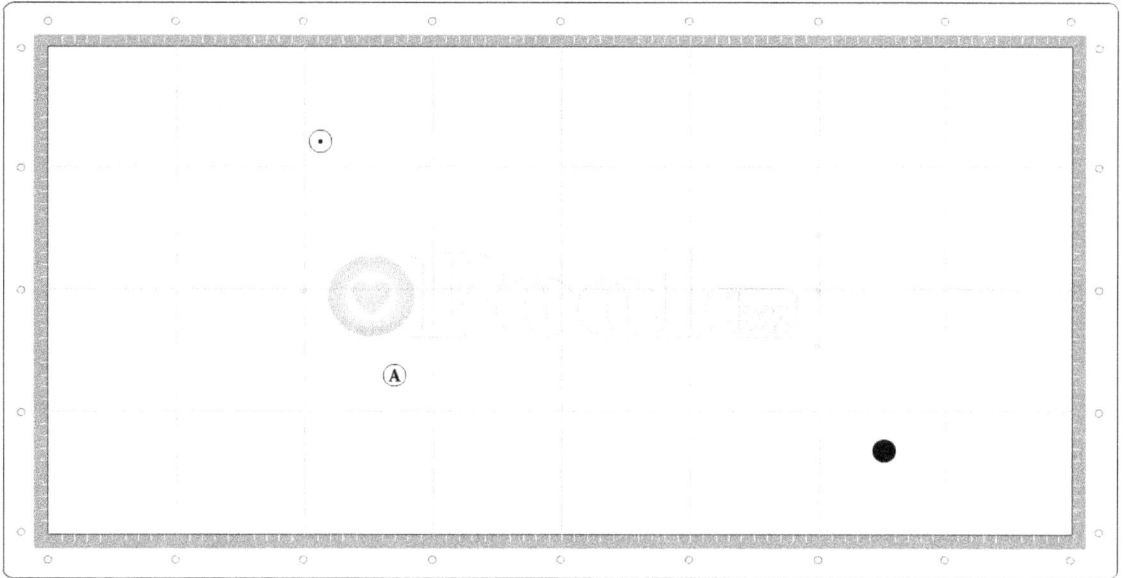

Notas e ideias:

Tiro padrão

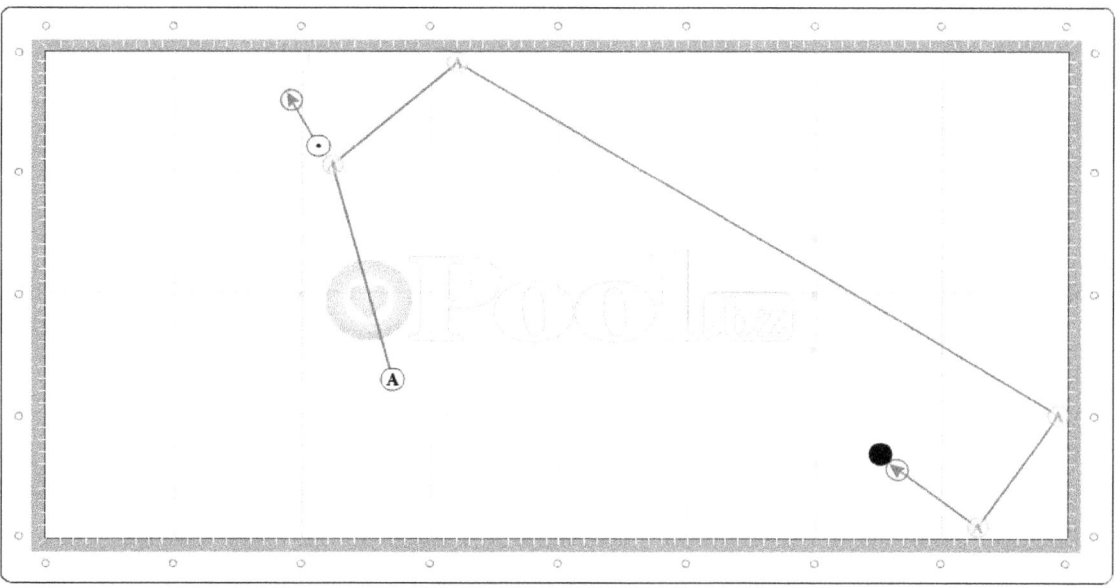

B:4b – Configuração

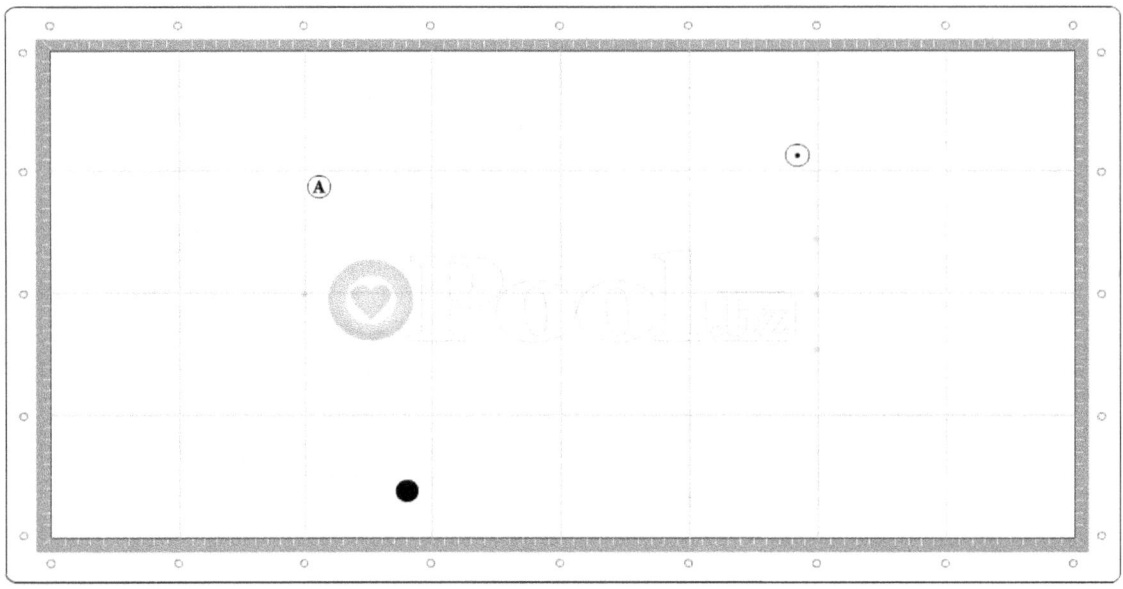

Notas e ideias:

Tiro padrão

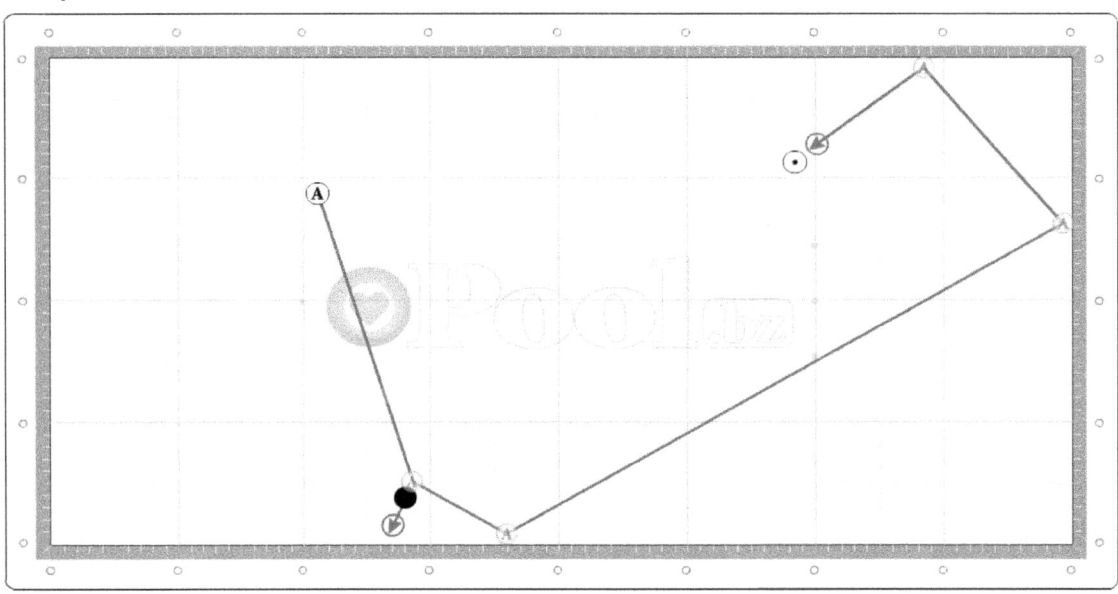

B:4c – Configuração

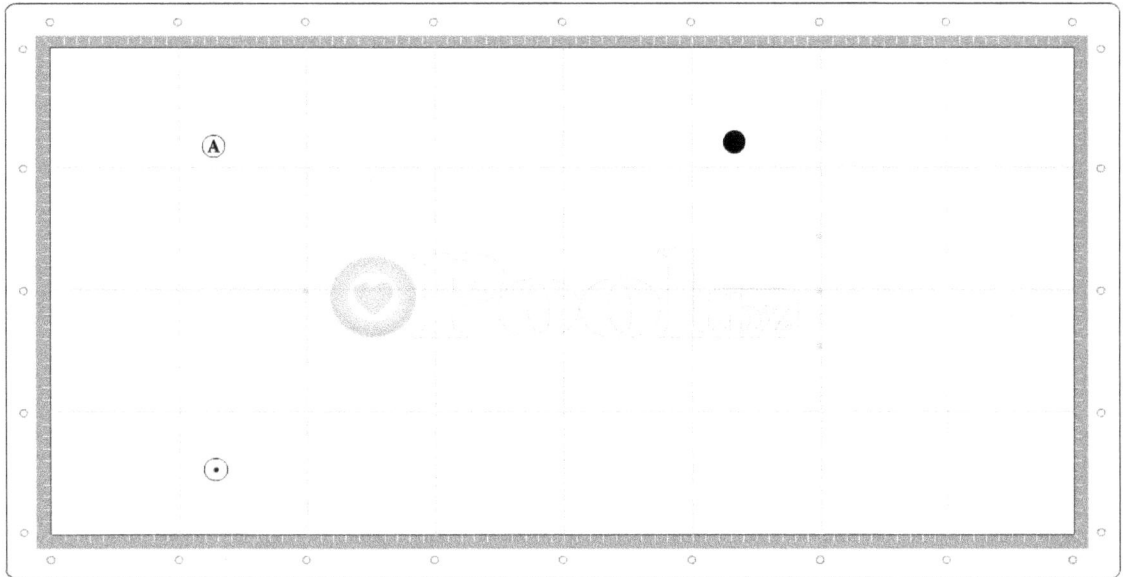

Notas e ideias:

Tiro padrão

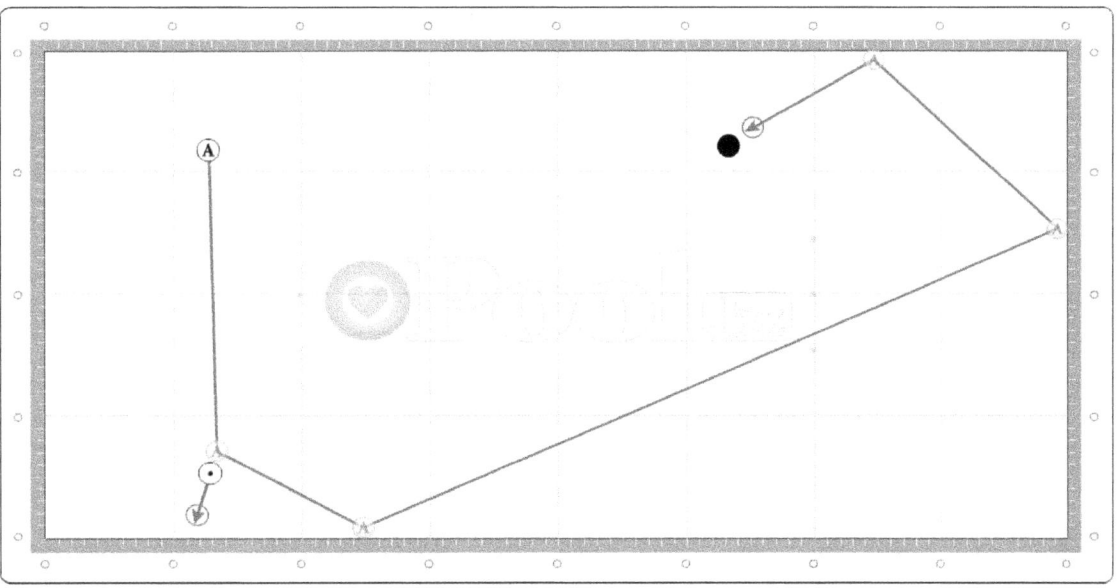

B:4d – Configuração

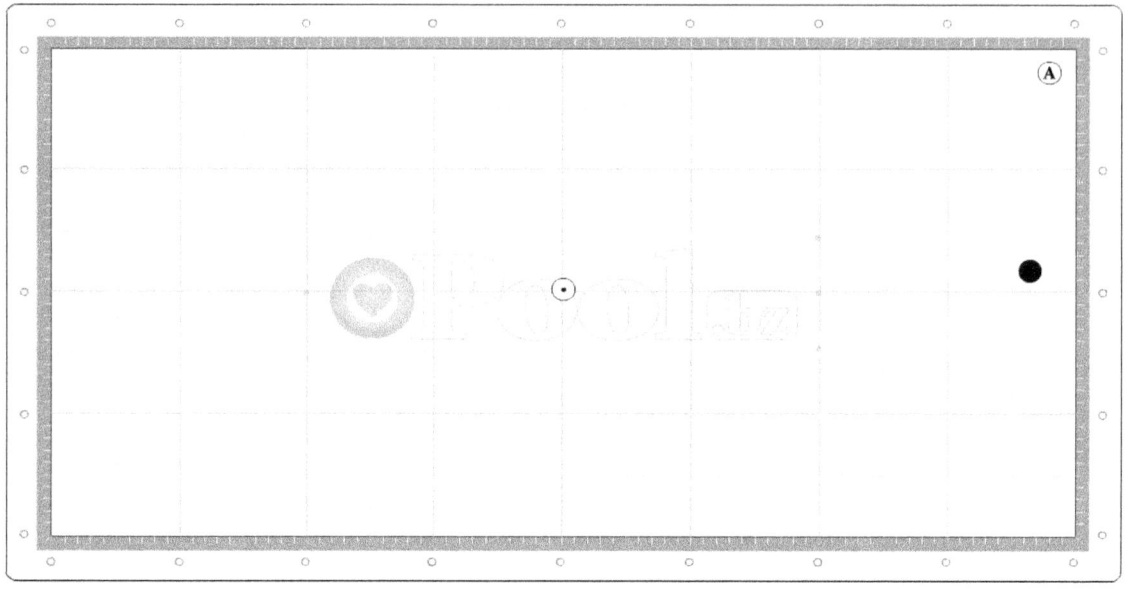

Notas e ideias:

Tiro padrão

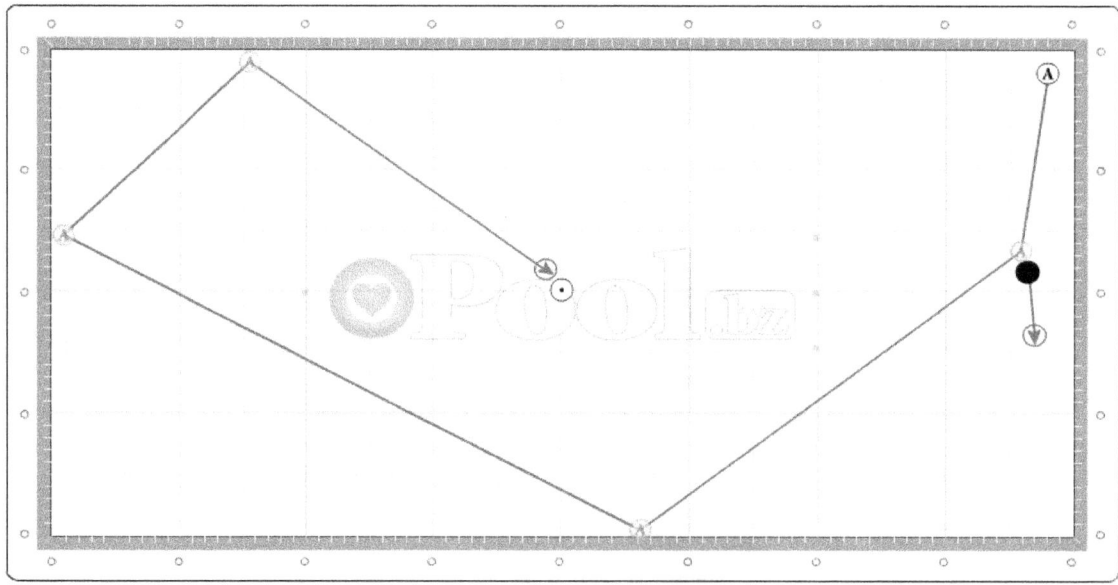

C: Mesa completa (tabelas curta)

O (CB) sai primeiro (OB) e na tabelas curta. De lá, o (CB) vai até a área central da tabelas longa oposta. O (CB) viaja para o outro canto, tabelas curta primeiro. Na saída, o (CB) atinge o outro (OB).

Ⓐ (CB) (sua bola de bilhar) - ⊙ (OB) (bola de bilhar oponente) - ● (RB) (bola de bilhar vermelha)

C: Grupo 1

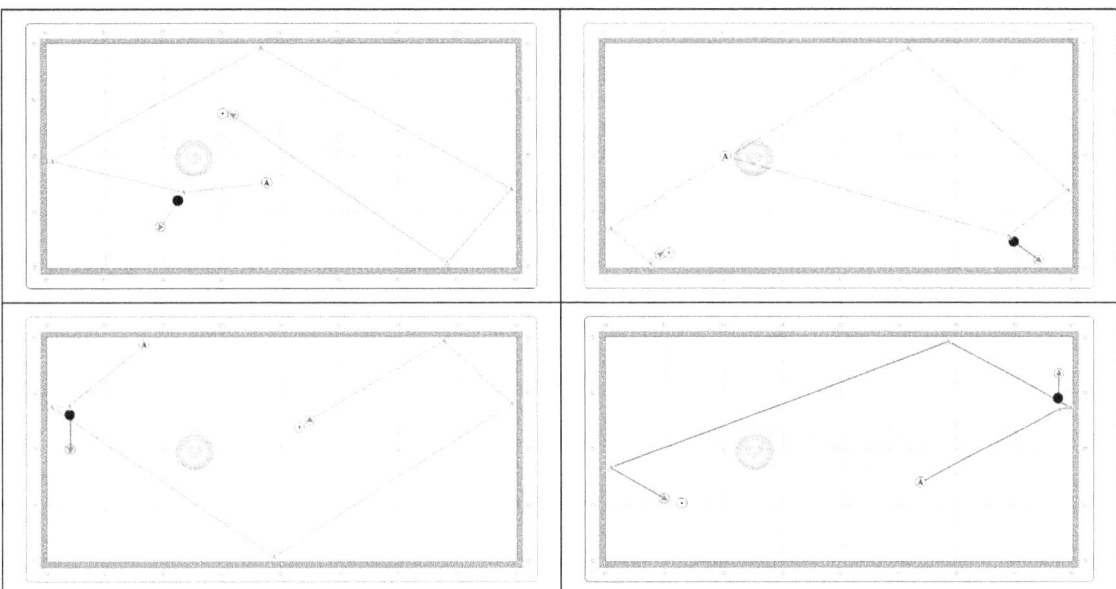

Análise:

C:1a. _____

C:1b. _____

C:1c. _____

C:1d. _____

C:1a – Configuração

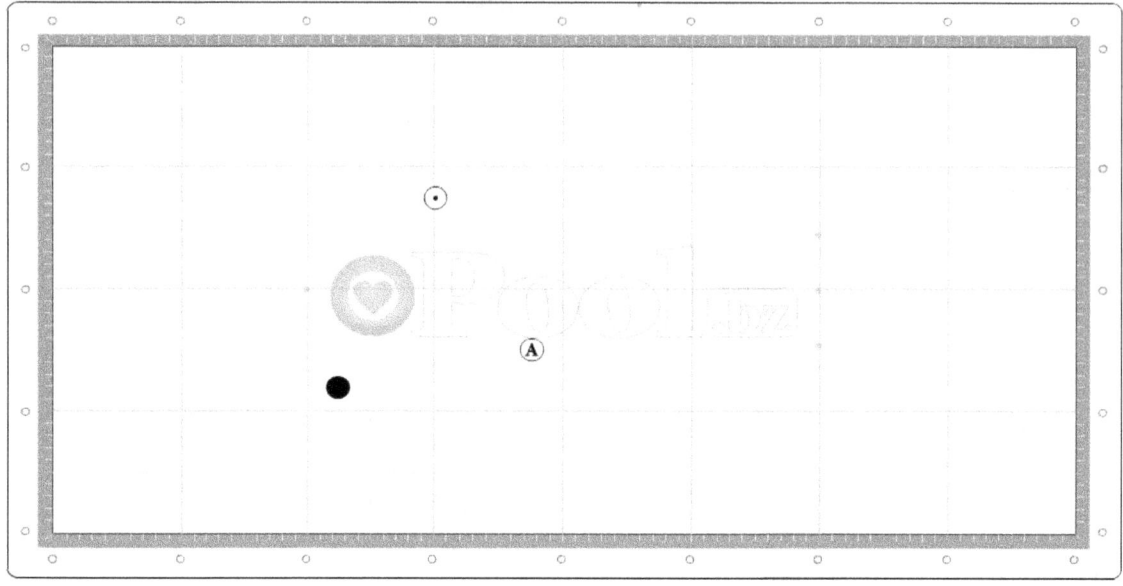

Notas e ideias:

Tiro padrão

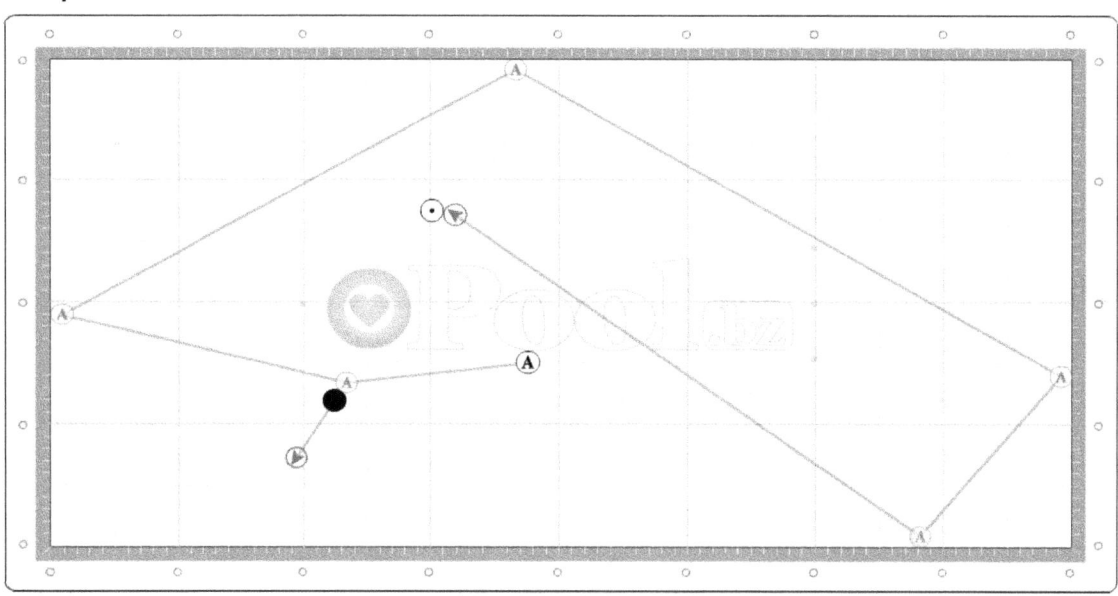

C:1b – Configuração

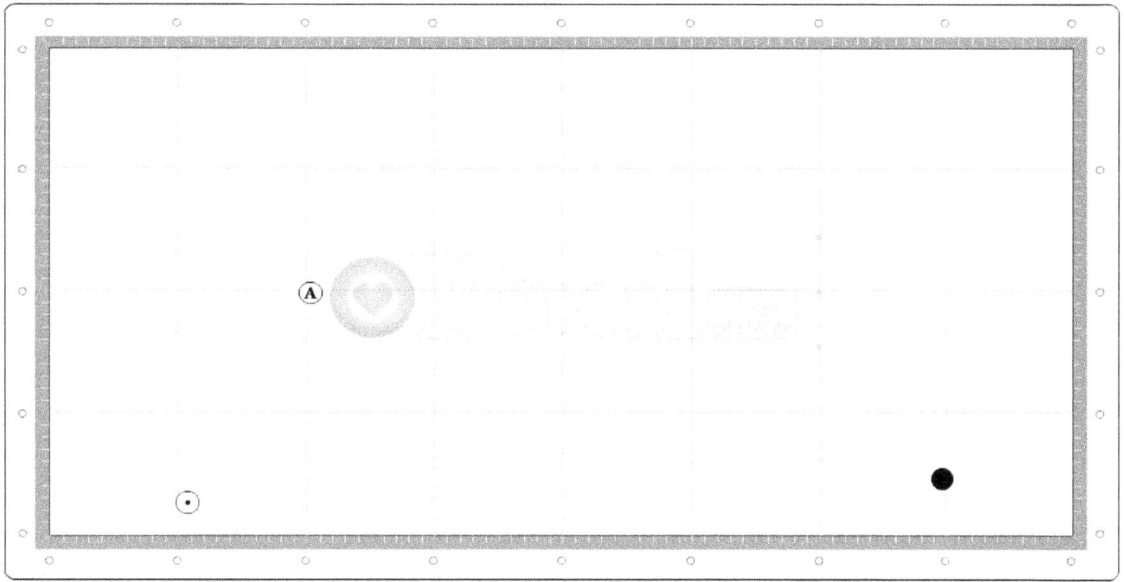

Notas e ideias:

Tiro padrão

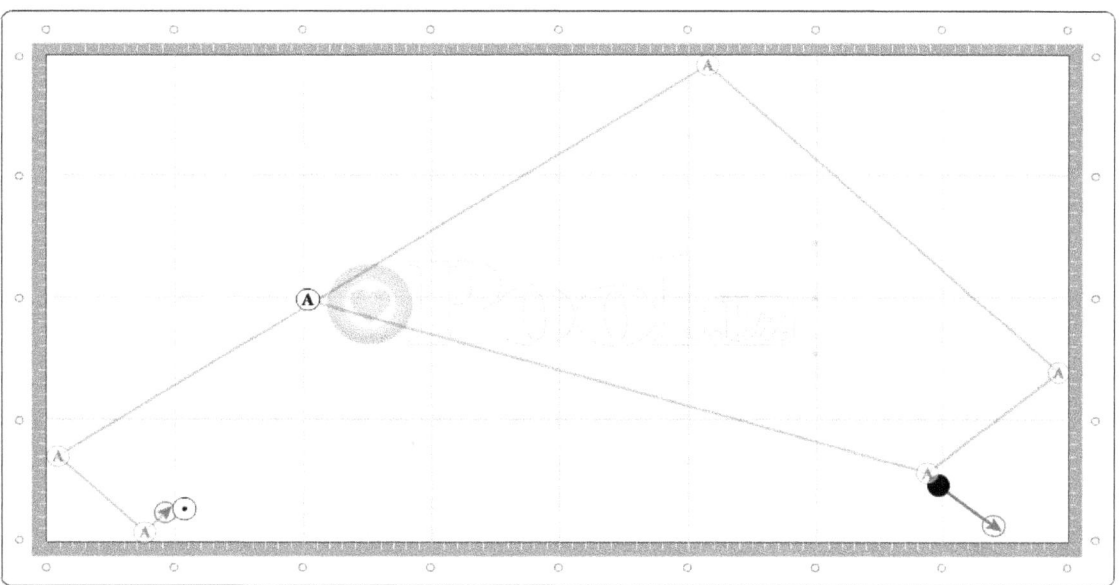

C:1c – Configuração

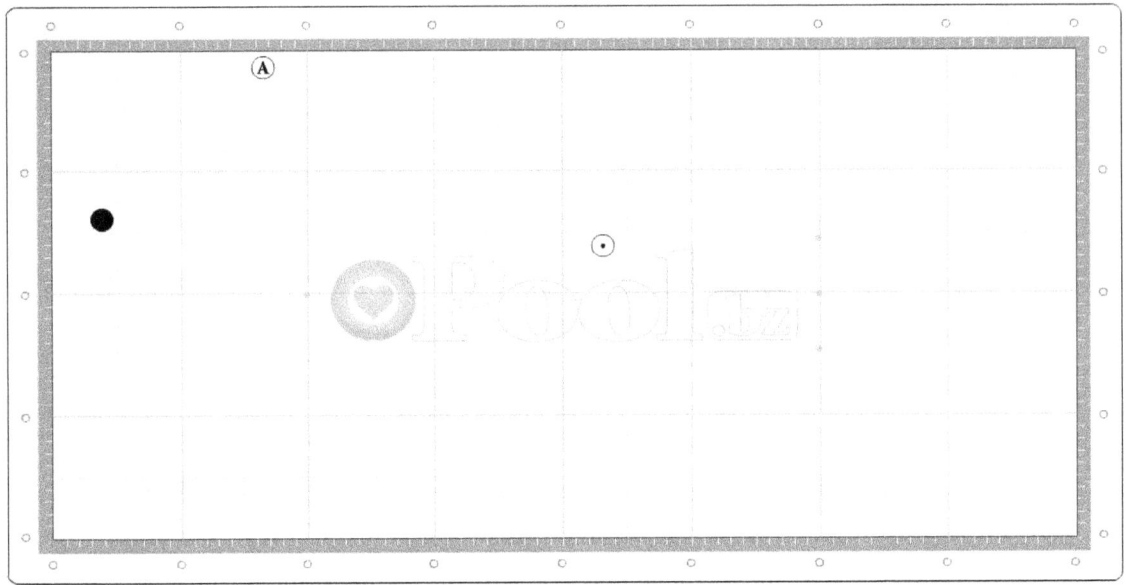

Notas e ideias:

Tiro padrão

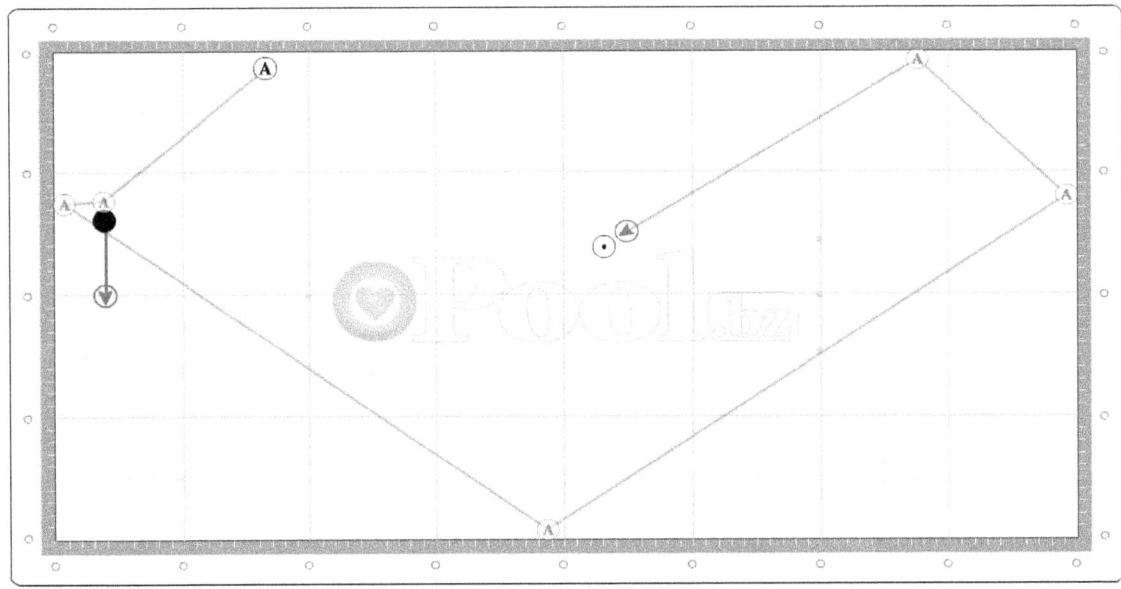

C:1d – Configuração

Notas e ideias:

Tiro padrão

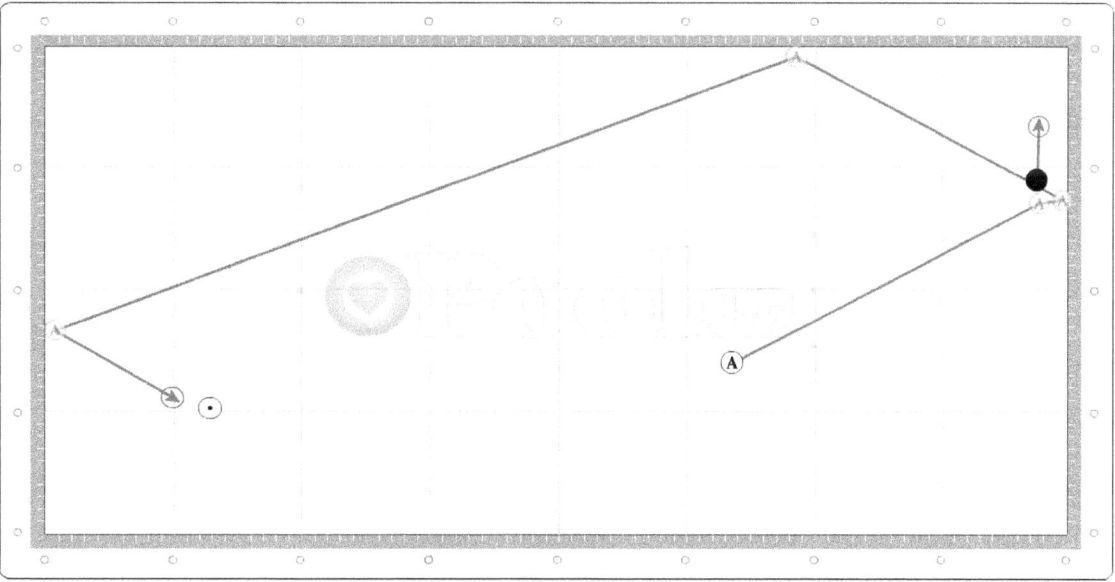

C: Grupo 2

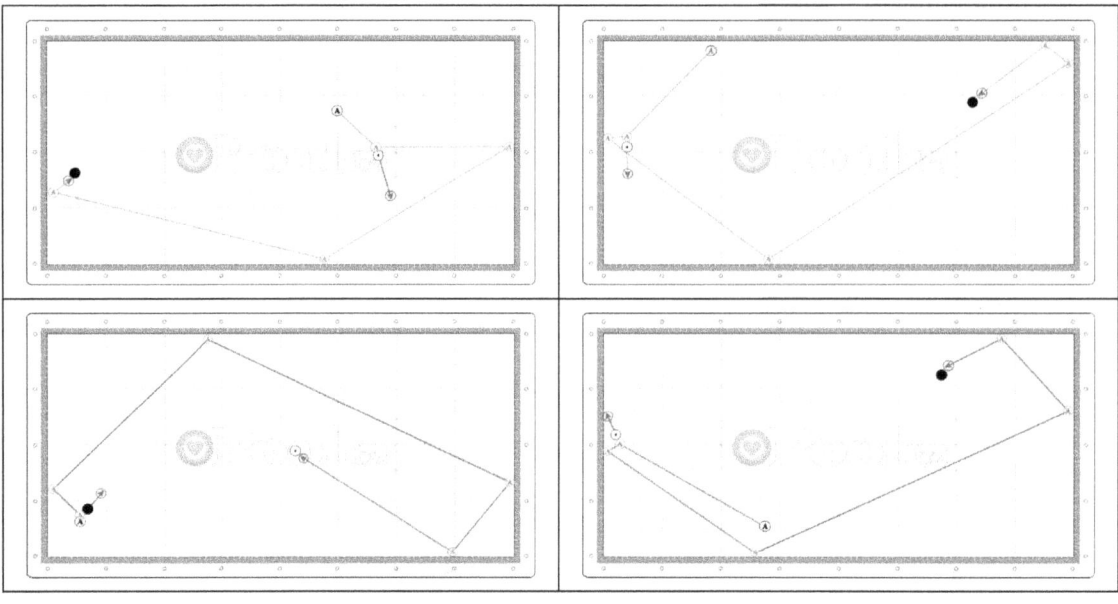

Análise:

C:2a. _____

C:2b. _____

C:2c. _____

C:2d. _____

C:2a – Configuração

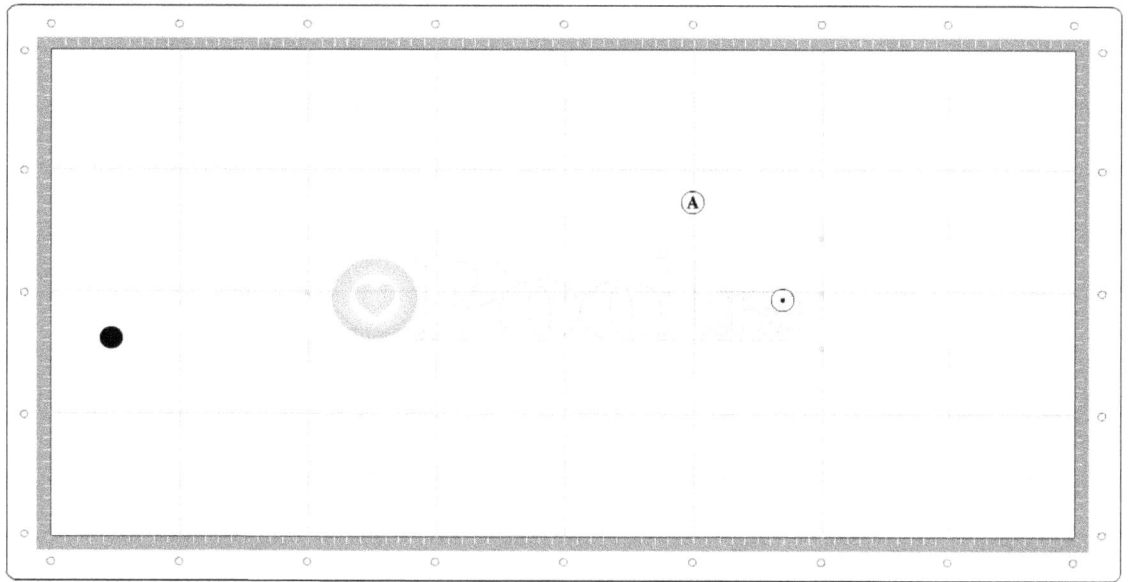

Notas e ideias:

Tiro padrão

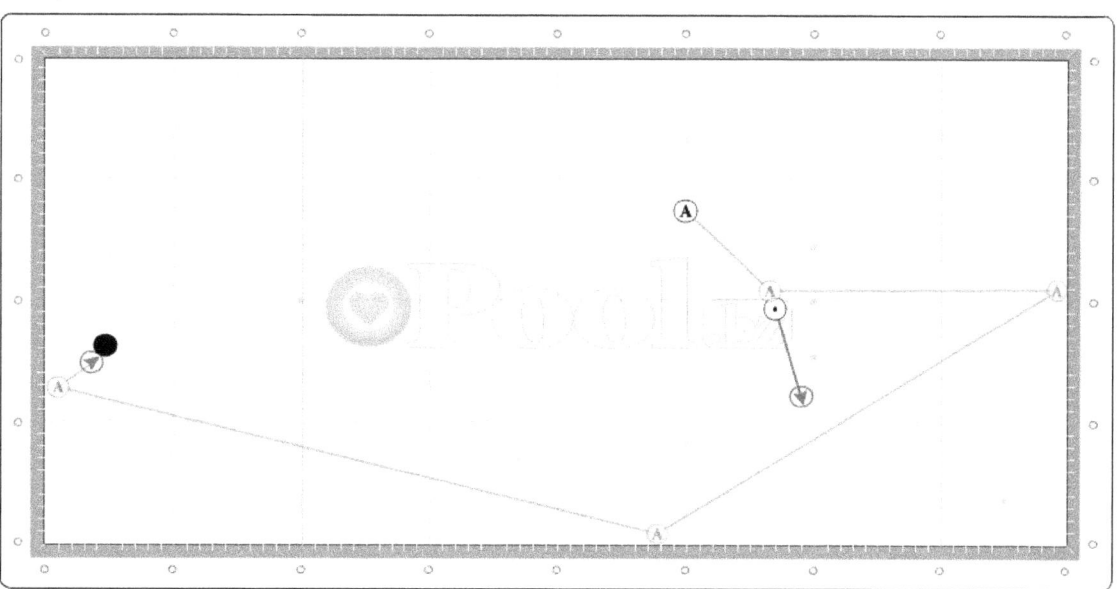

C:2b – Configuração

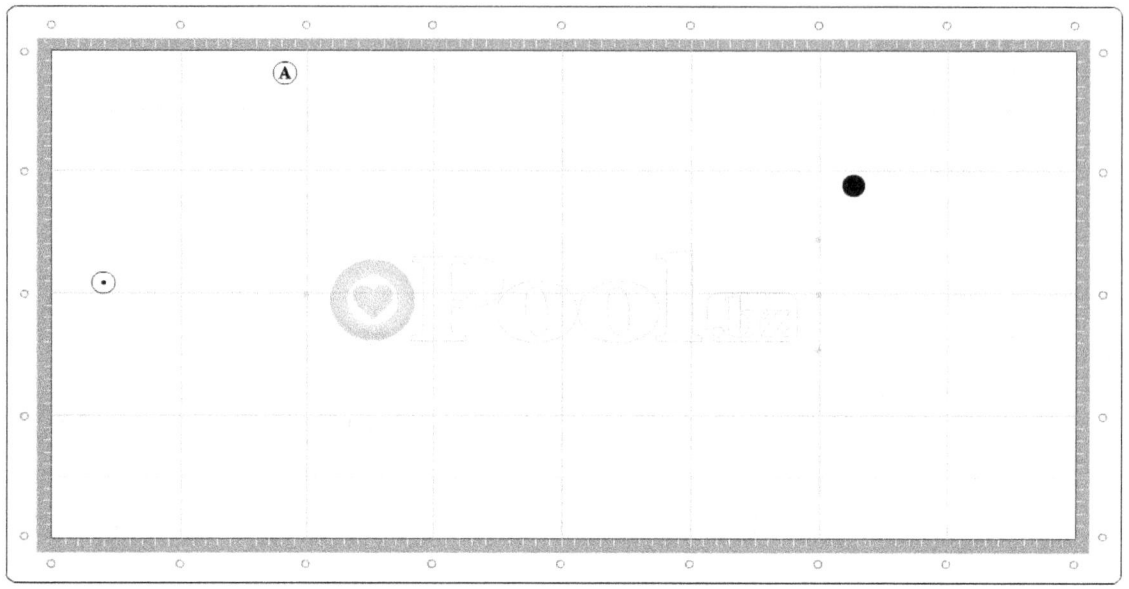

Notas e ideias:

Tiro padrão

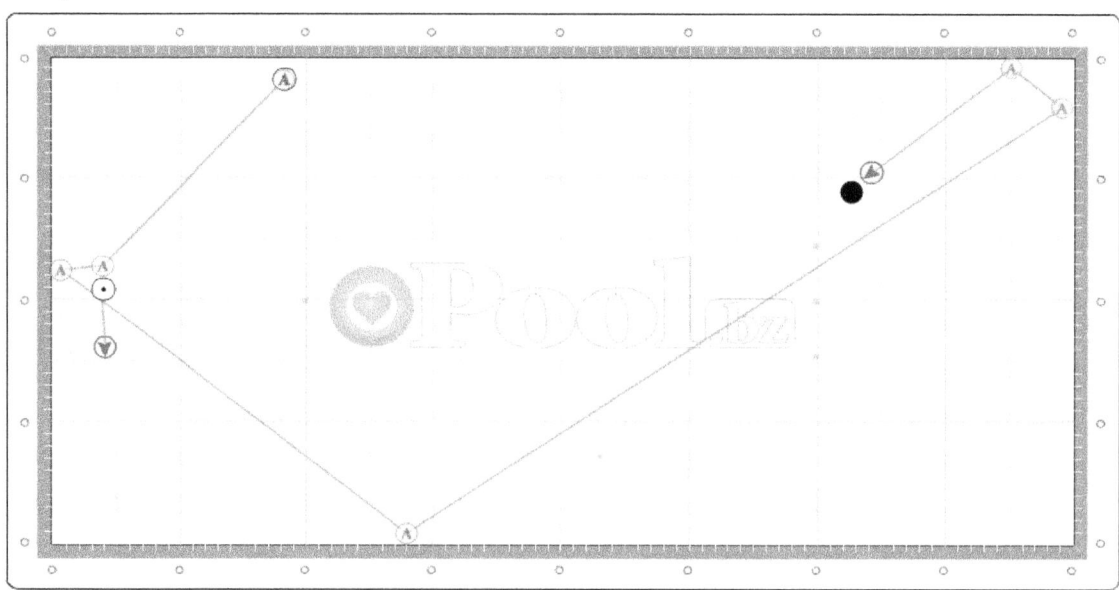

C:2c – Configuração

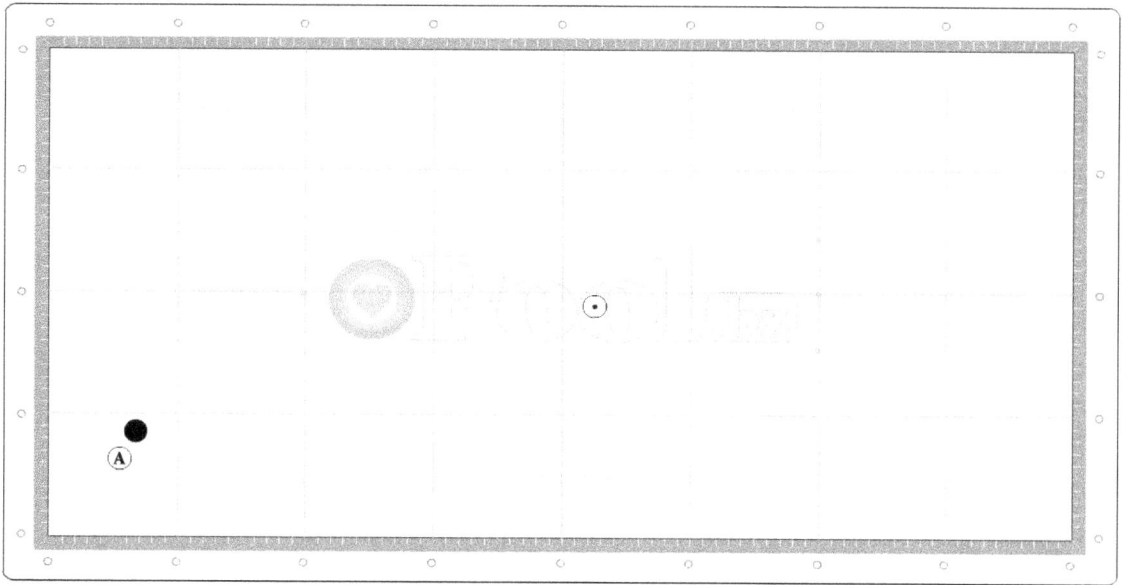

Notas e ideias:

Tiro padrão

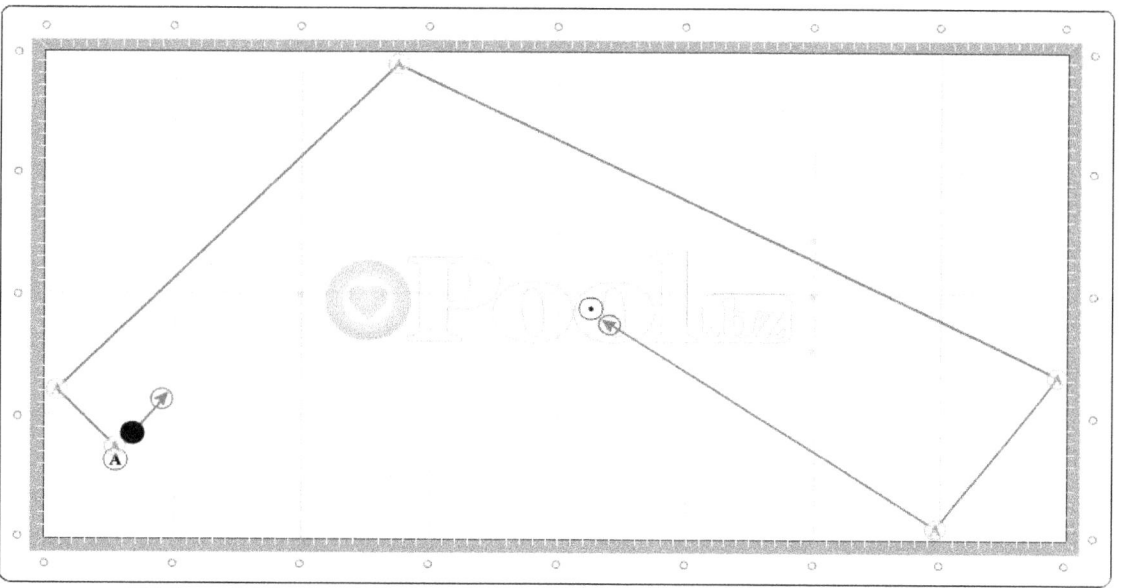

C:2d – Configuração

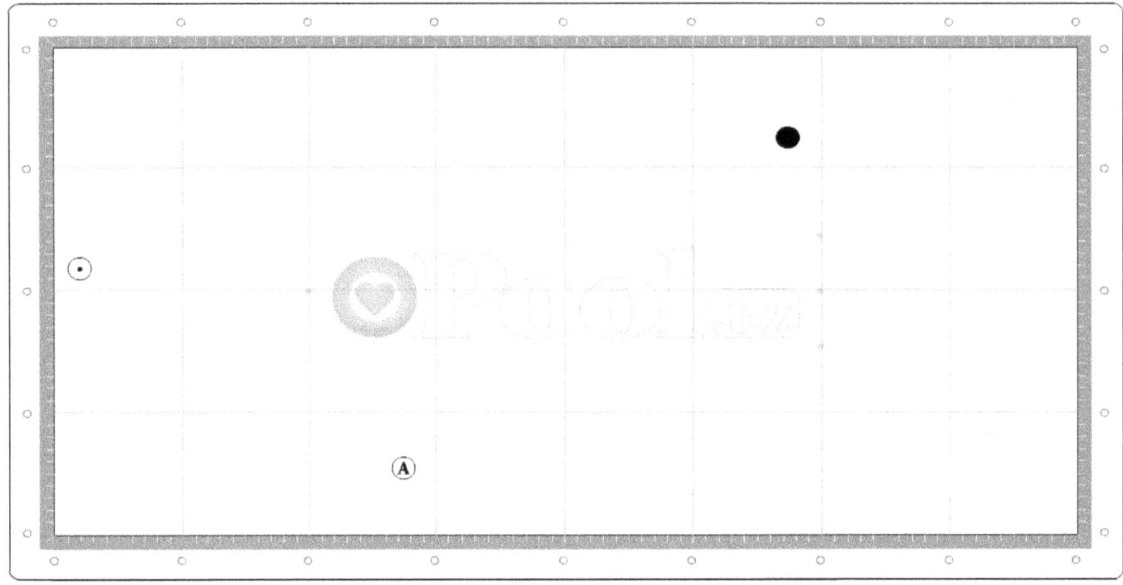

Notas e ideias:

Tiro padrão

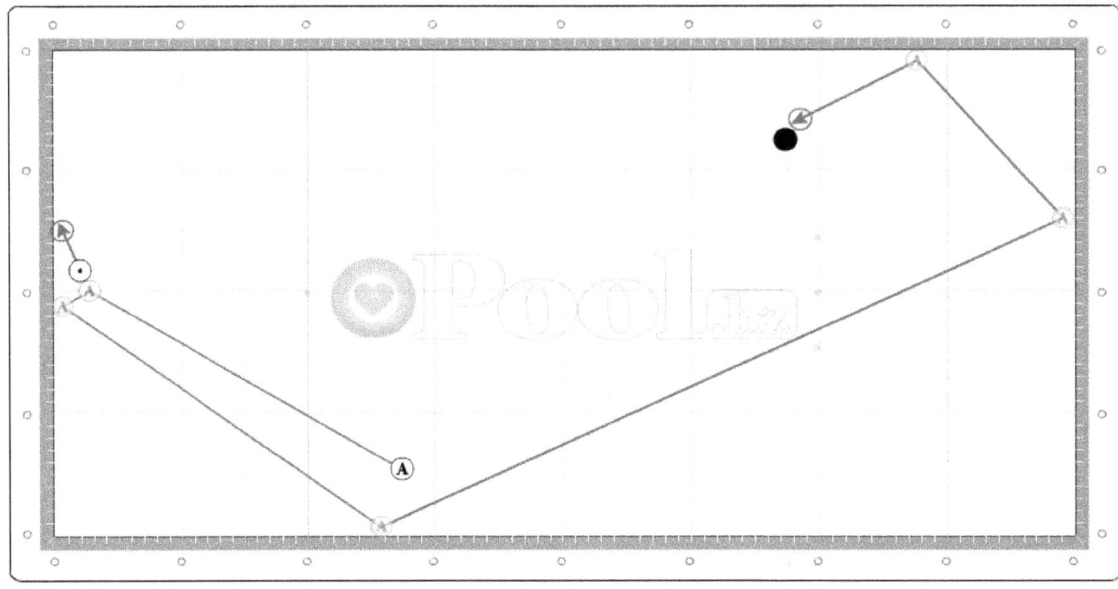

C: Grupo 3

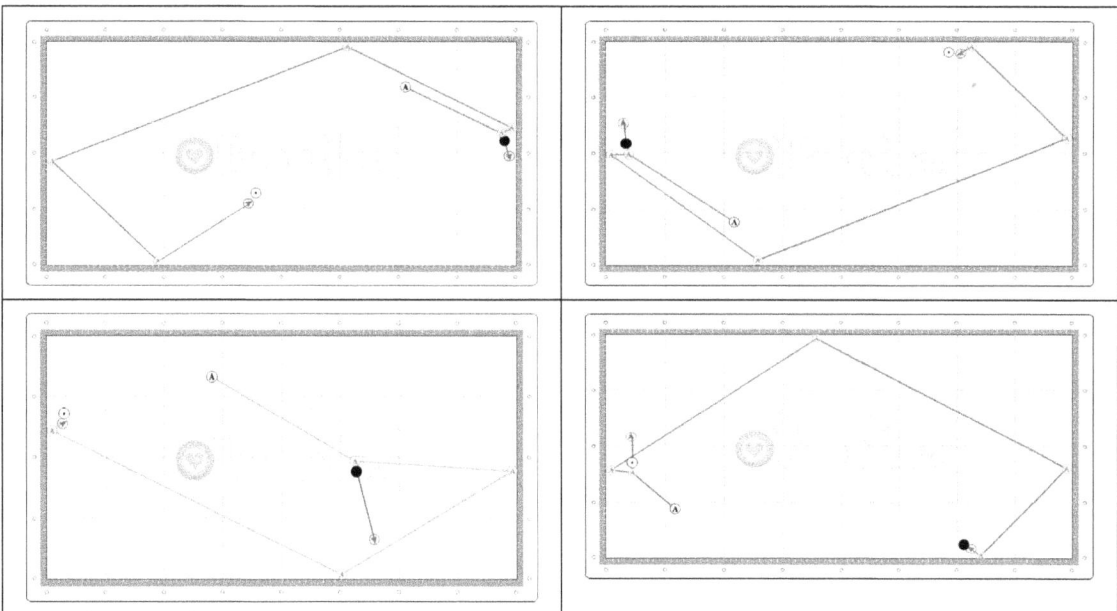

Análise:

C:3a. _____

C:3b. _____

C:3c. _____

C:3d. _____

C:3a – Configuração

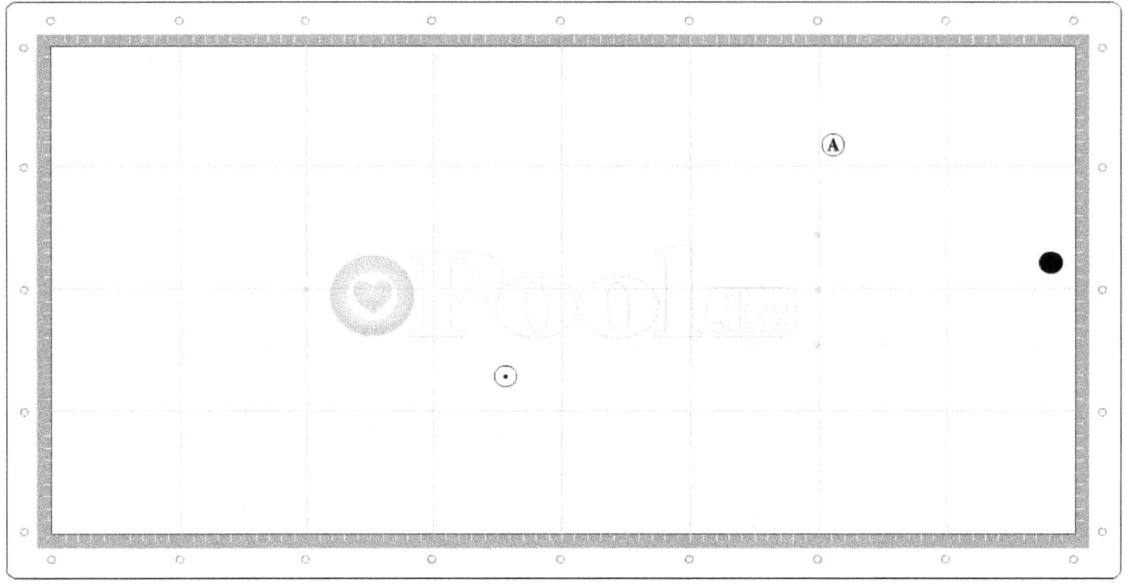

Notas e ideias:

Tiro padrão

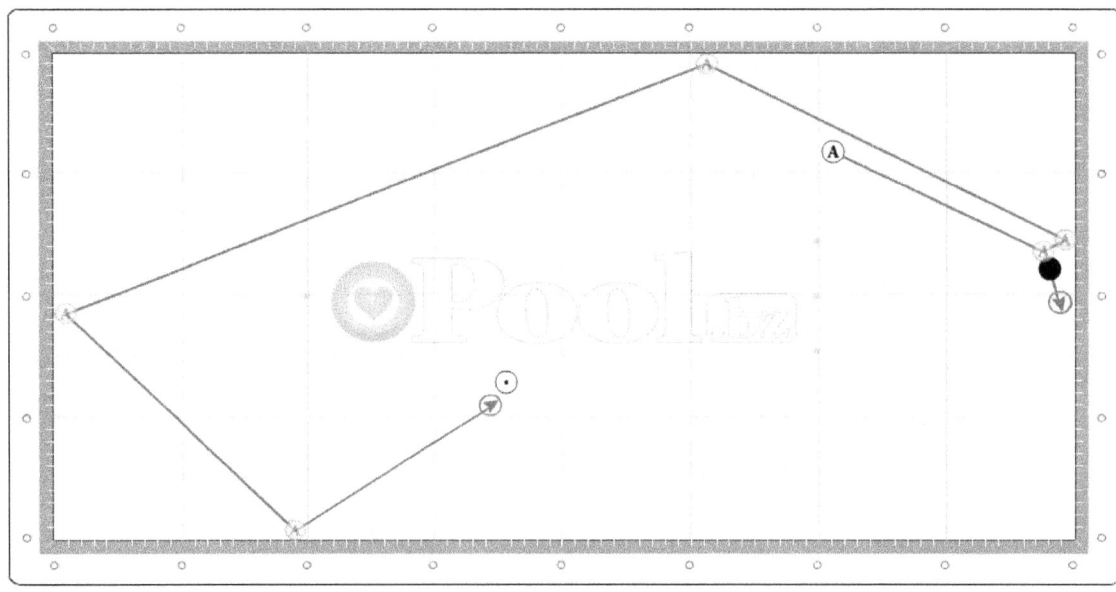

C:3b – Configuração

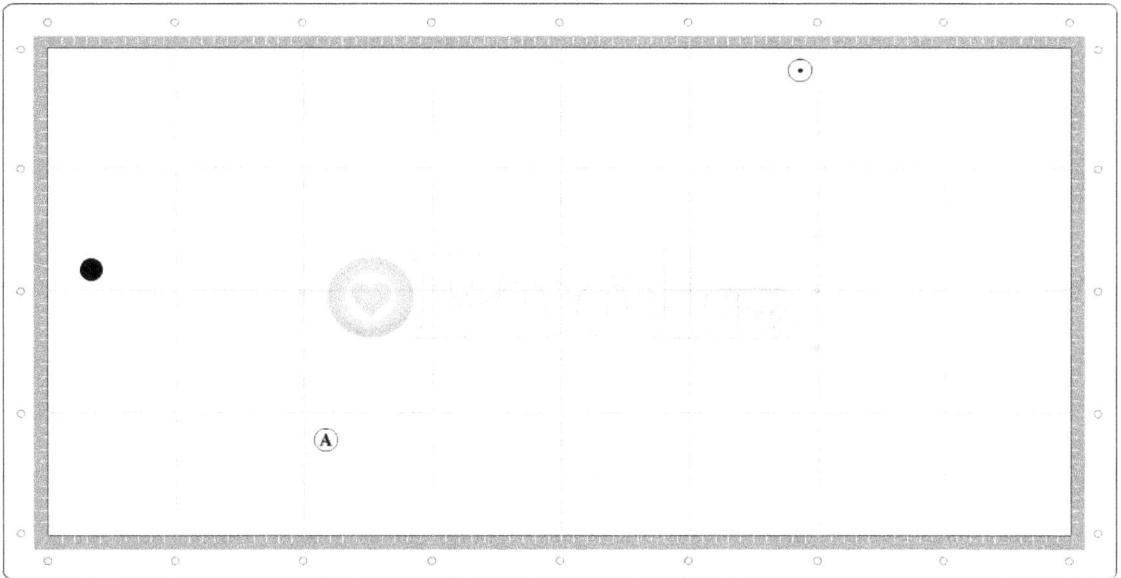

Notas e ideias:

Tiro padrão

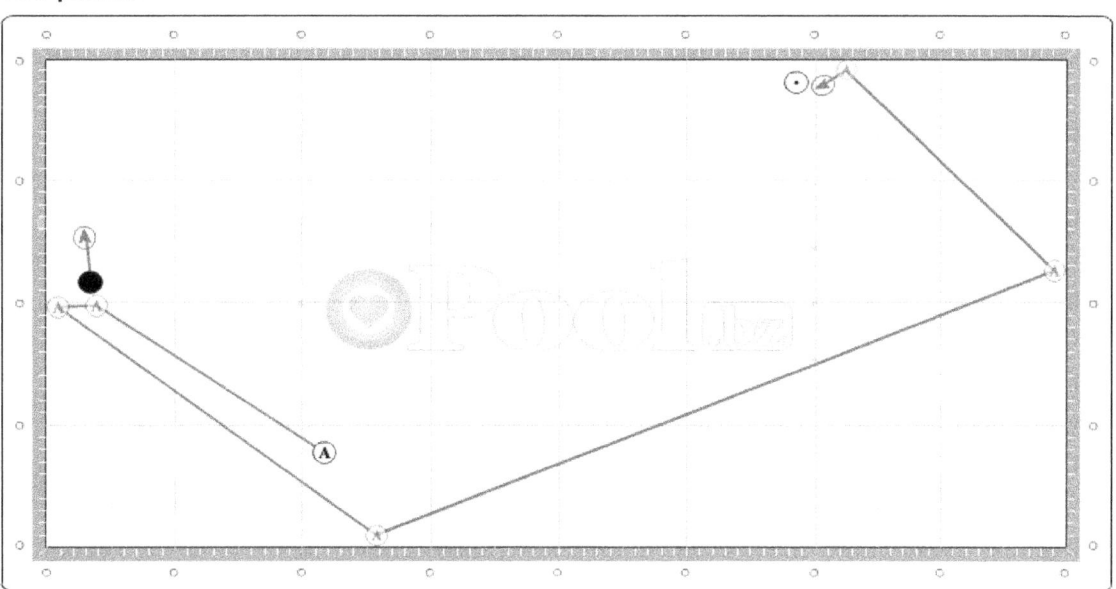

C:3c – Configuração

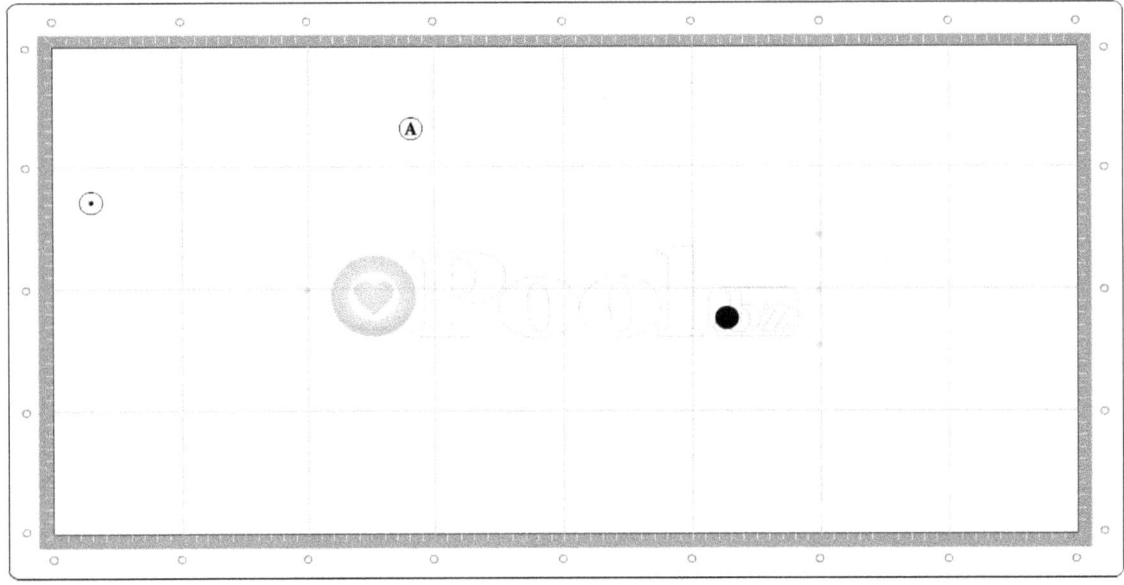

Notas e ideias:

Tiro padrão

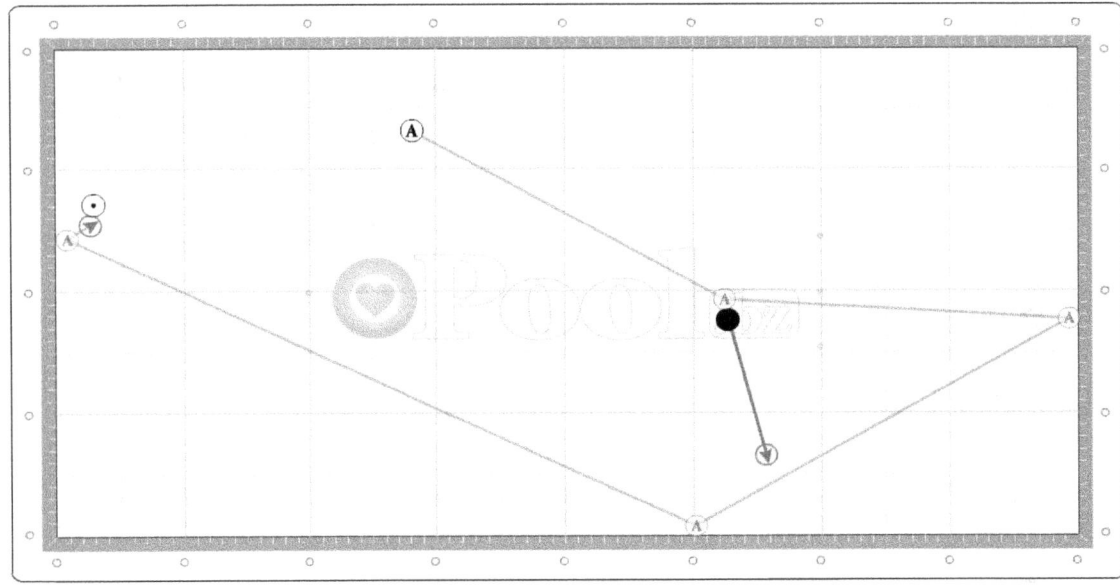

C:3d – Configuração

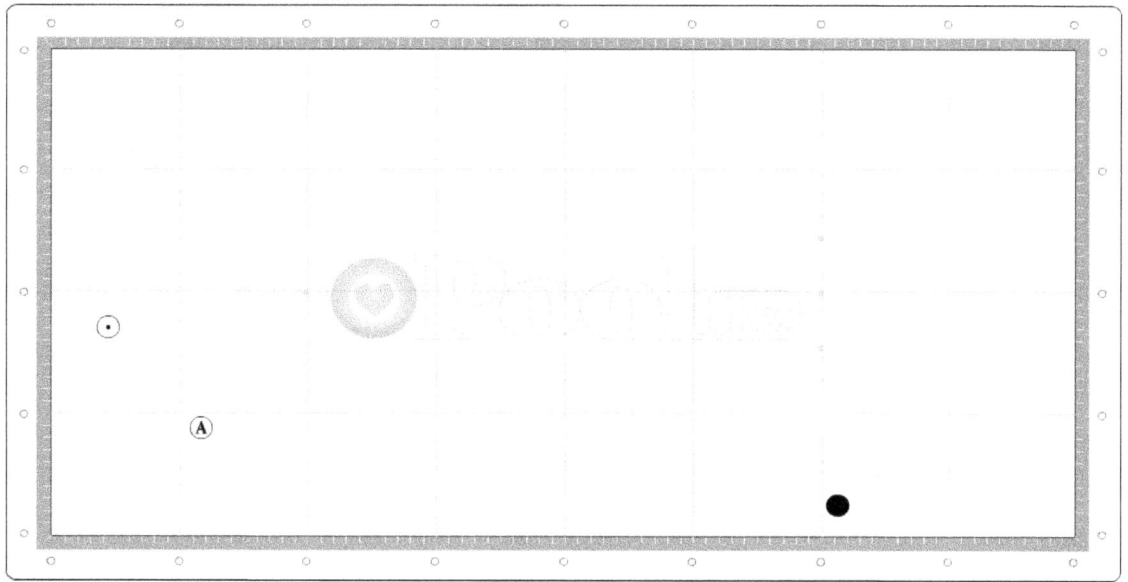

Notas e ideias:

Tiro padrão

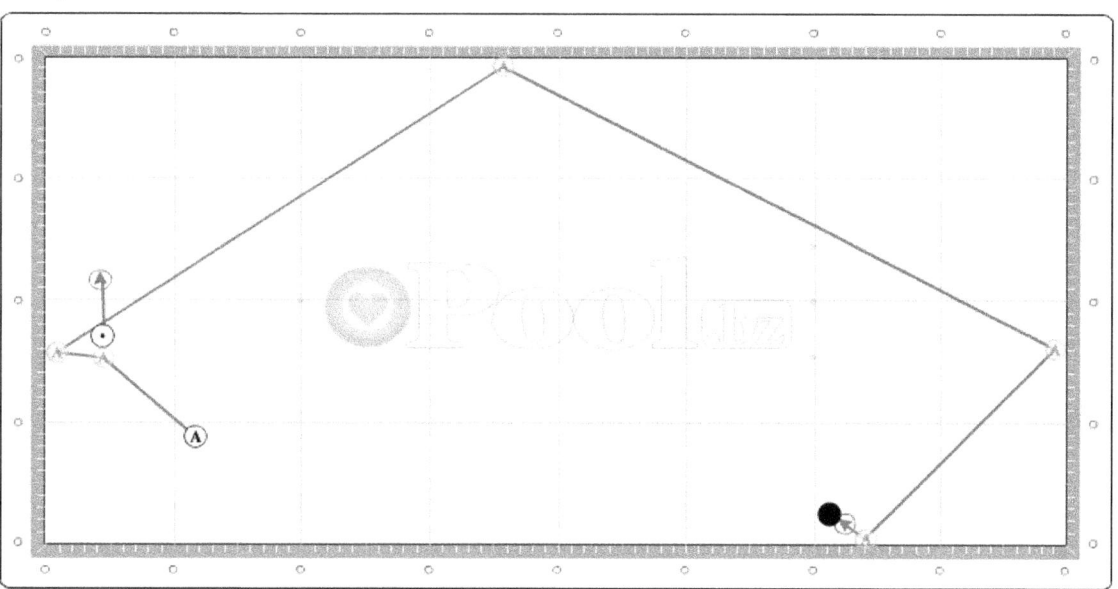

D: Retorno de canto básico (tabelas longa)

O (CB) sai do primeiro (OB) e vai para o canto. Ele sai do canto da tabelas curta. O (CB) então vai para a área central da tabelas longa oposta. De lá, o (CB) contata o outro (OB).

Ⓐ (CB) (sua bola de bilhar) - ⊙ (OB) (bola de bilhar oponente) - ● (RB) (bola de bilhar vermelha)

D: Grupo 1

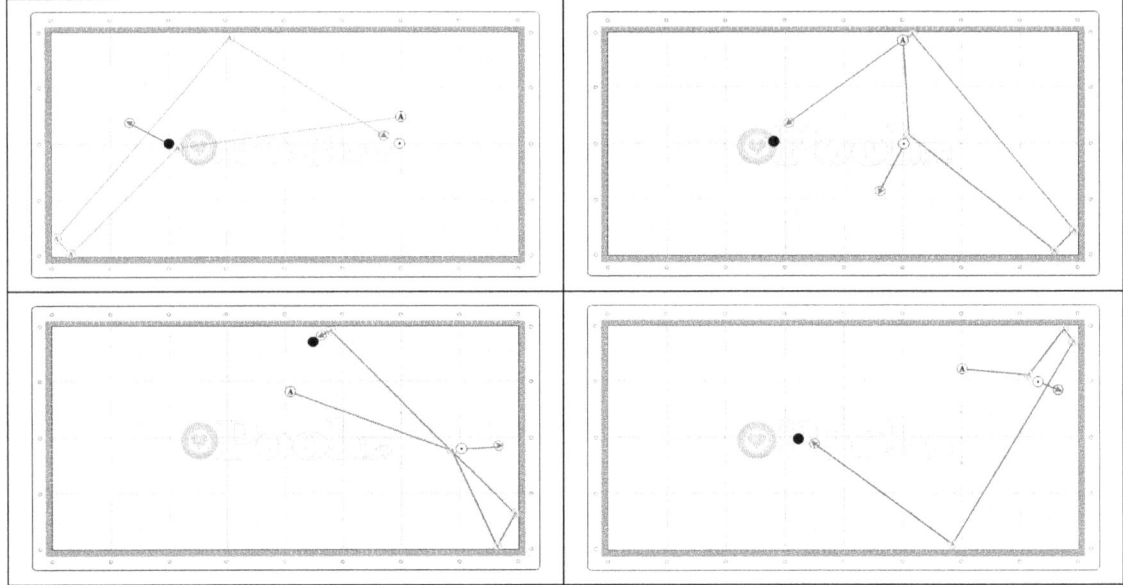

Análise:

D:1a. _____

D:1b. _____

D:1c. _____

D:1d. _____

D:1a – Configuração

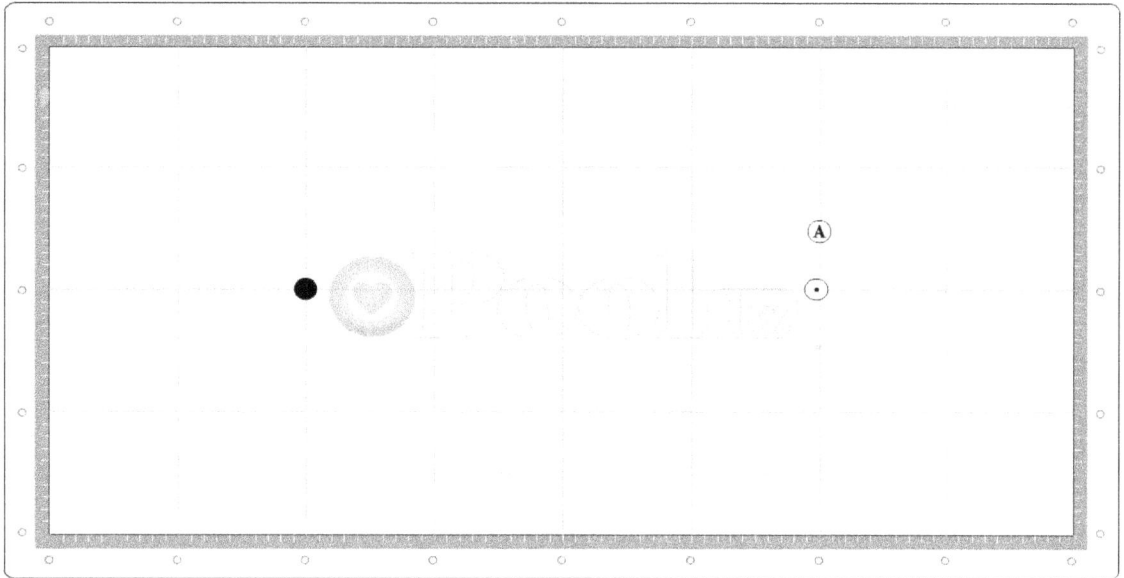

Notas e ideias:

Tiro padrão

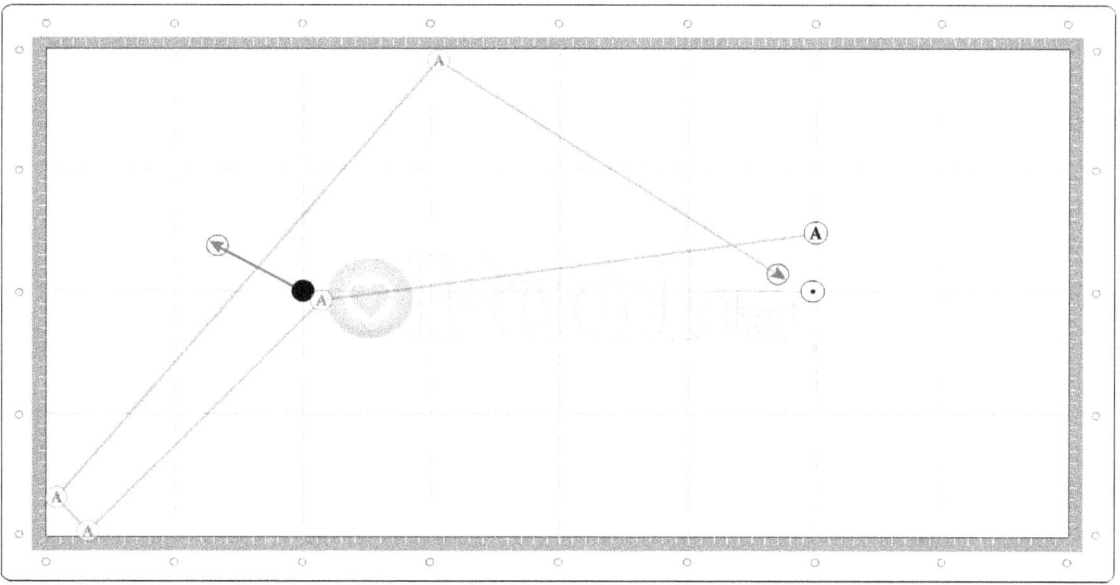

D:1b – Configuração

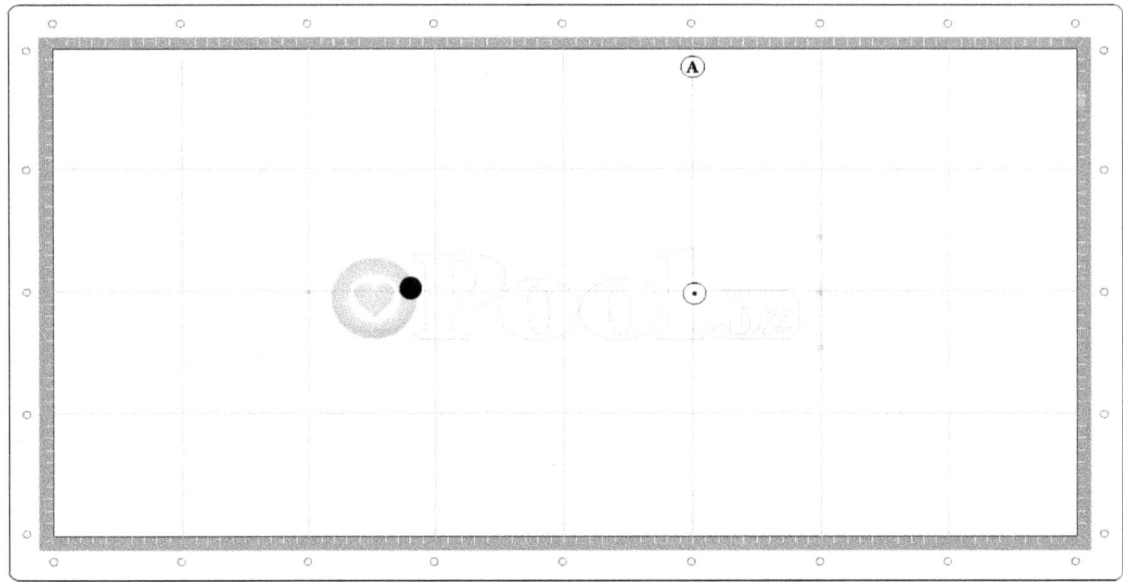

Notas e ideias:

Tiro padrão

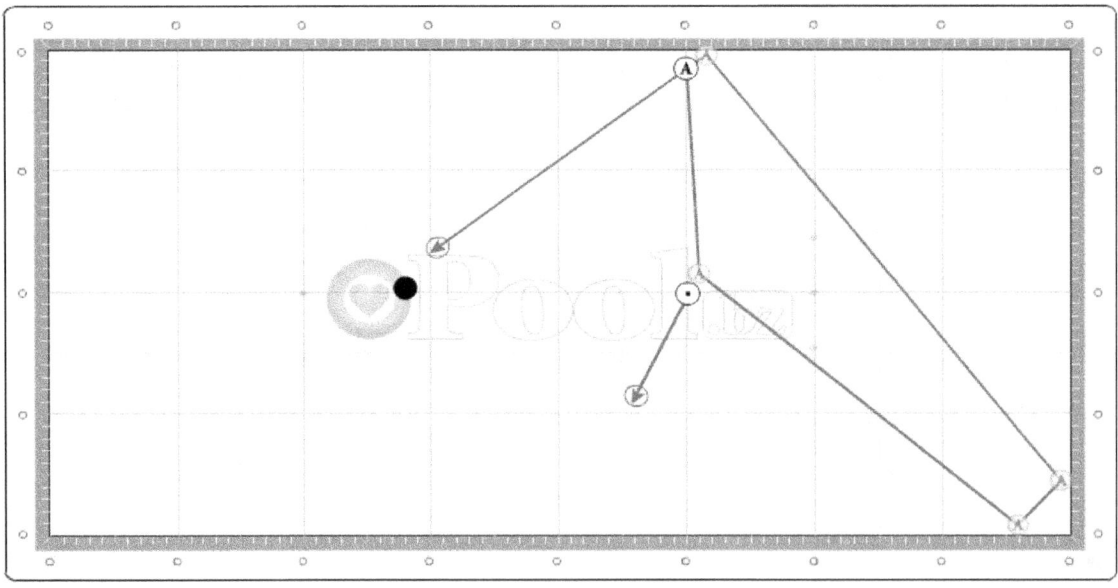

D:1c – Configuração

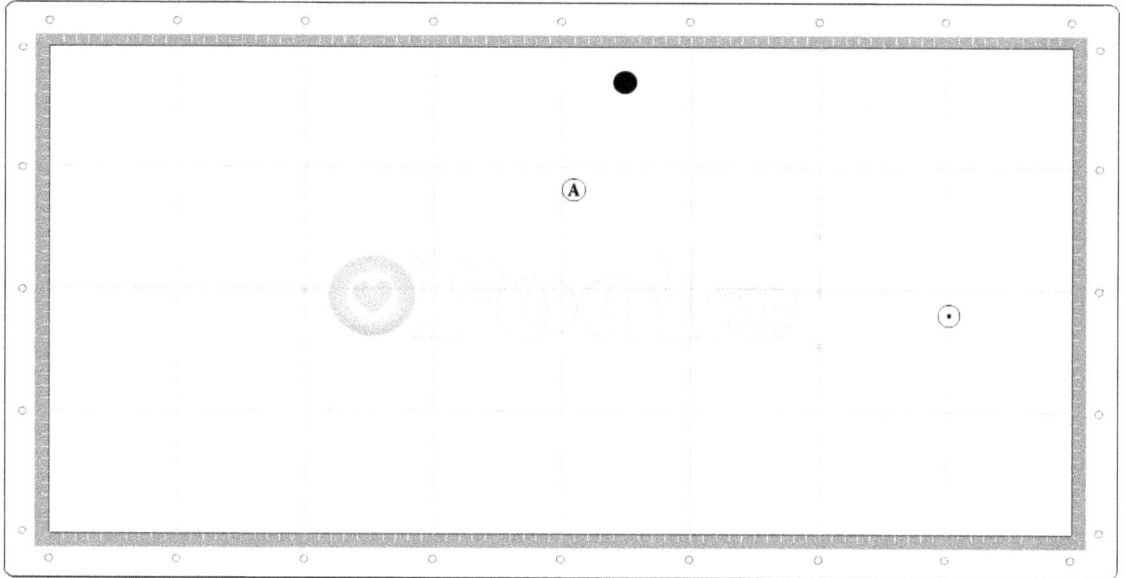

Notas e ideias:

Tiro padrão

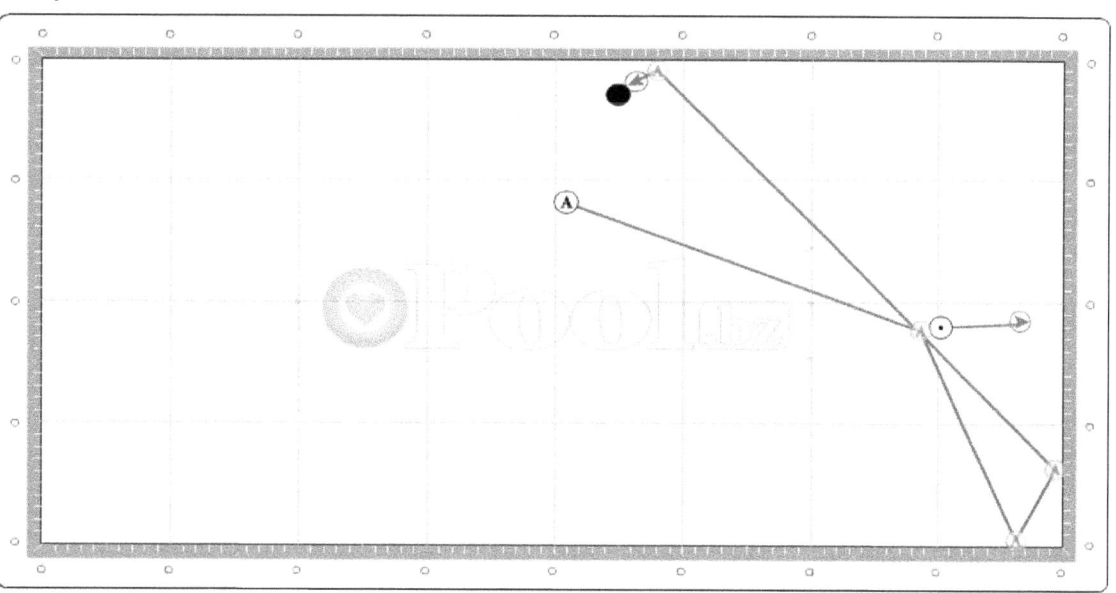

D:1d – Configuração

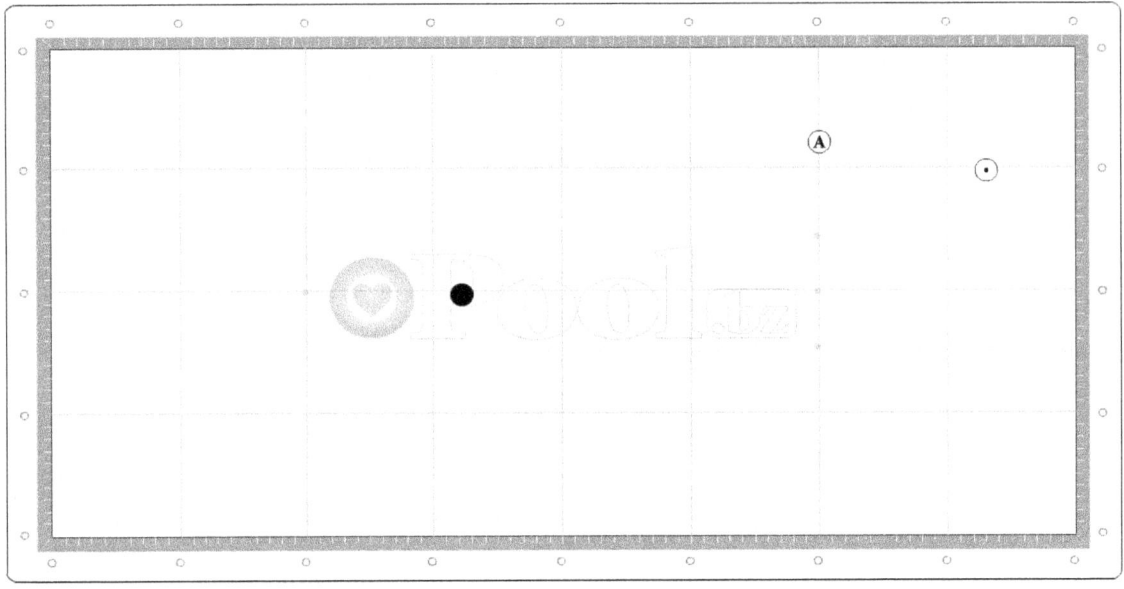

Notas e ideias:

Tiro padrão

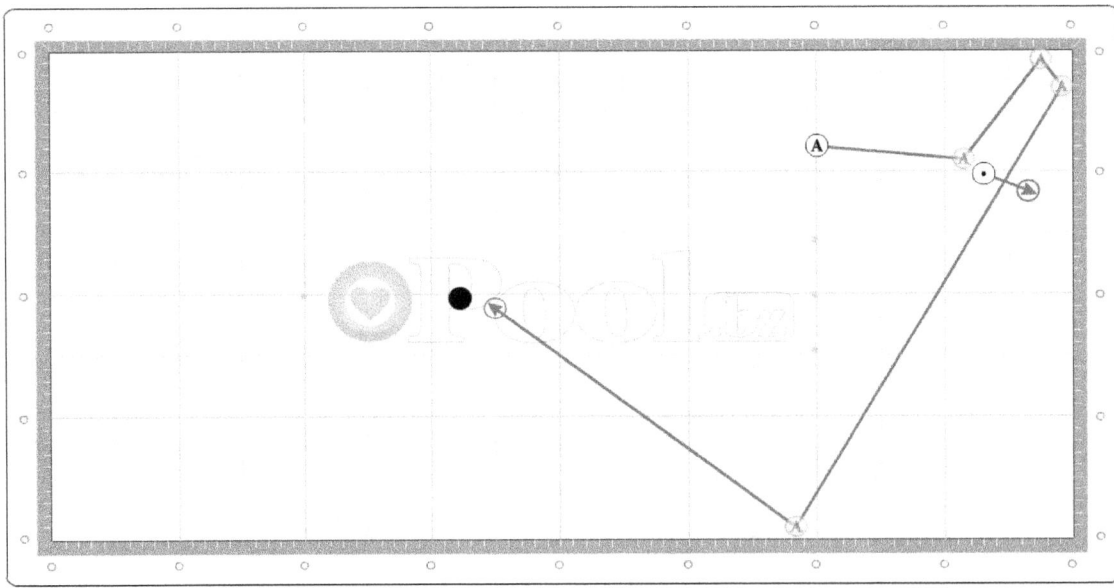

D: Grupo 2

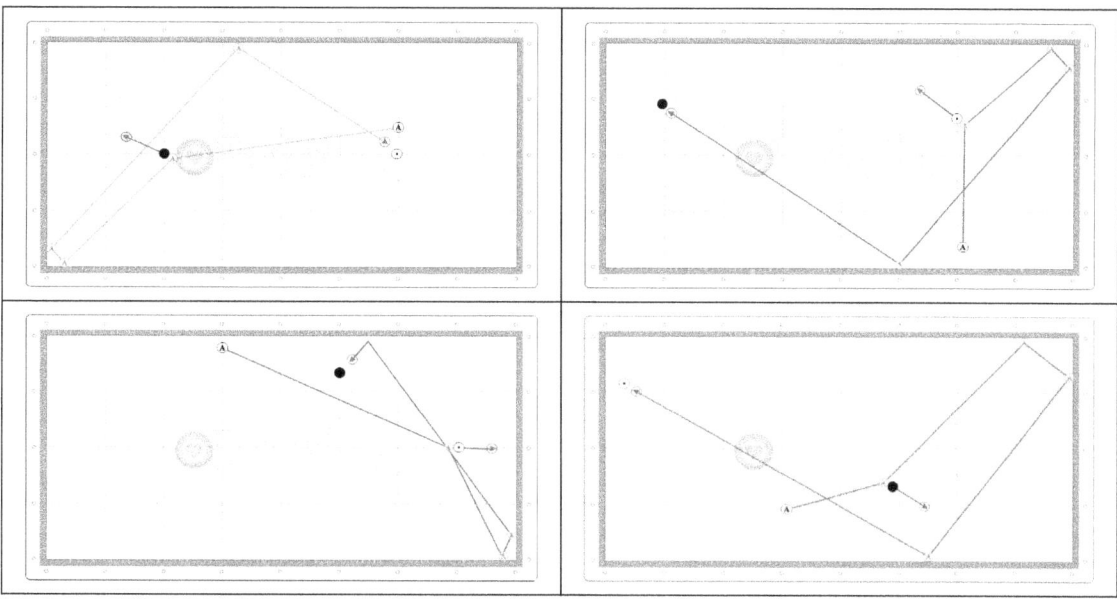

Análise:

D:2a. _____

D:2b. _____

D:2c. _____

D:2d. _____

D:2a – Configuração

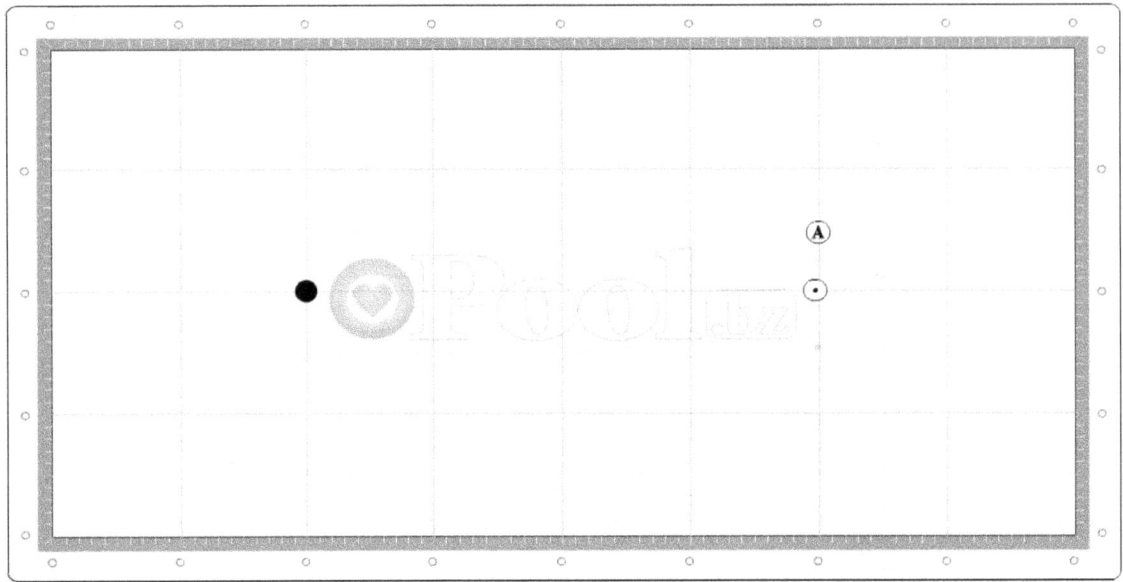

Notas e ideias:

Tiro padrão

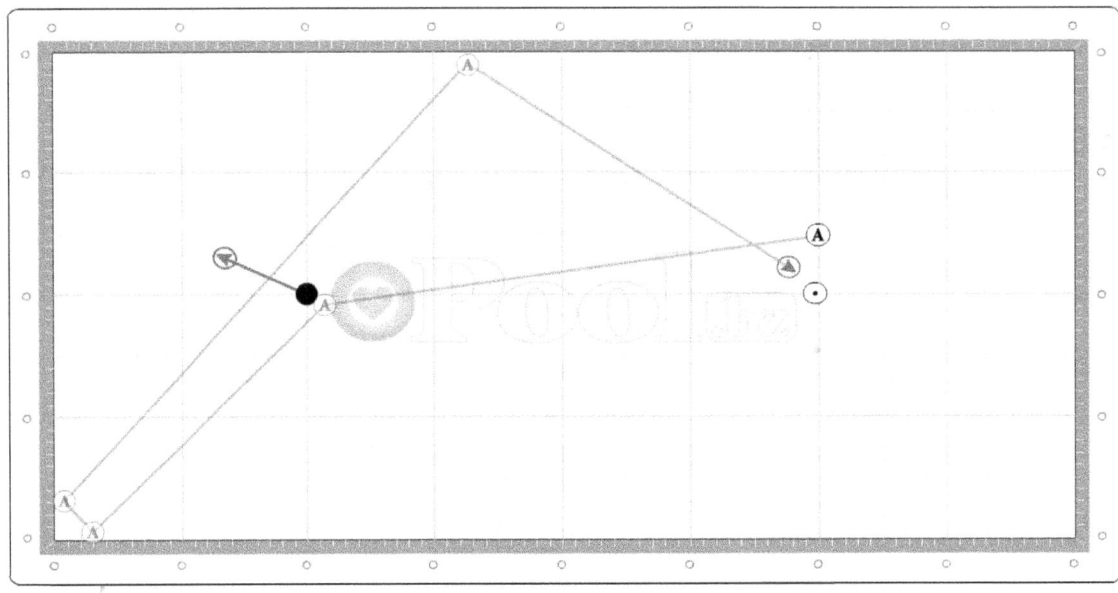

D:2b – Configuração

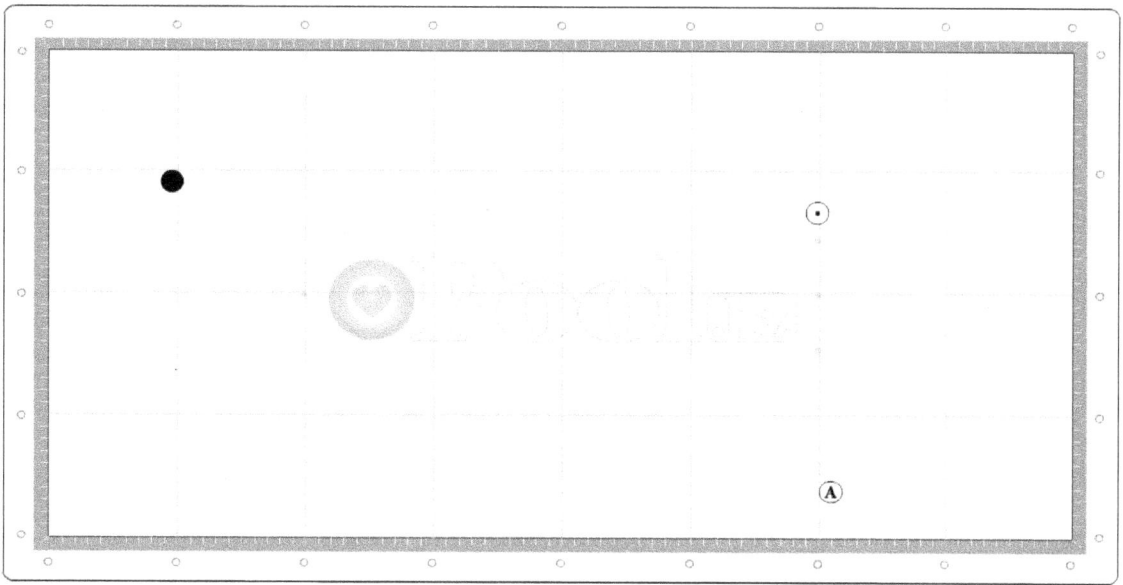

Notas e ideias:

Tiro padrão

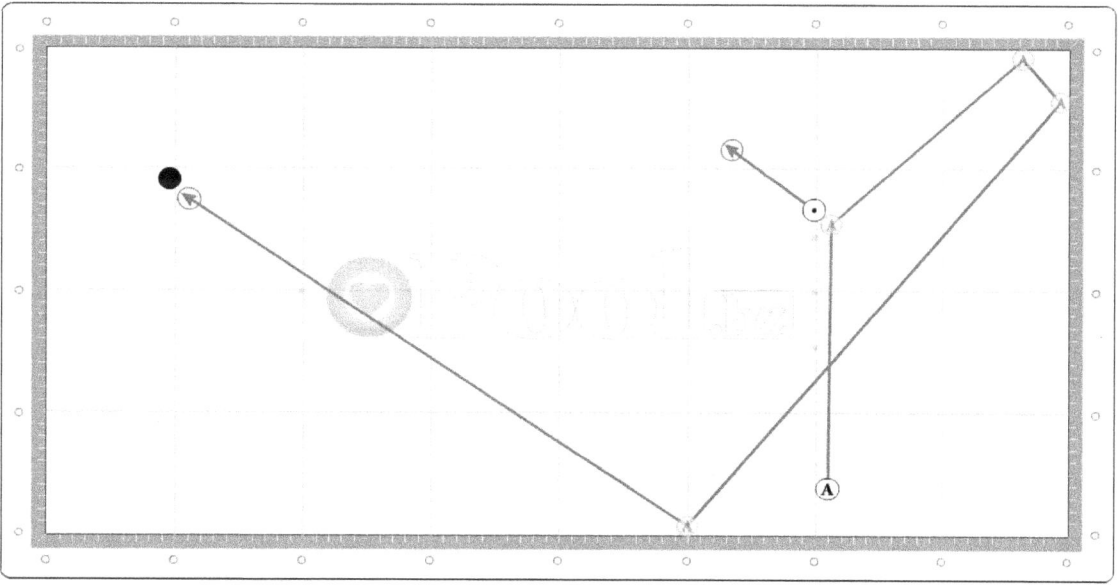

D:2c – Configuração

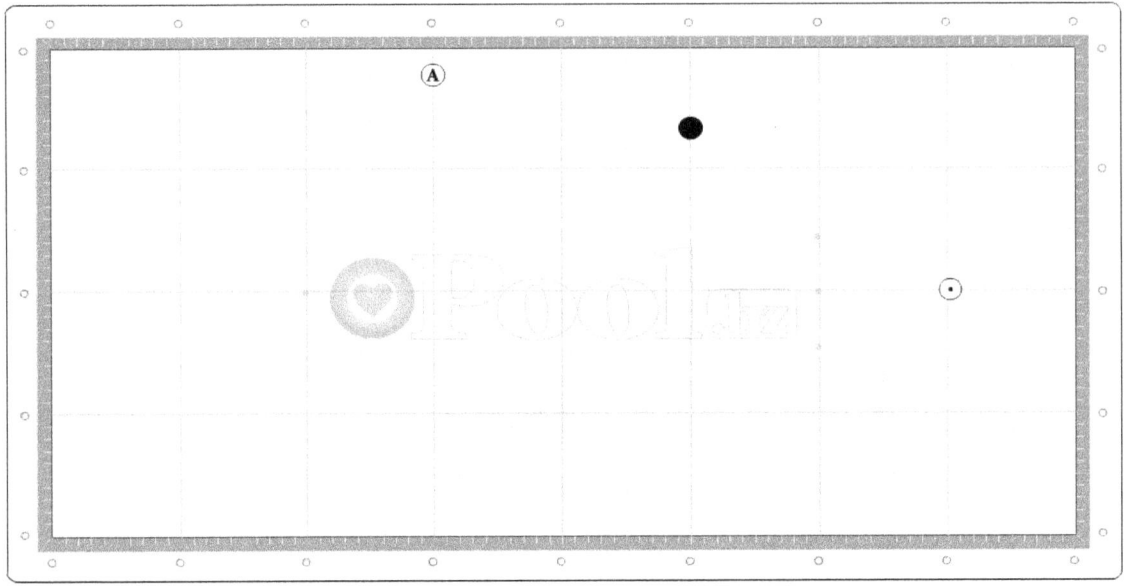

Notas e ideias:

Tiro padrão

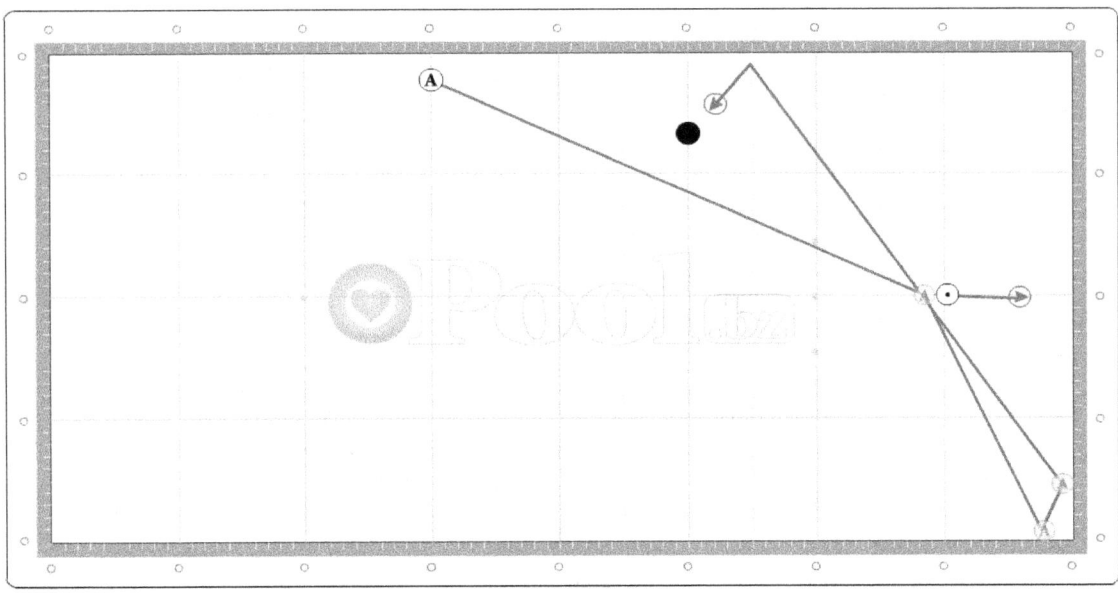

D:2d – Configuração

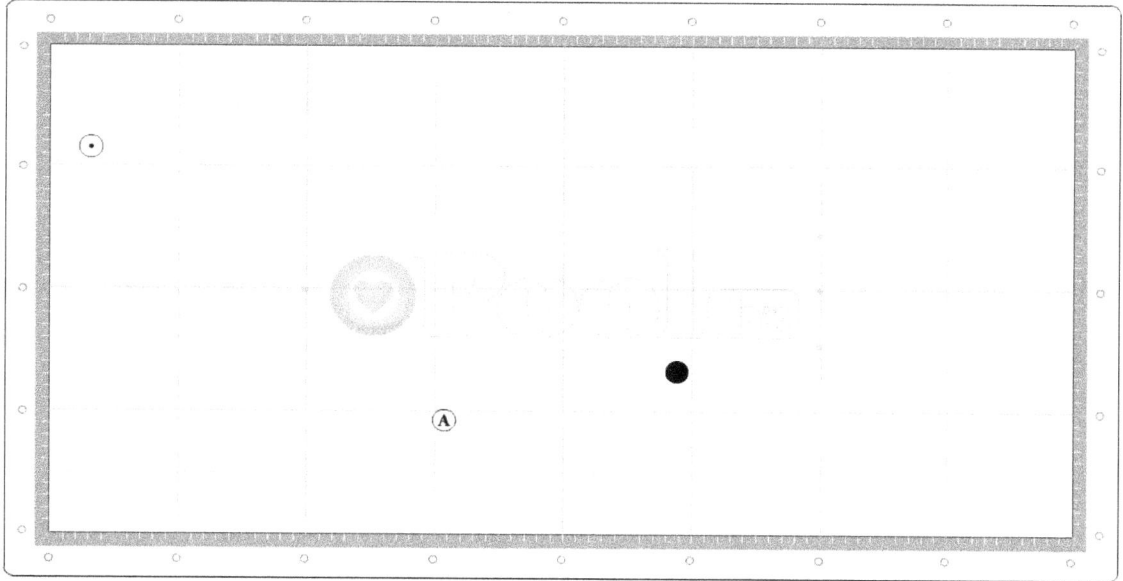

Notas e ideias:

Tiro padrão

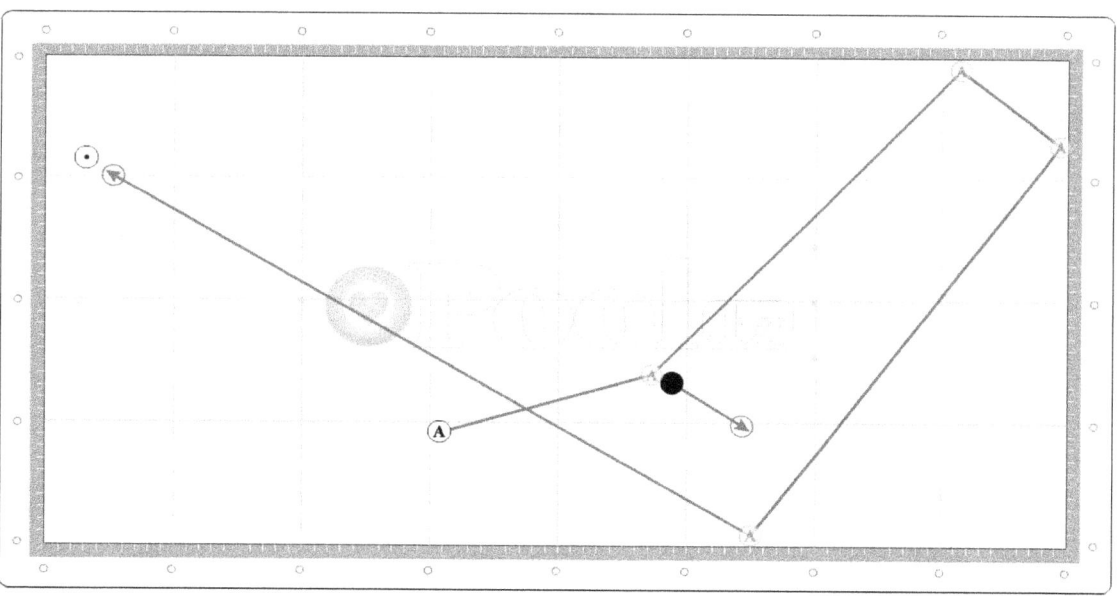

D: Grupo 3

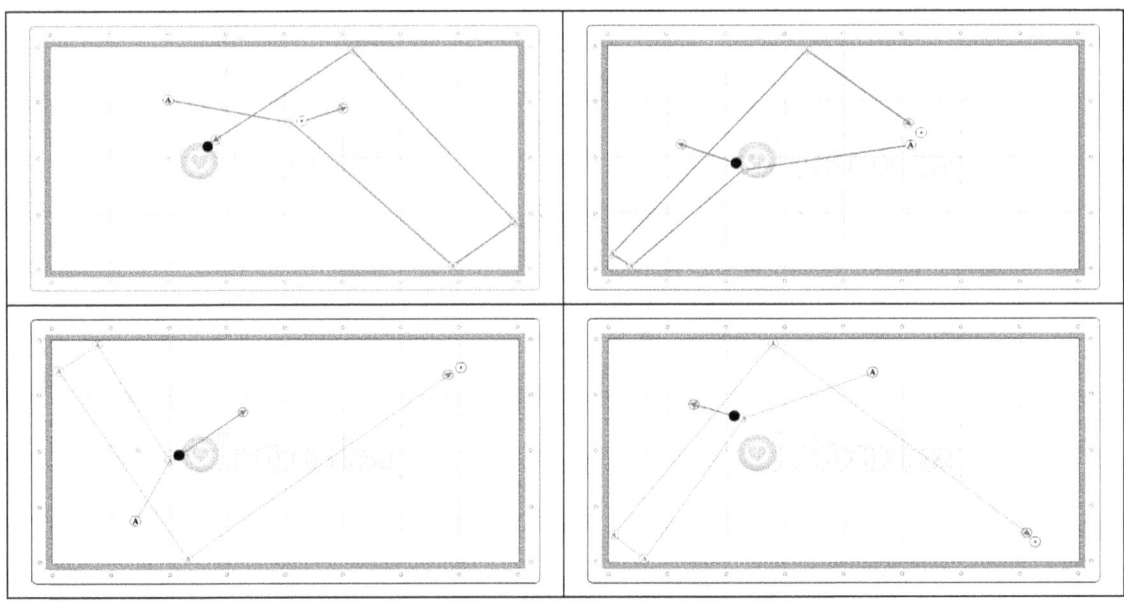

Análise:

D:3a. _____

D:3b. _____

D:3c. _____

D:3d. _____

D:3a – Configuração

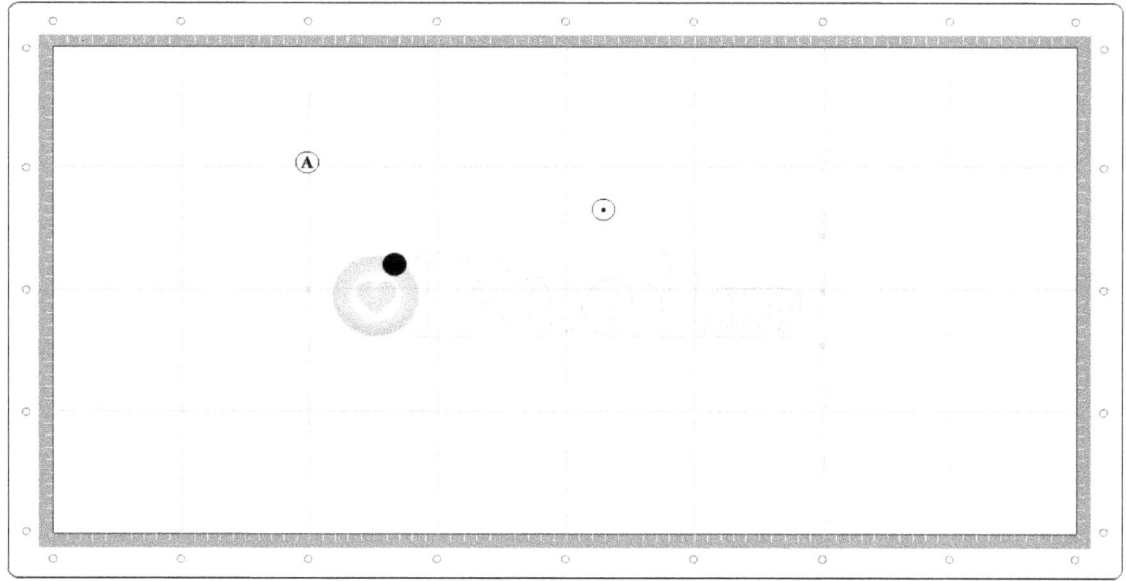

Notas e ideias:

Tiro padrão

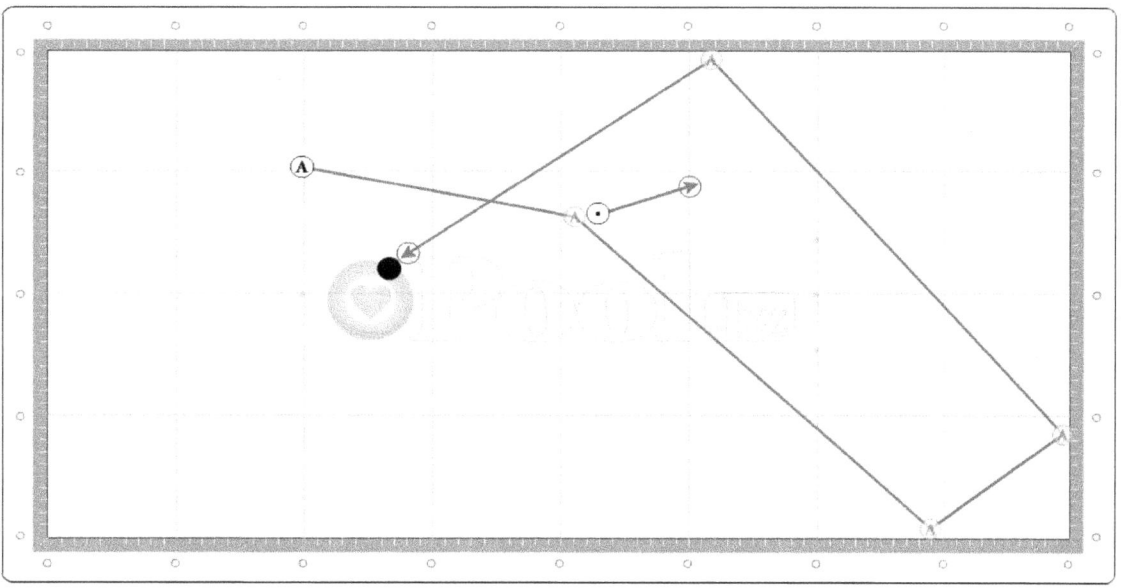

D:3b – Configuração

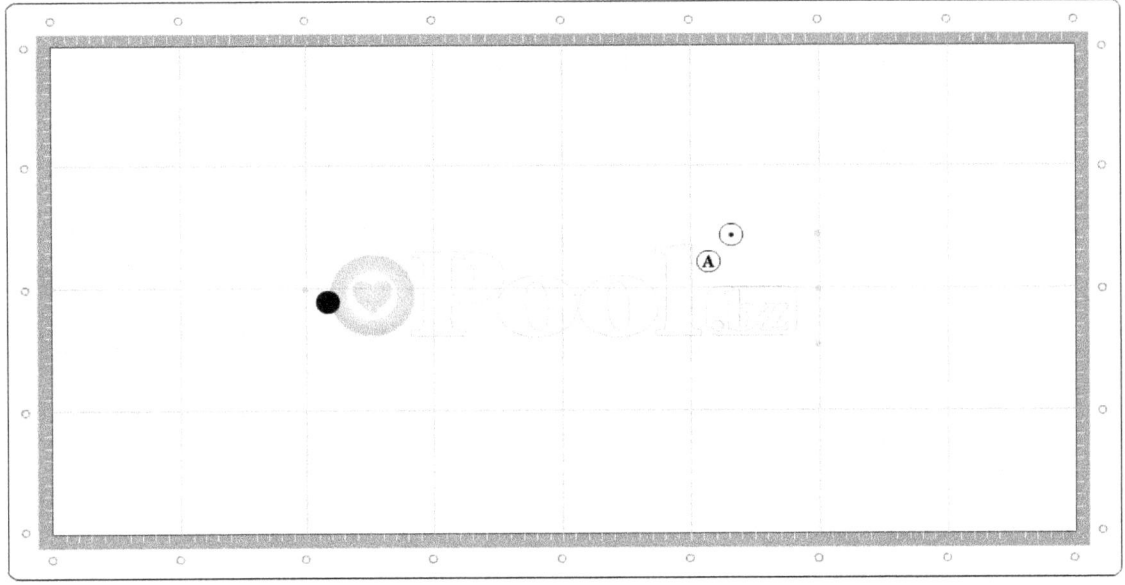

Notas e ideias:

Tiro padrão

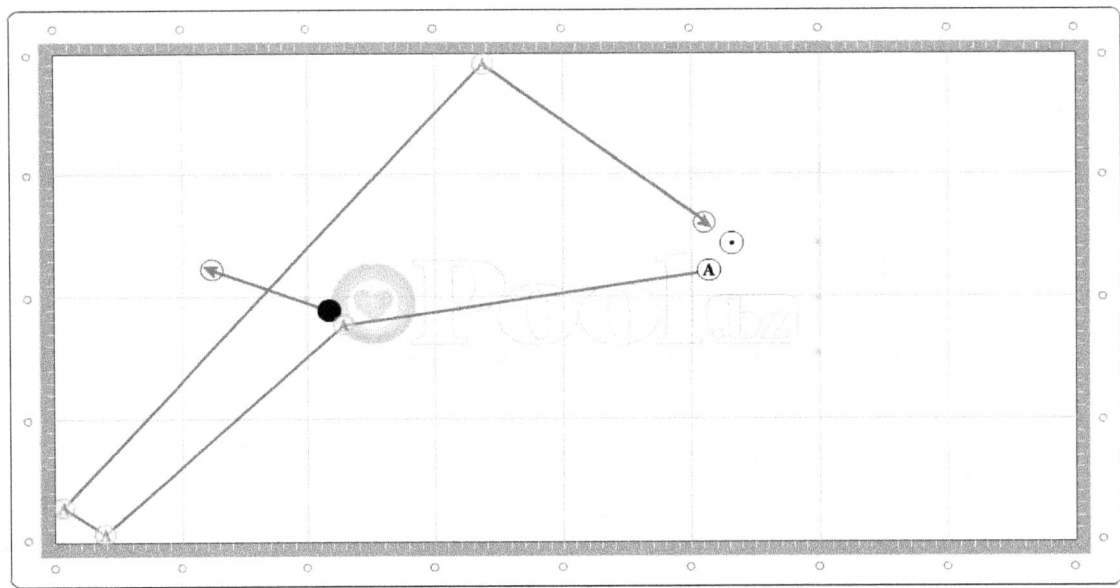

D:3c – Configuração

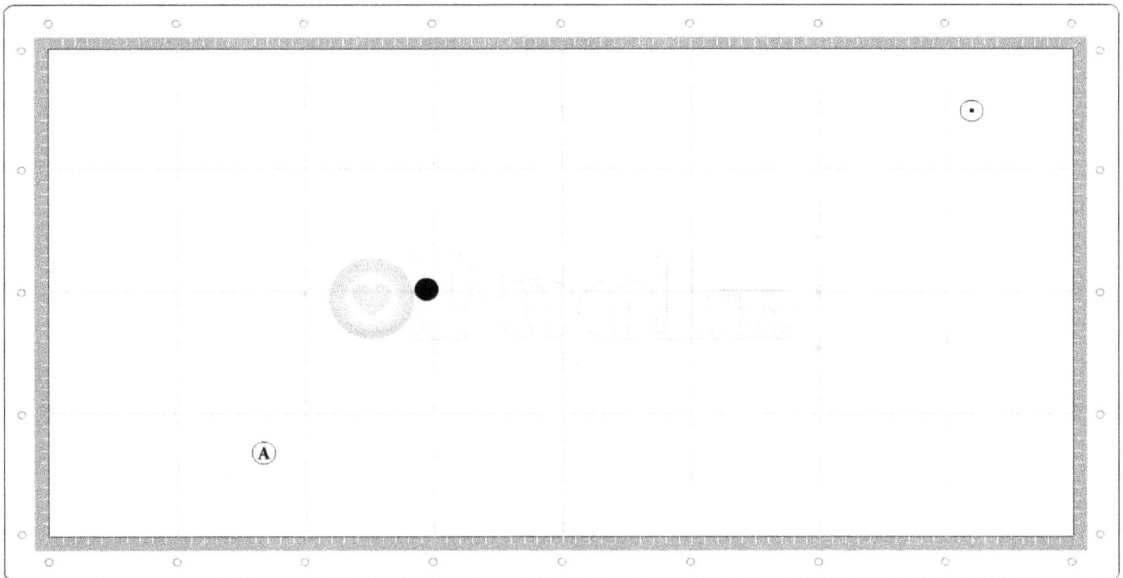

Notas e ideias:

Tiro padrão

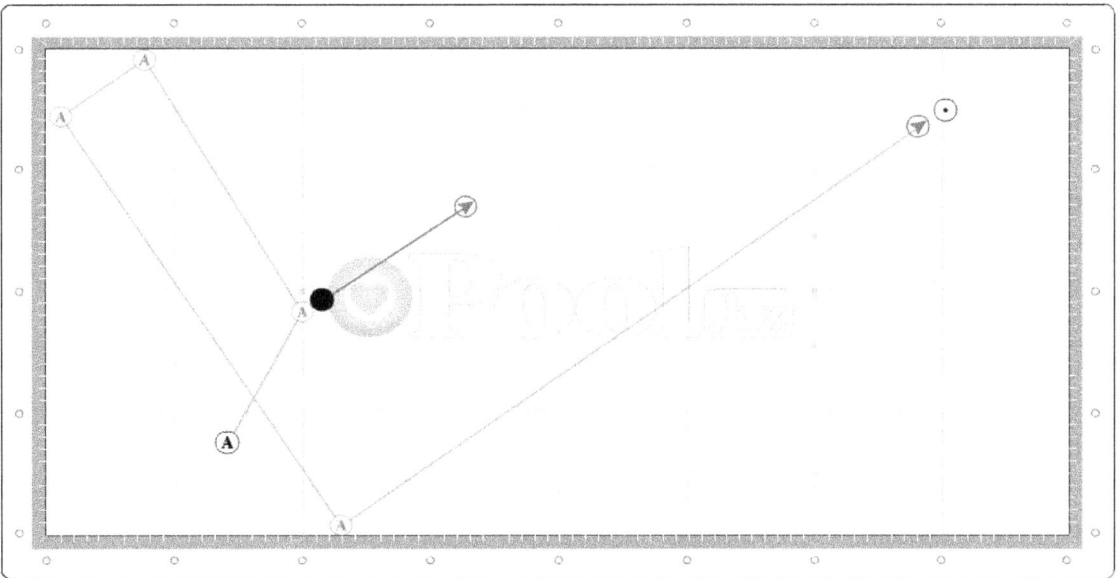

D:3d – Configuração

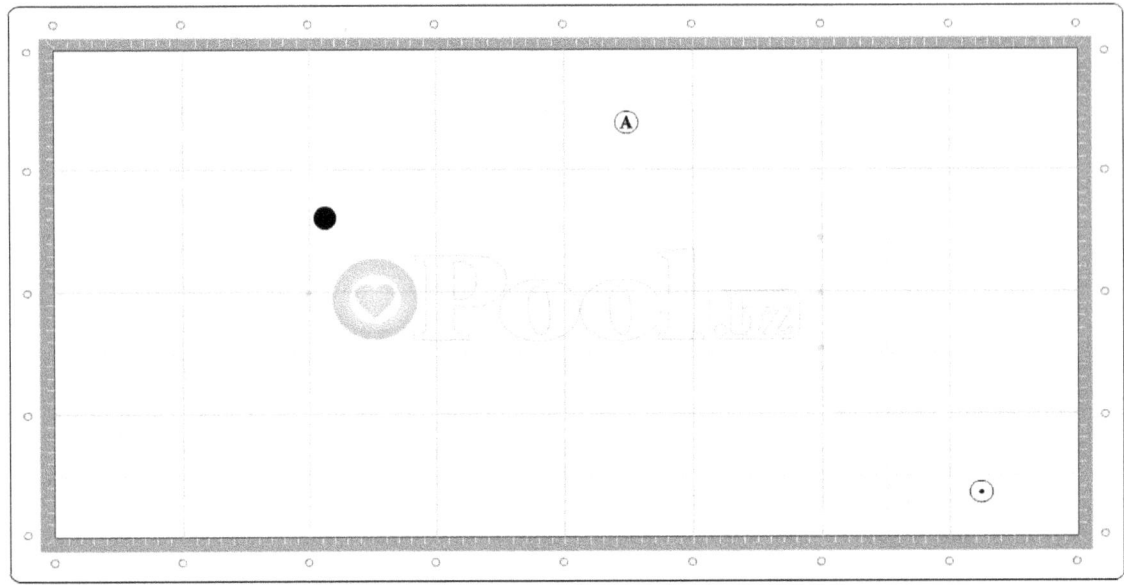

Notas e ideias:

Tiro padrão

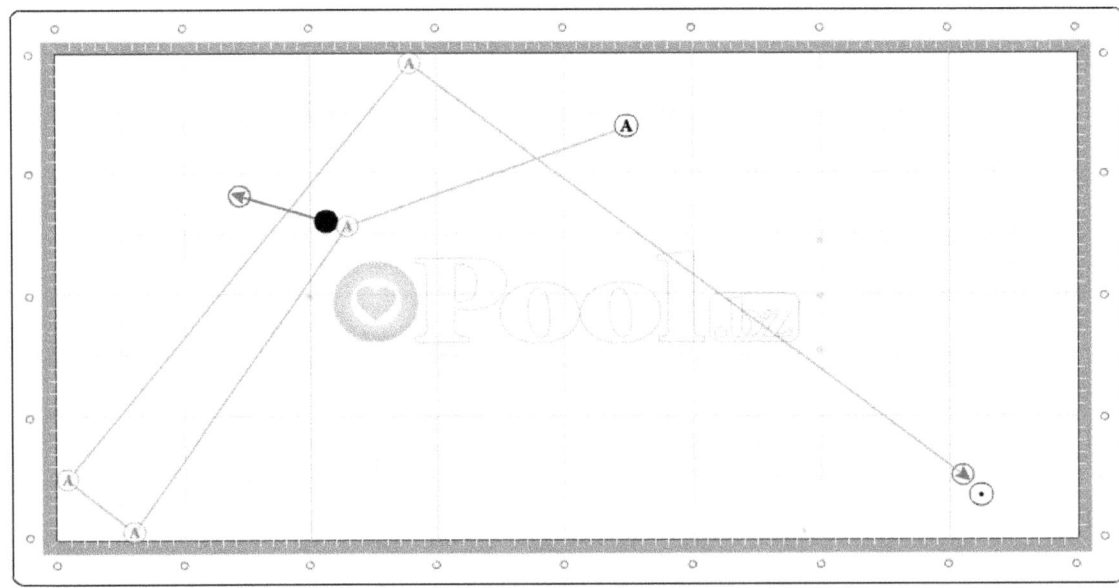

D: Grupo 4

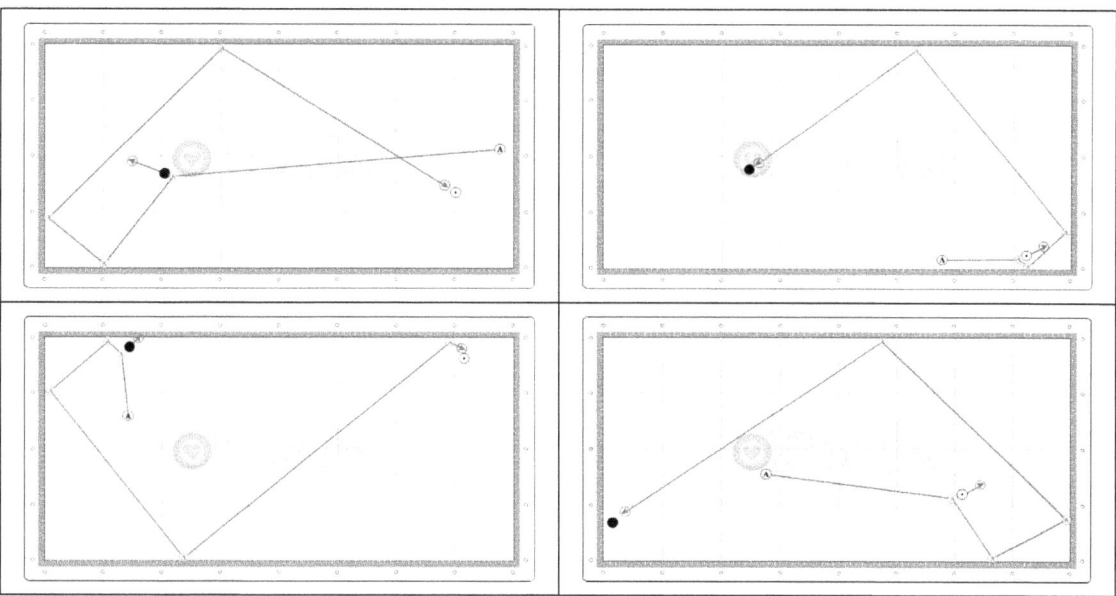

Análise:

D:4a. _____

D:4b. _____

D:4c. _____

D:4d. _____

D:4a – Configuração

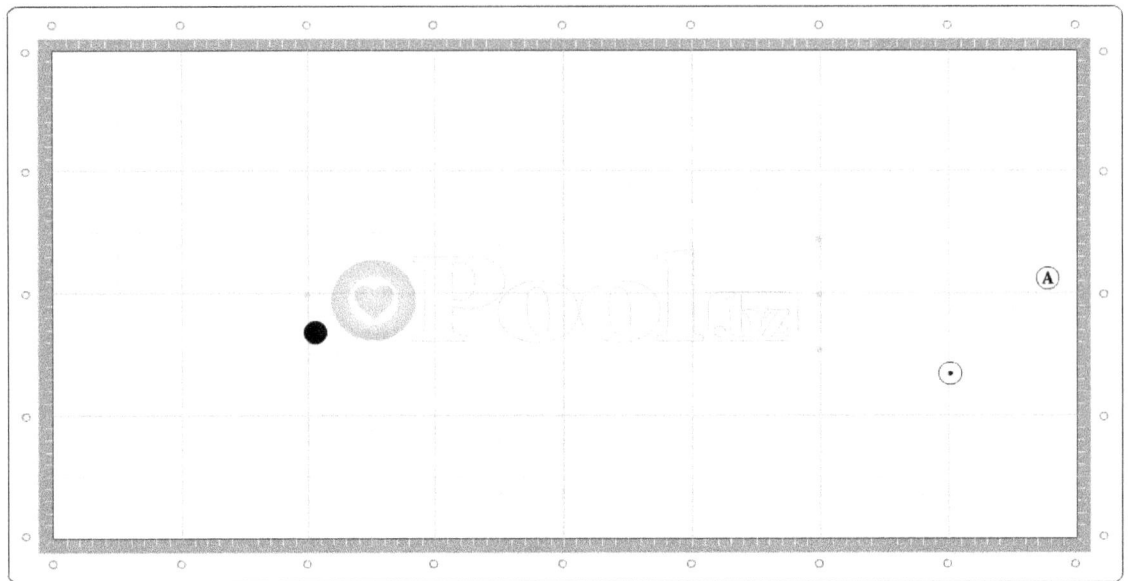

Notas e ideias:

Tiro padrão

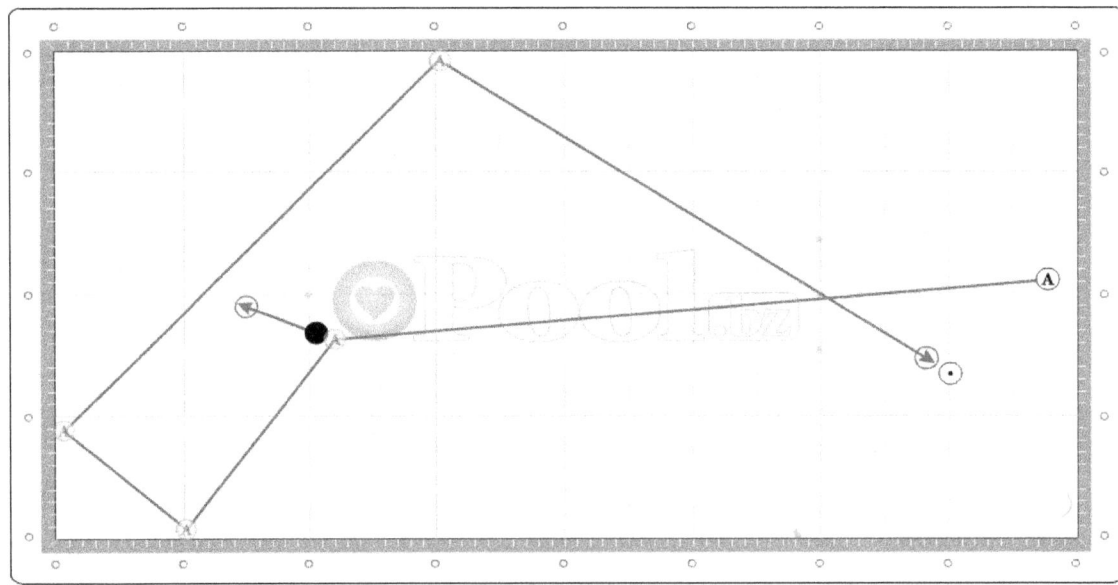

D:4b – Configuração

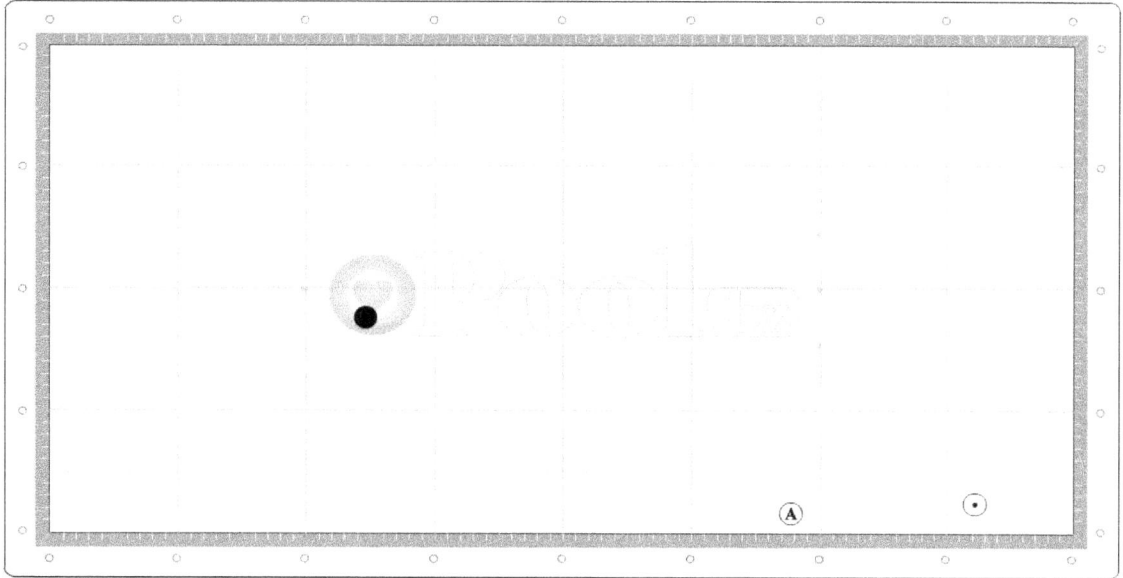

Notas e ideias:

Tiro padrão

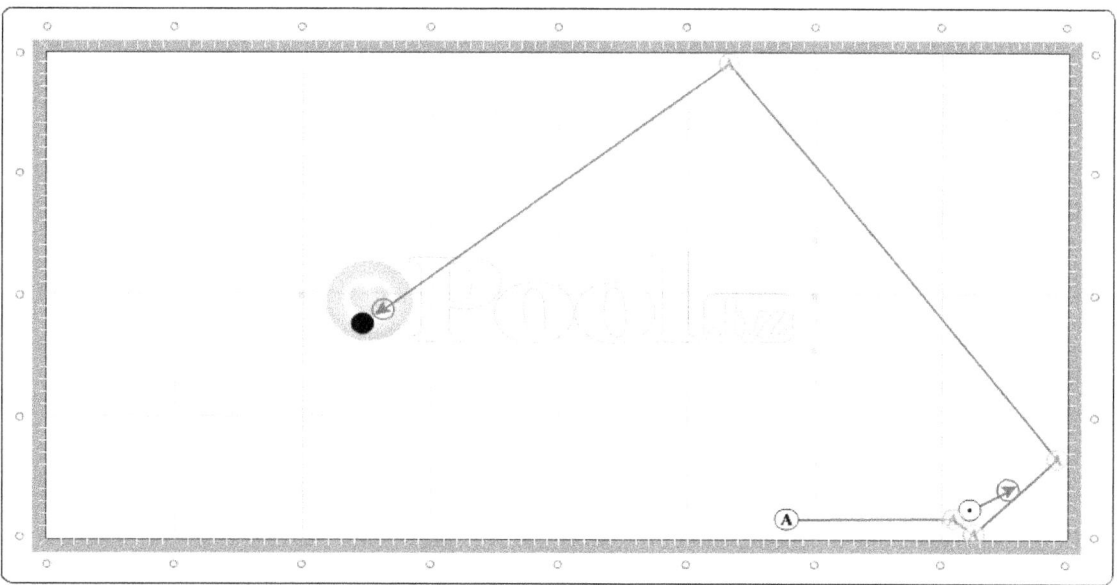

D:4c – Configuração

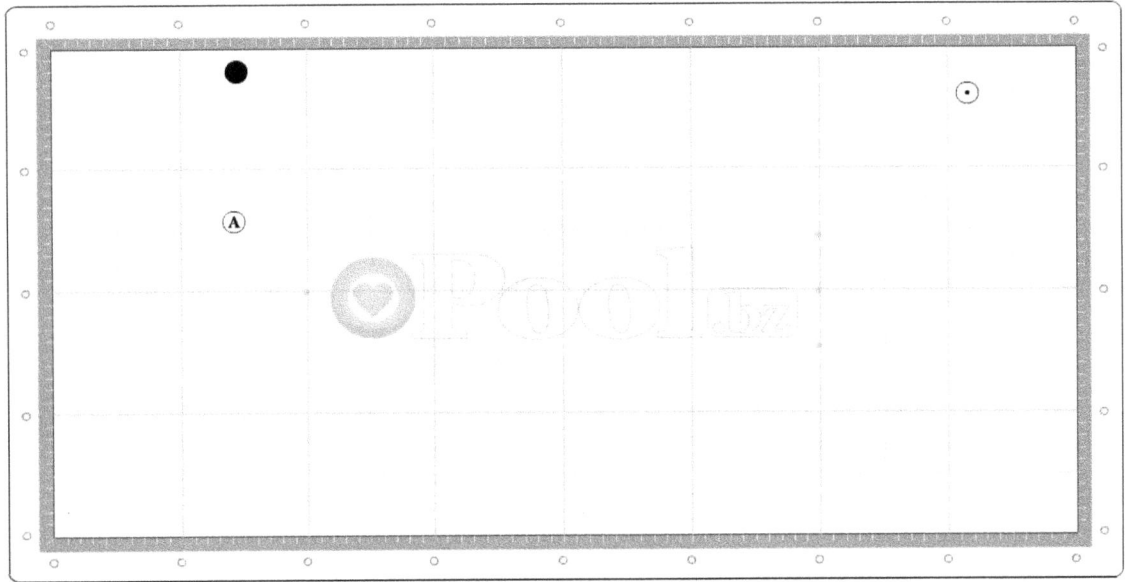

Notas e ideias:

Tiro padrão

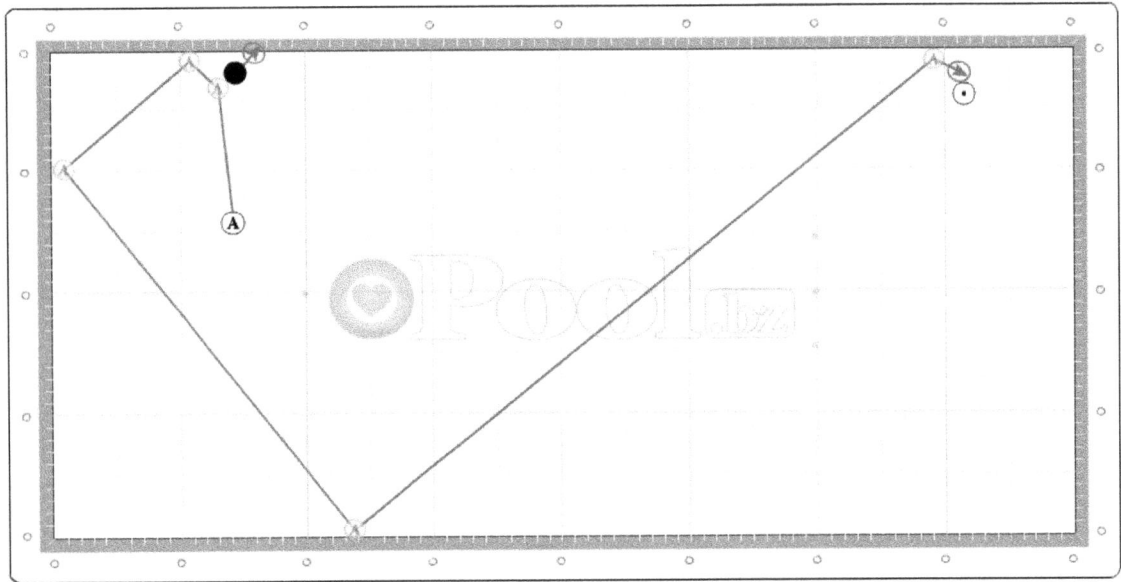

D:4d – Configuração

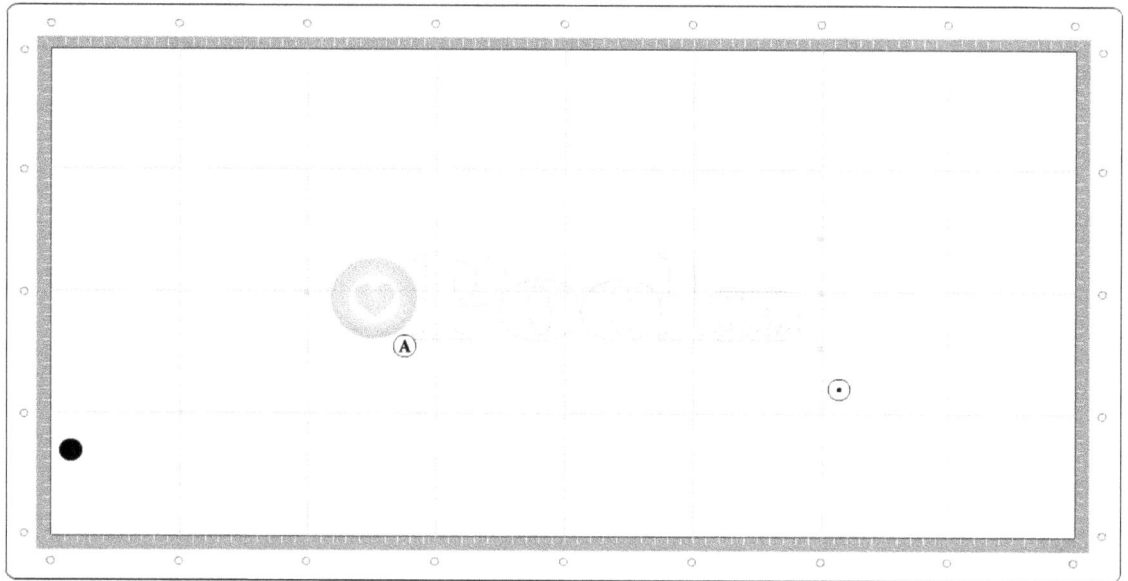

Notas e ideias:

Tiro padrão

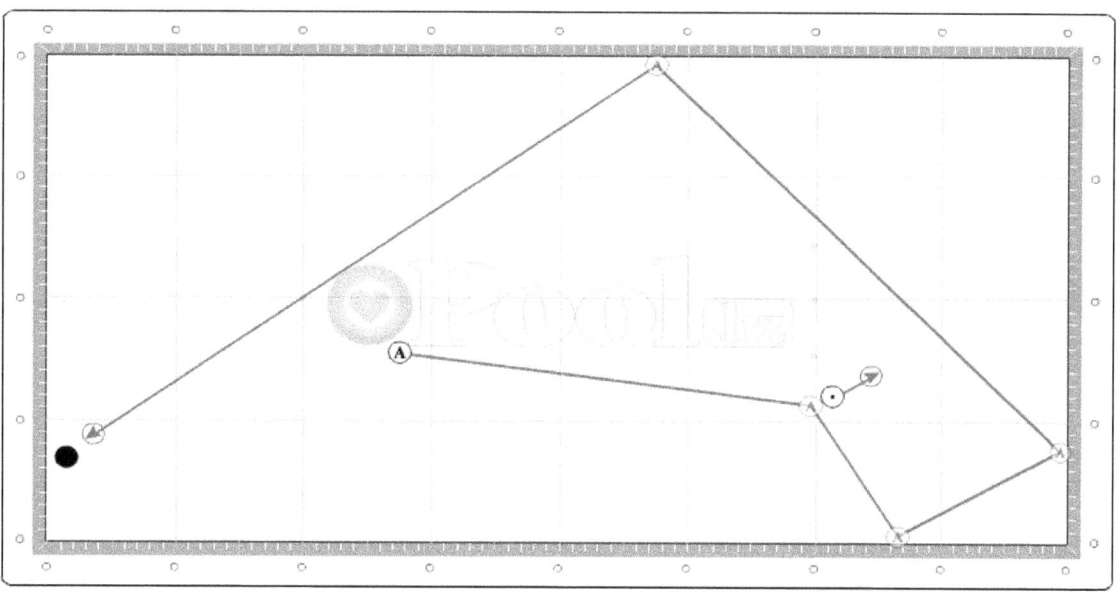

E: Retorno de canto estendido (tabelas longa)

O (CB) percorre uma longa distância até o primeiro (OB). Então, o (CB) vai para o canto, tabelas longa primeiro. O (CB) atravessa a mesa no meio da tabelas longa. Finalmente, o (CB) contata o outro (OB).

Ⓐ (CB) (sua bola de bilhar) - ⊙ (OB) (bola de bilhar oponente) - ● (RB) (bola de bilhar vermelha)

E: Grupo 1

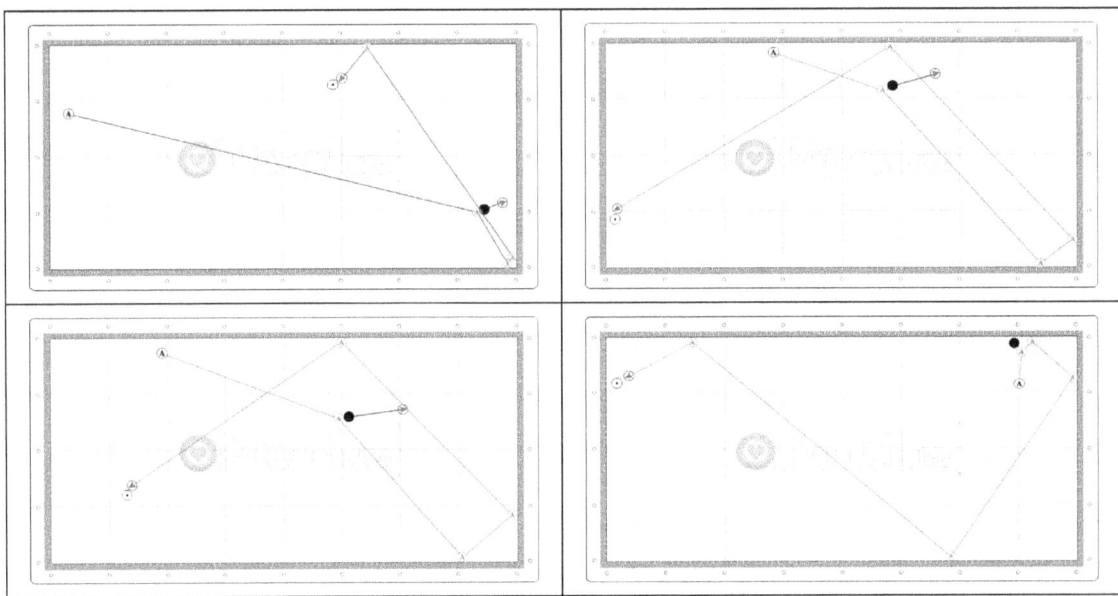

Análise:

E:1a. _____

E:1b. _____

E:1c. _____

E:1d. _____

E:1a – Configuração

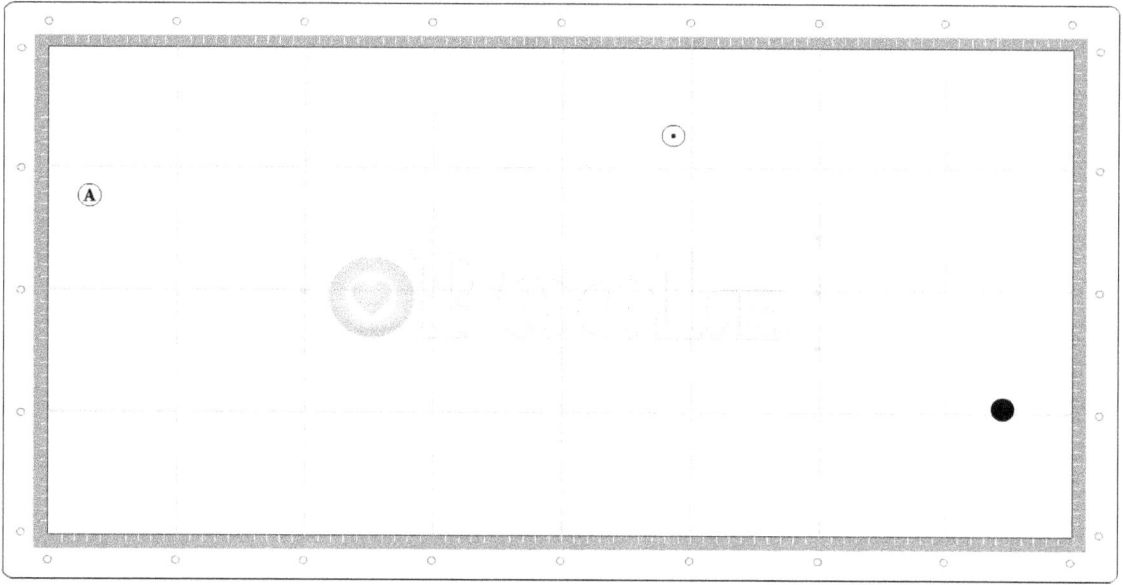

Notas e ideias:

Tiro padrão

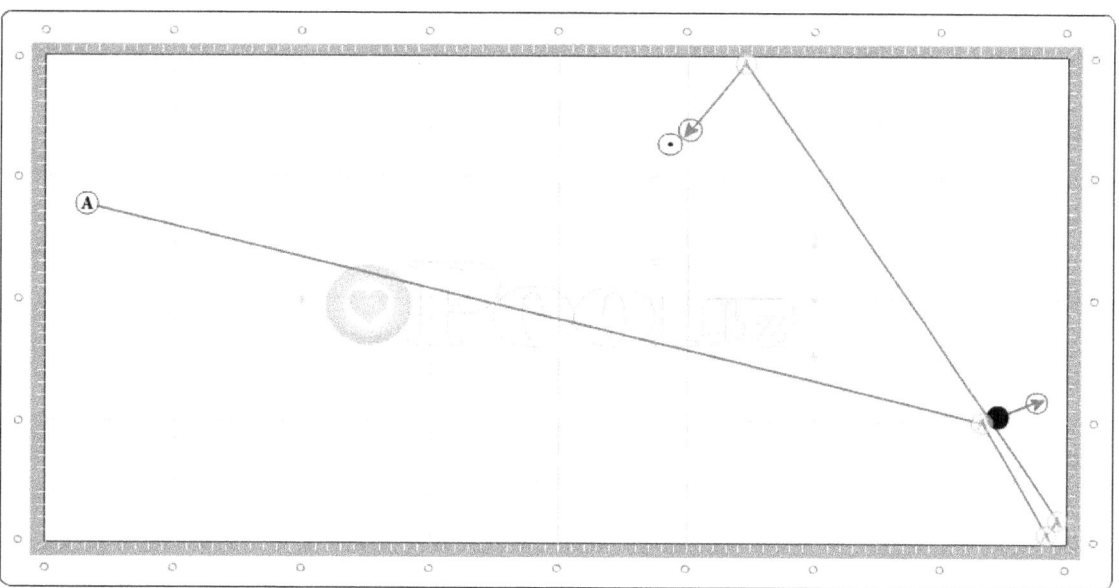

E:1b – Configuração

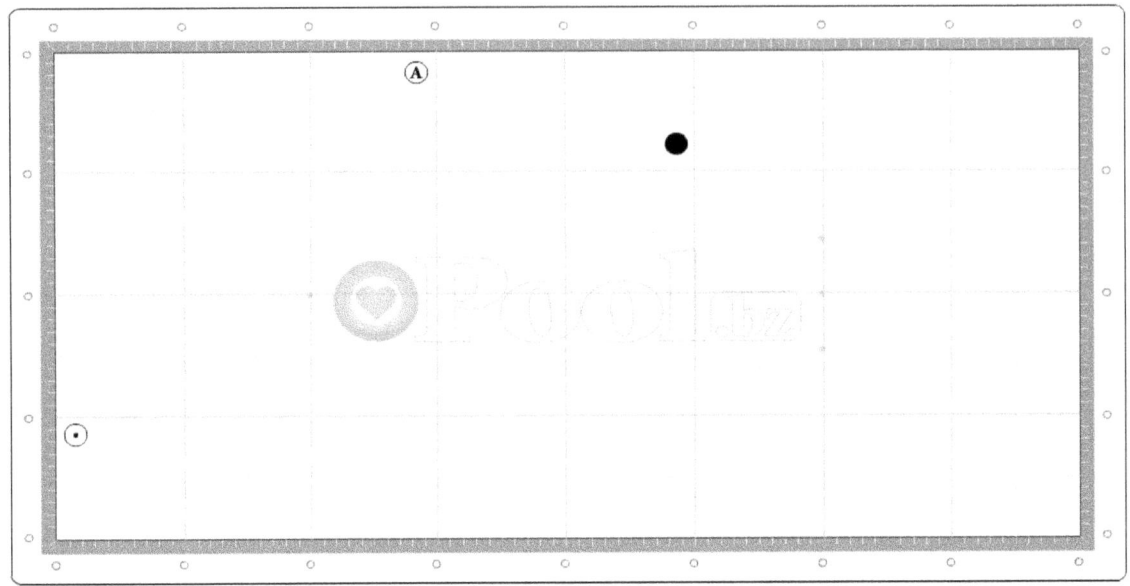

Notas e ideias:

Tiro padrão

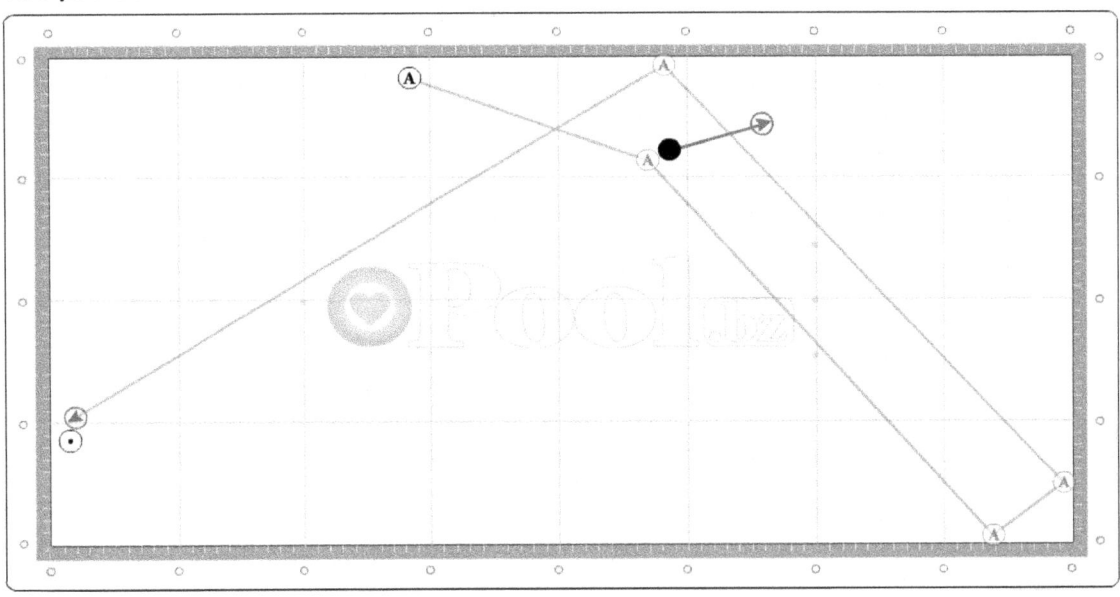

E:1c – Configuração

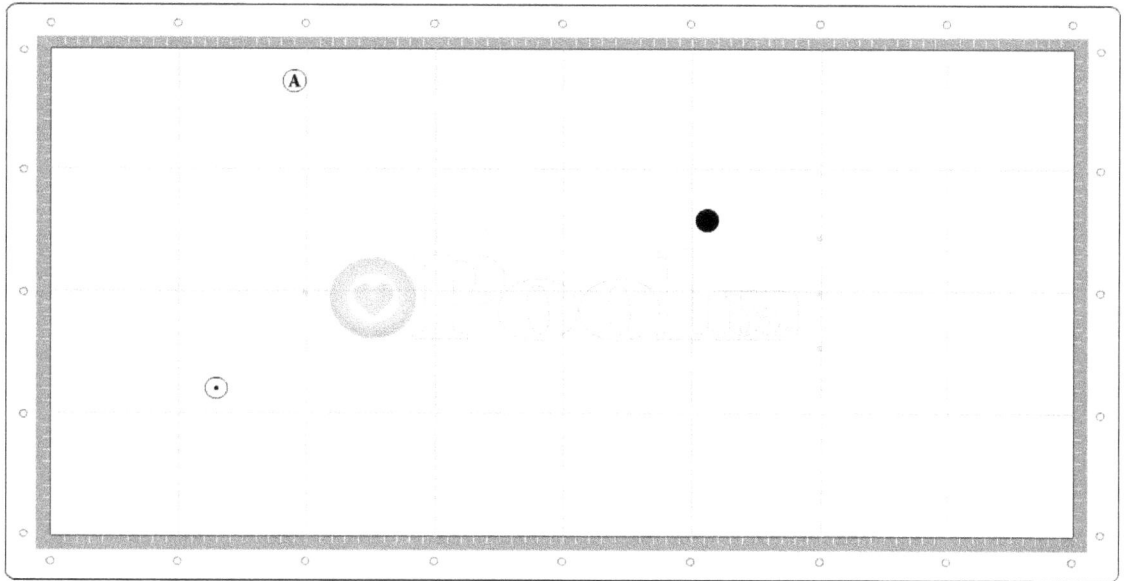

Notas e ideias:

Tiro padrão

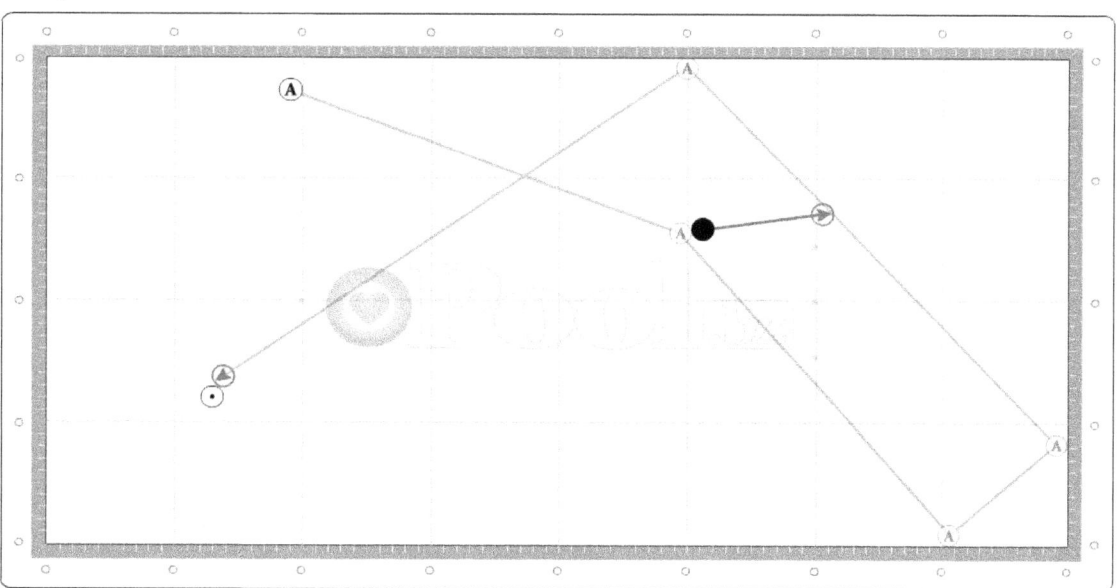

E:1d – Configuração

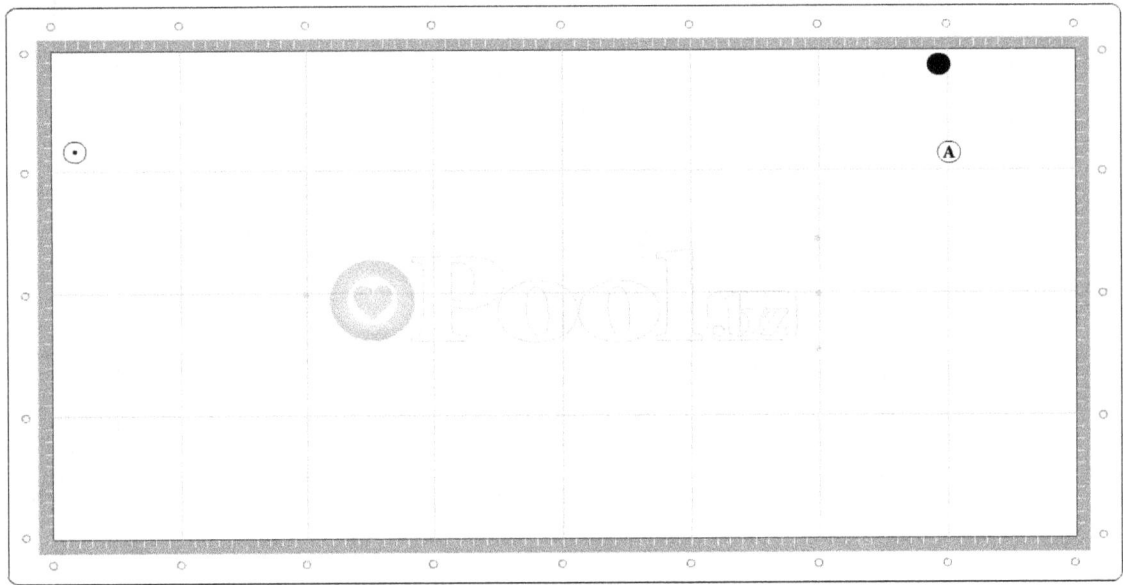

Notas e ideias:

Tiro padrão

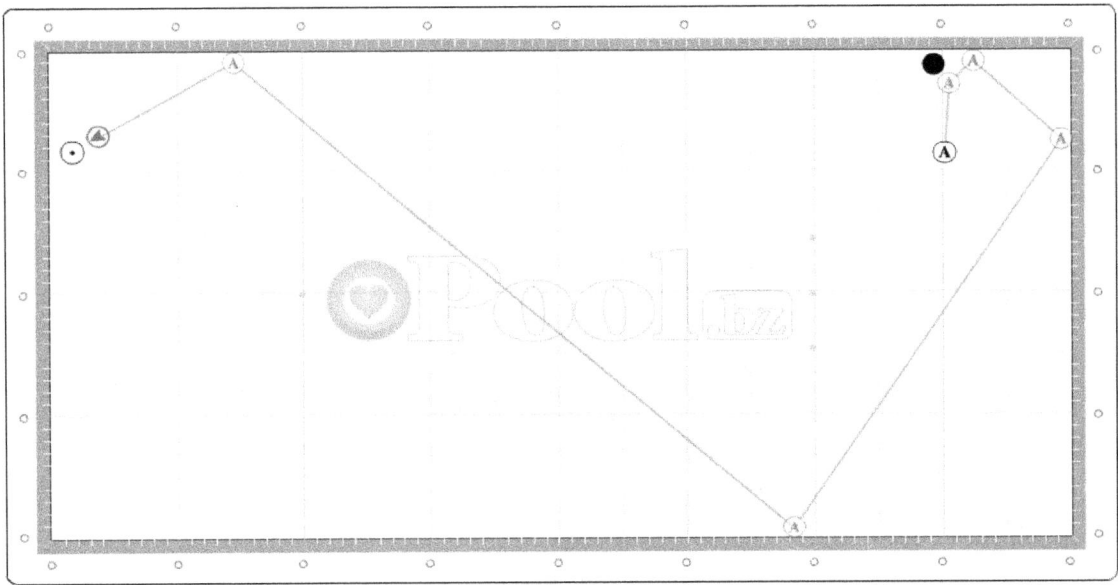

E: Grupo 2

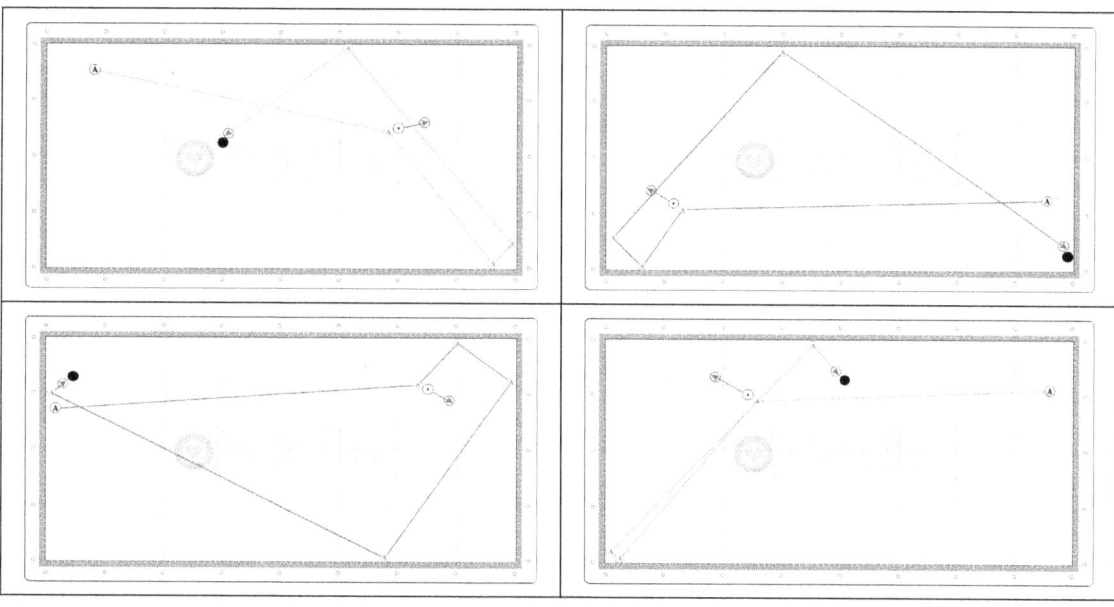

Análise:

E:2a. _____

E:2b. _____

E:2c. _____

E:2d. _____

E:2a – Configuração

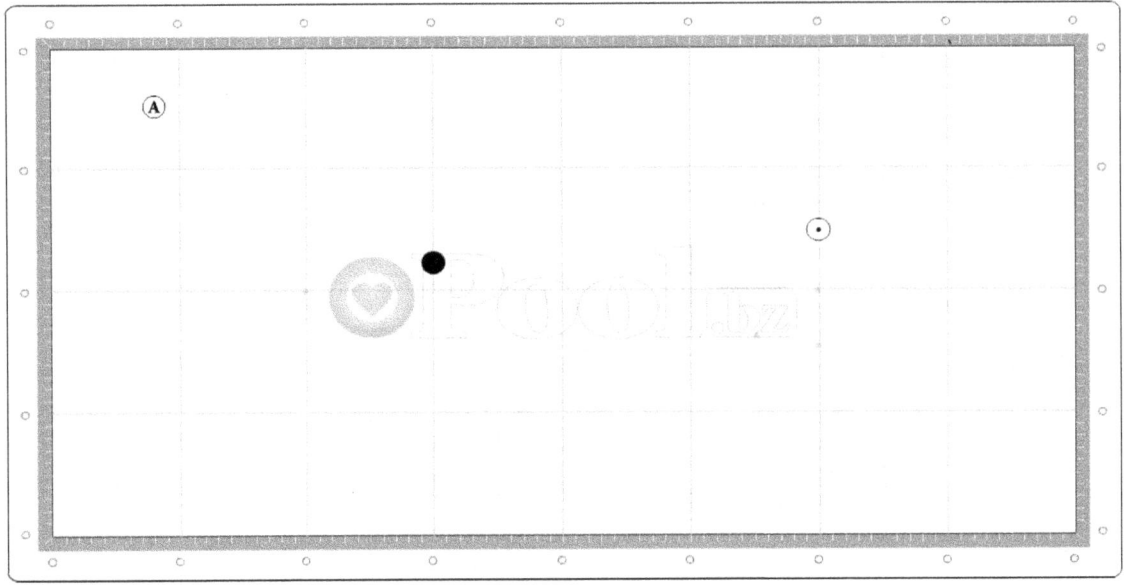

Notas e ideias:

Tiro padrão

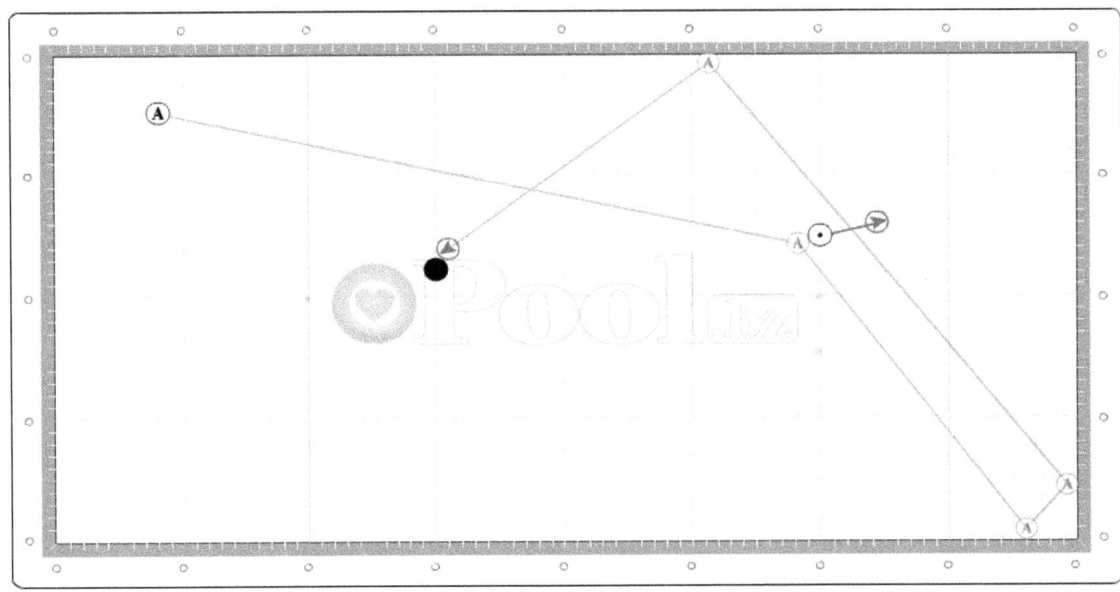

E:2b – Configuração

Notas e ideias:

Tiro padrão

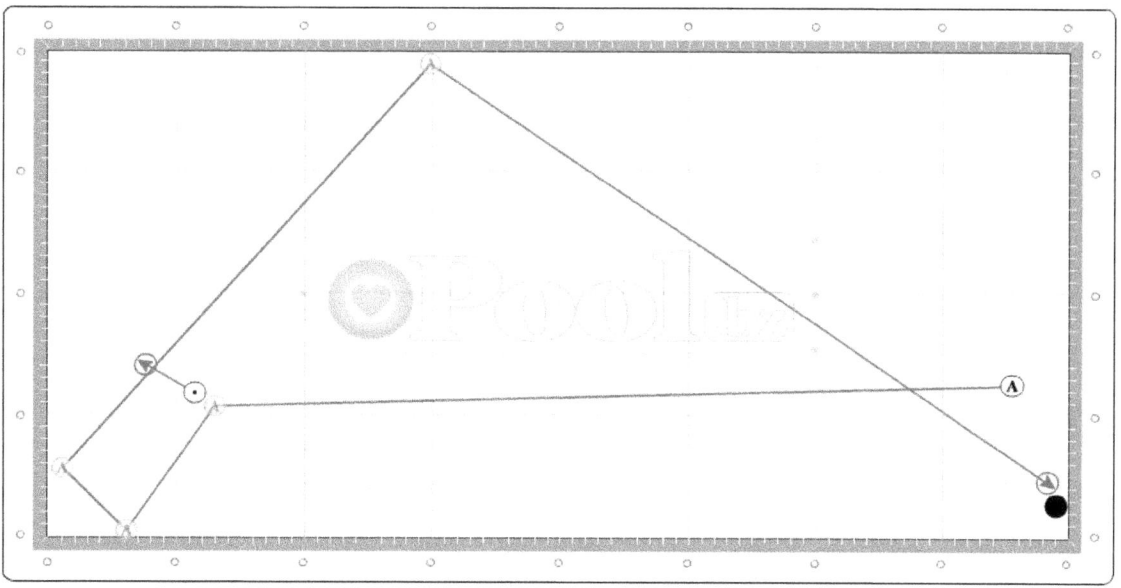

E:2c – Configuração

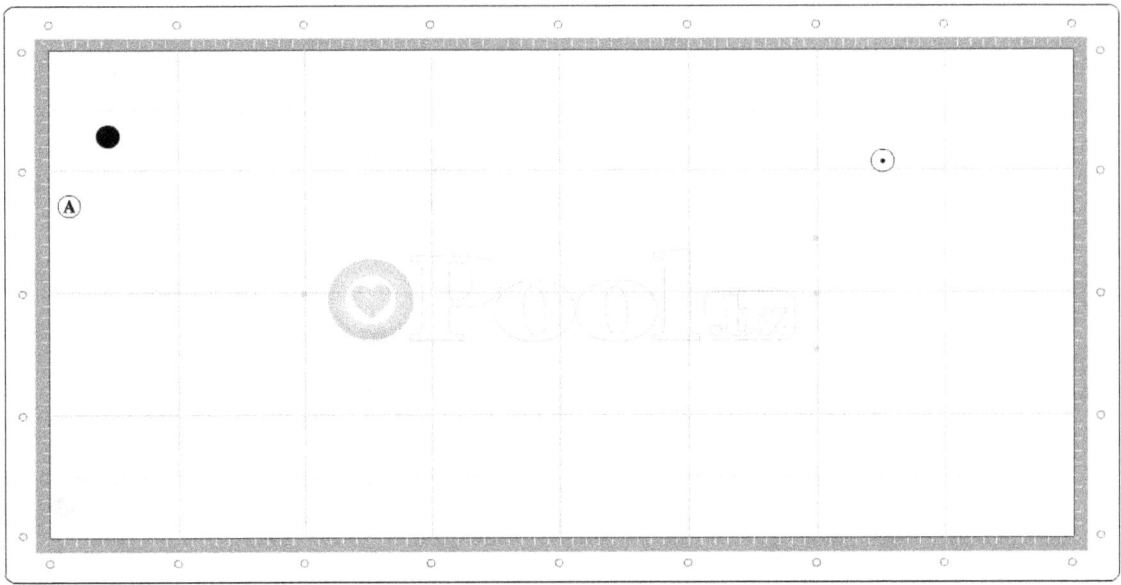

Notas e ideias:

Tiro padrão

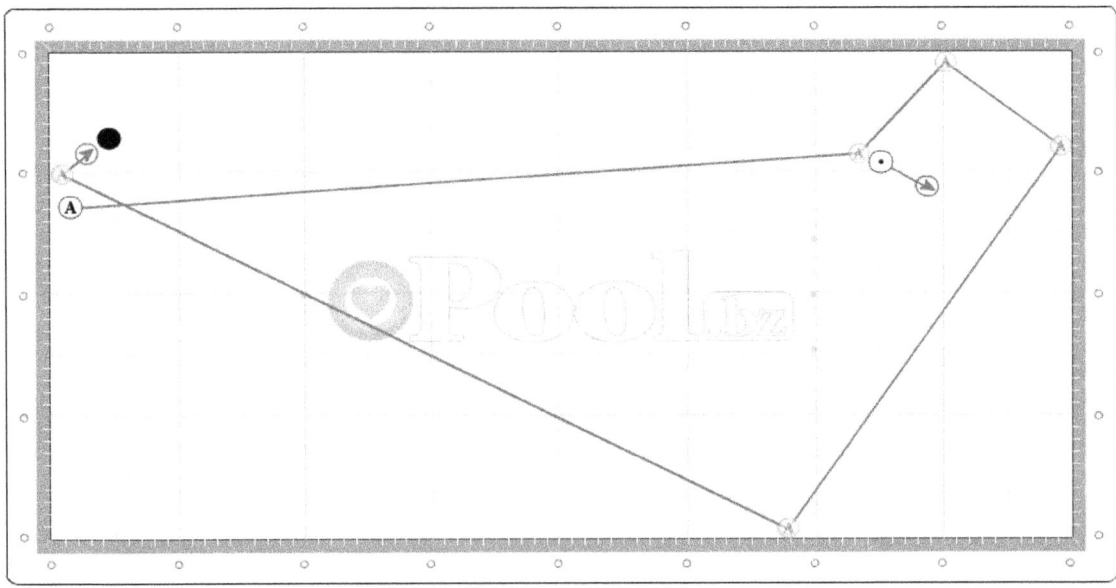

E:2d – Configuração

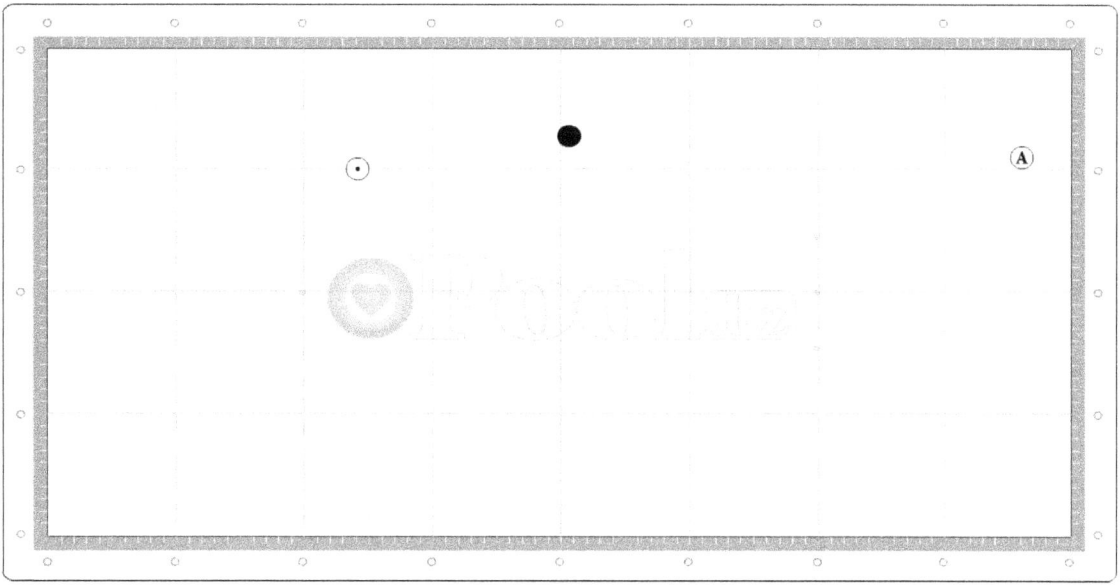

Notas e ideias:

Tiro padrão

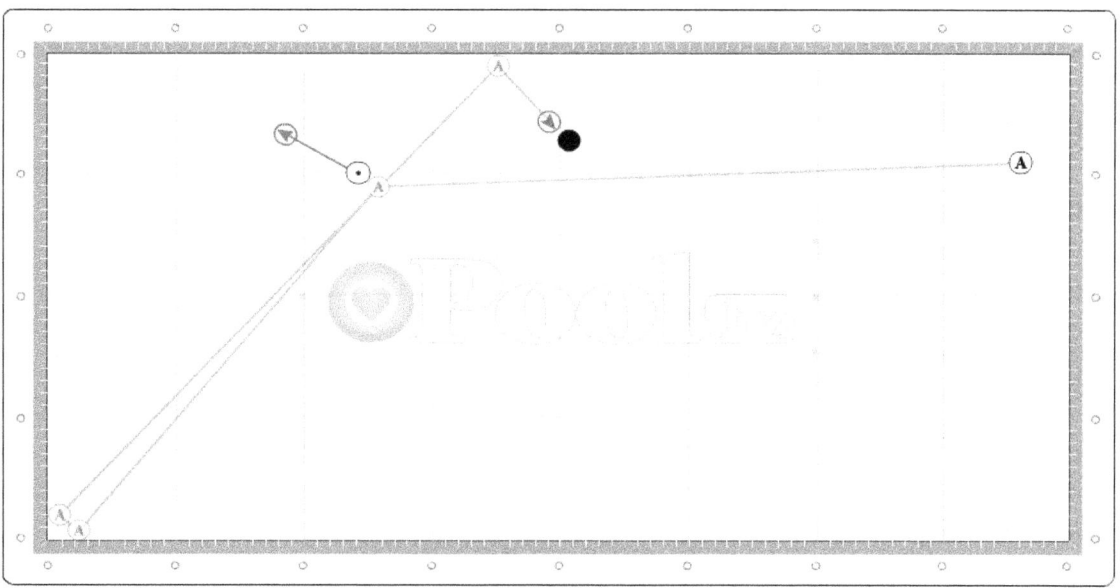

E: Grupo 3

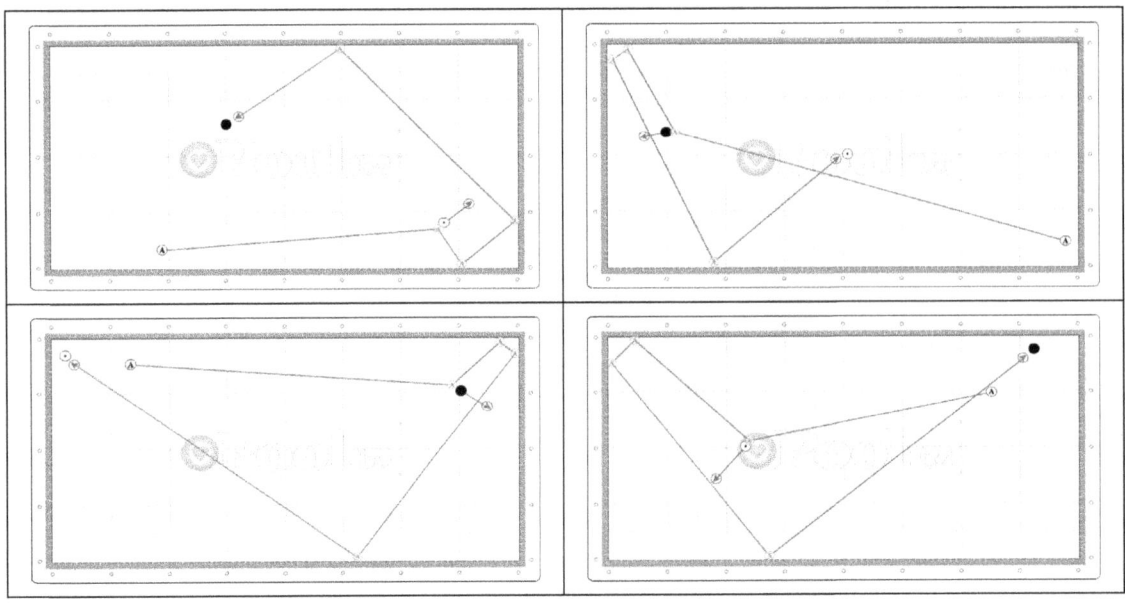

Análise:

E:3a. _____

E:3b. _____

E:3c. _____

E:3d. _____

E:3a – Configuração

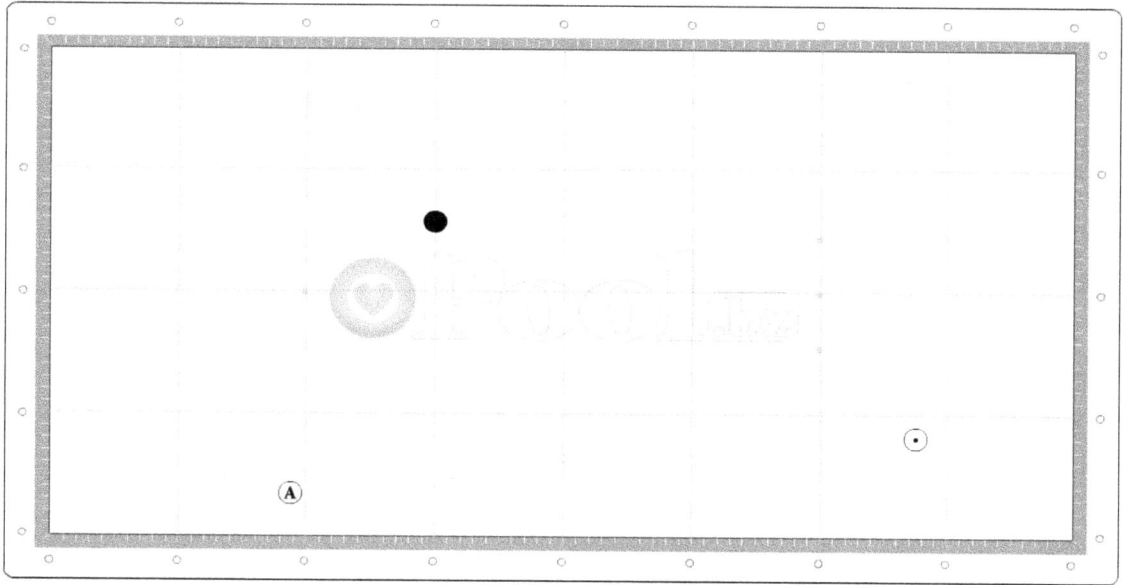

Notas e ideias:

Tiro padrão

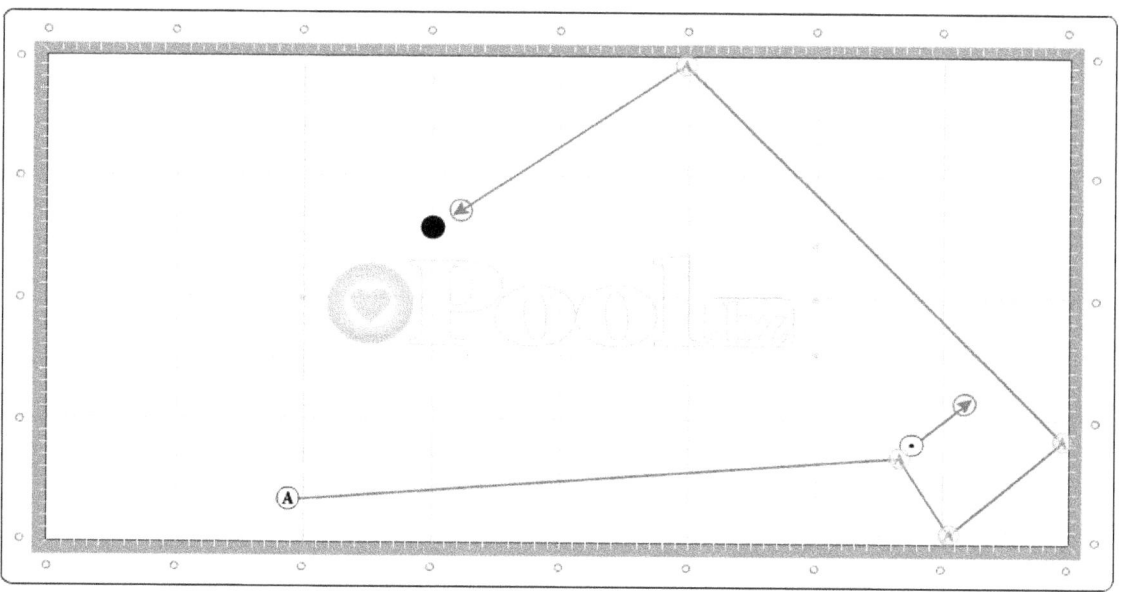

E:3b – Configuração

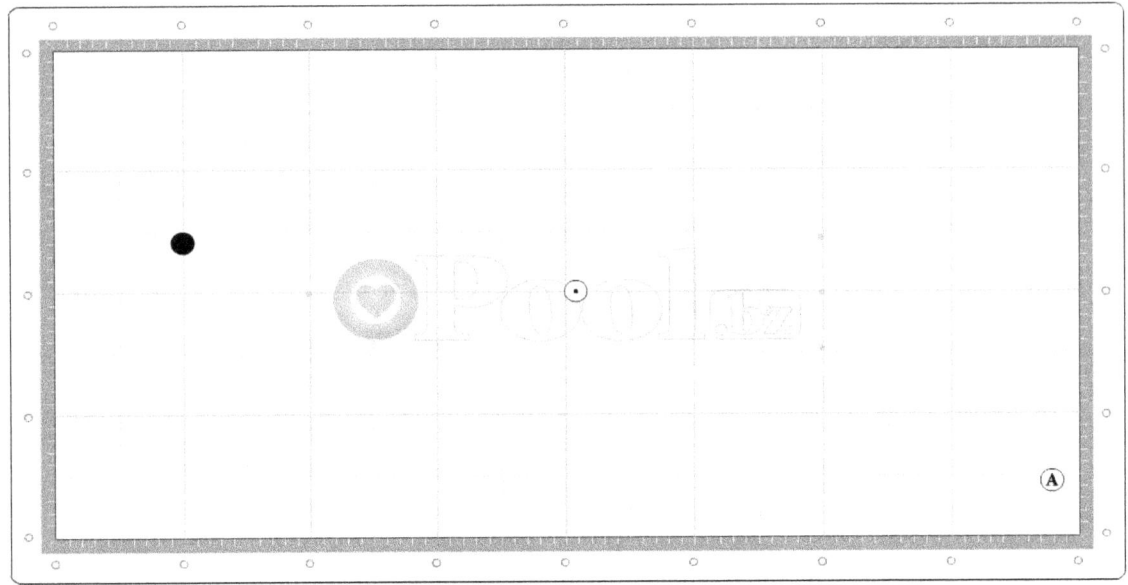

Notas e ideias:

Tiro padrão

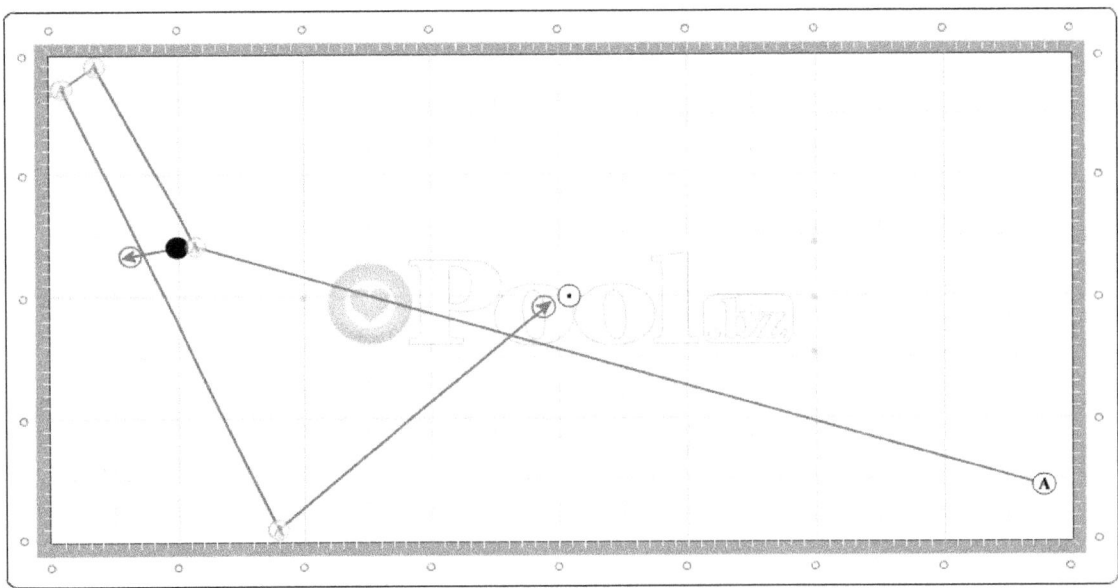

E:3c – Configuração

Notas e ideias:

Tiro padrão

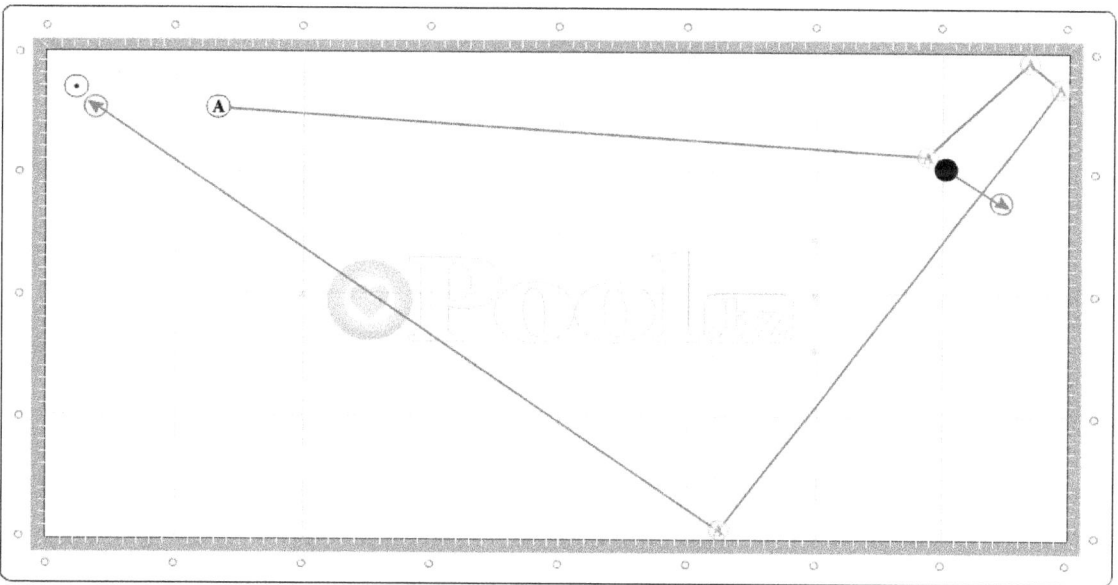

E:3d – Configuração

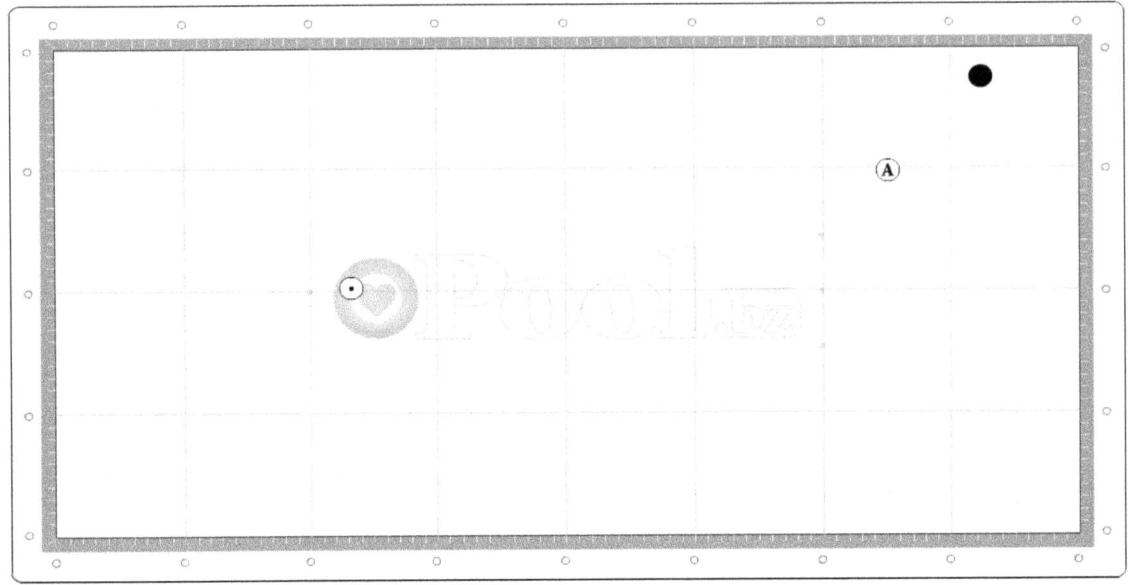

Notas e ideias:

Tiro padrão

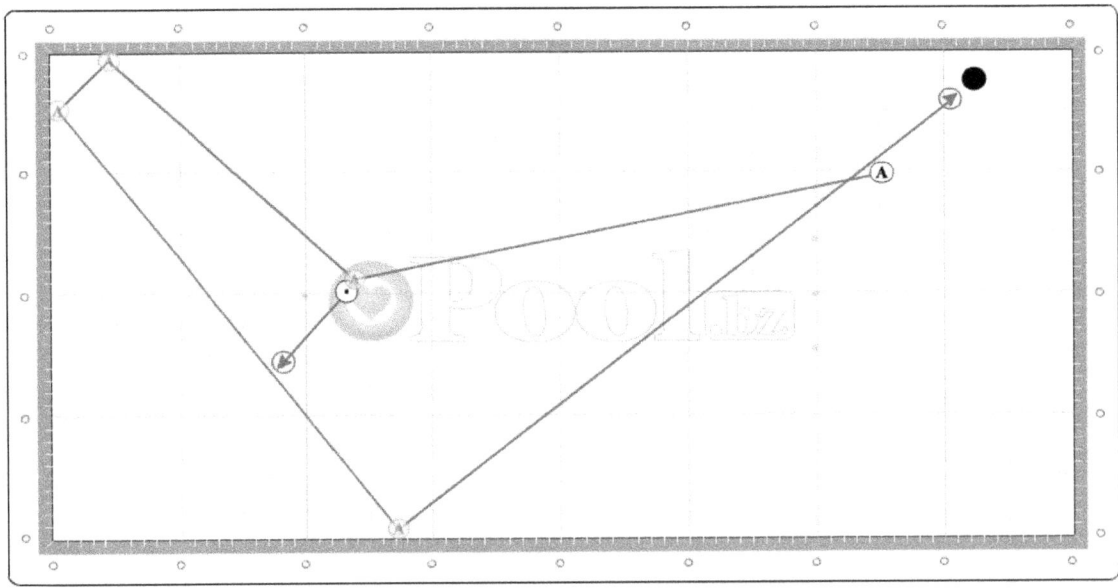

F: Perna de ângulo raso, descendo a colina

O (CB) contata o primeiro (OB), e então vai para o canto, primeiro tabelas longa. O (CB) sai para o meio da tabelas longa oposta. O (CB) sai em um ângulo raso e entra em contato com o outro (OB).

(A) (CB) (sua bola de bilhar) - (⦁) (OB) (bola de bilhar oponente) - ● (RB) (bola de bilhar vermelha)

F: Grupo 1

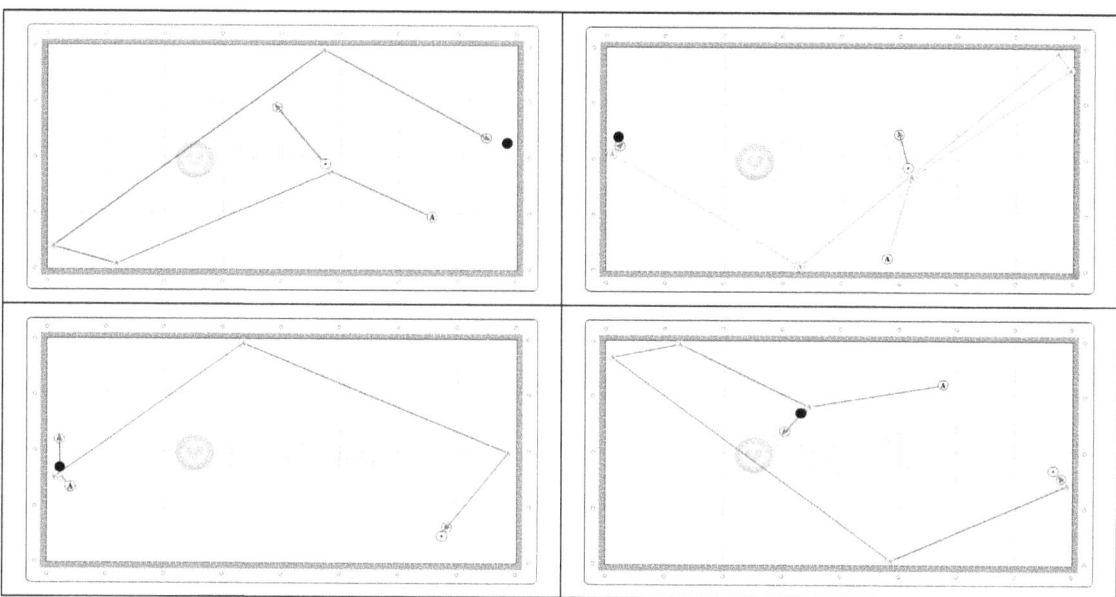

Análise:

F:1a. _____

F:1b. _____

F:1c. _____

F:1d. _____

F:1a – Configuração

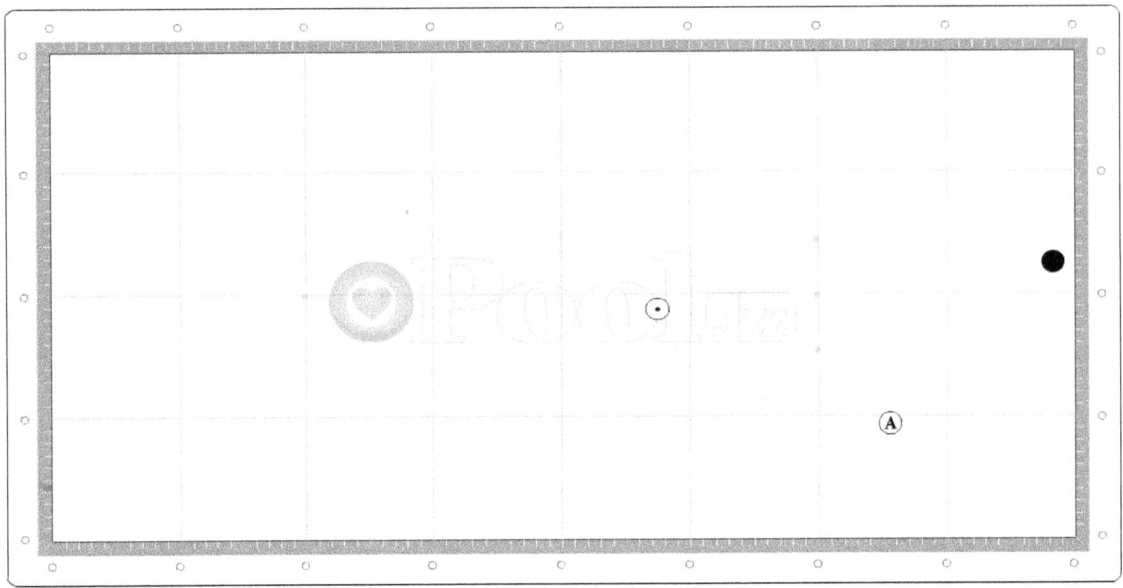

Notas e ideias:

Tiro padrão

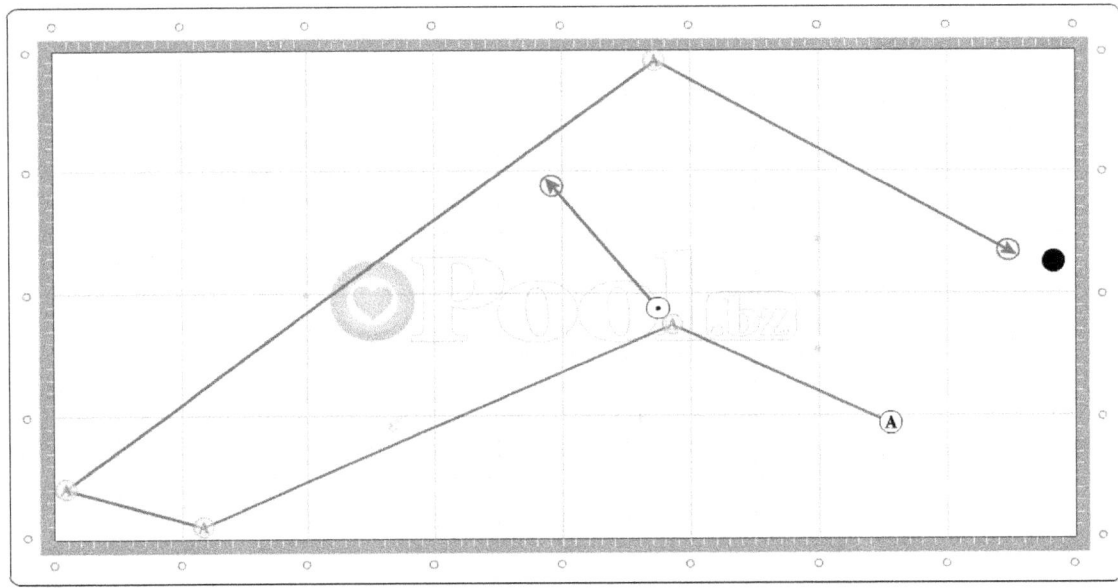

F:1b – Configuração

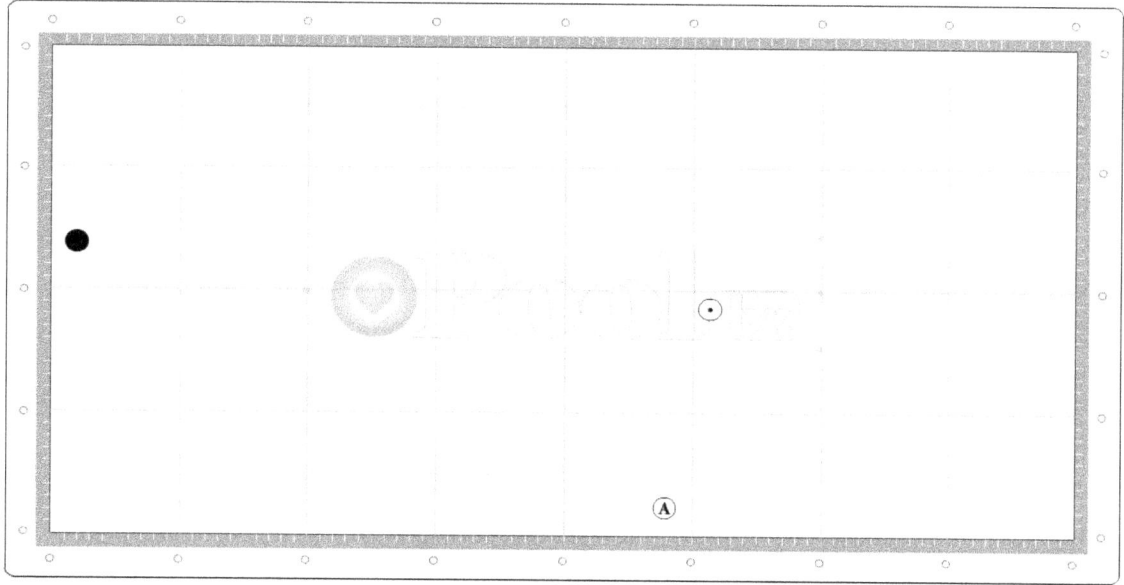

Notas e ideias:

Tiro padrão

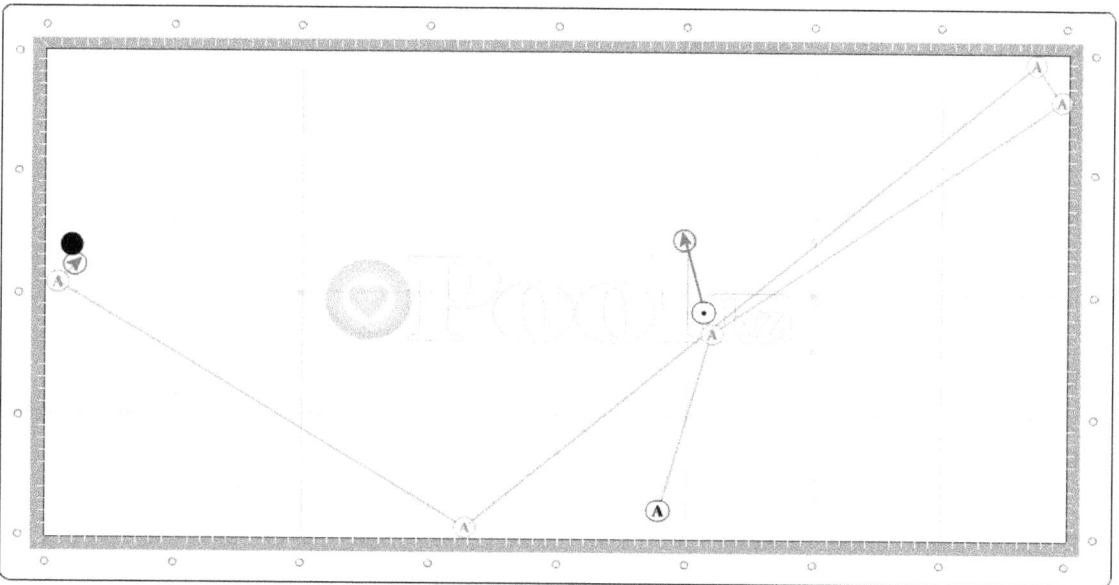

F:1c – Configuração

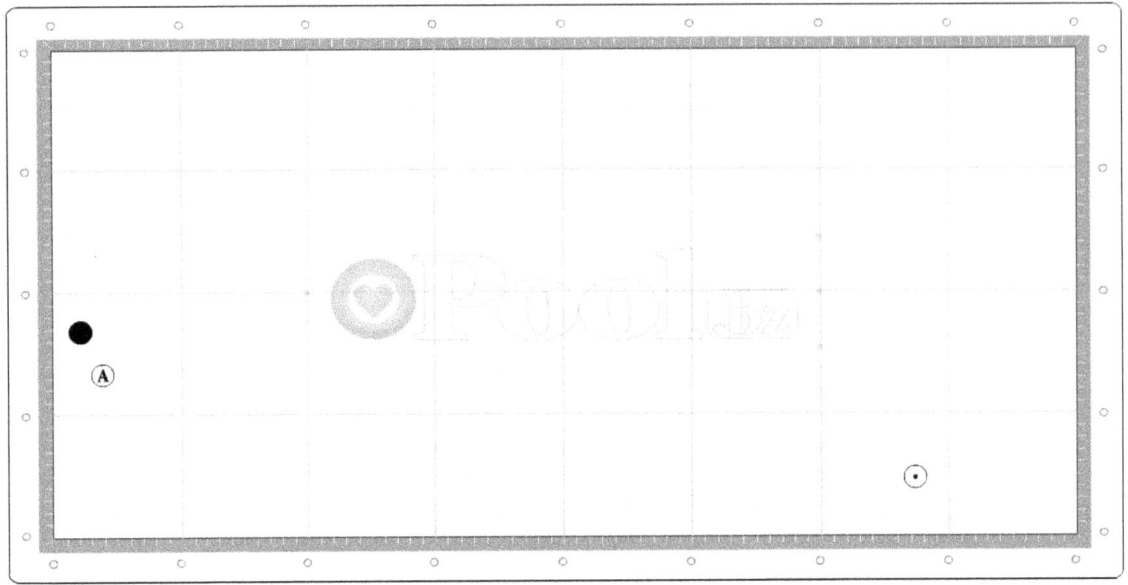

Notas e ideias:

Tiro padrão

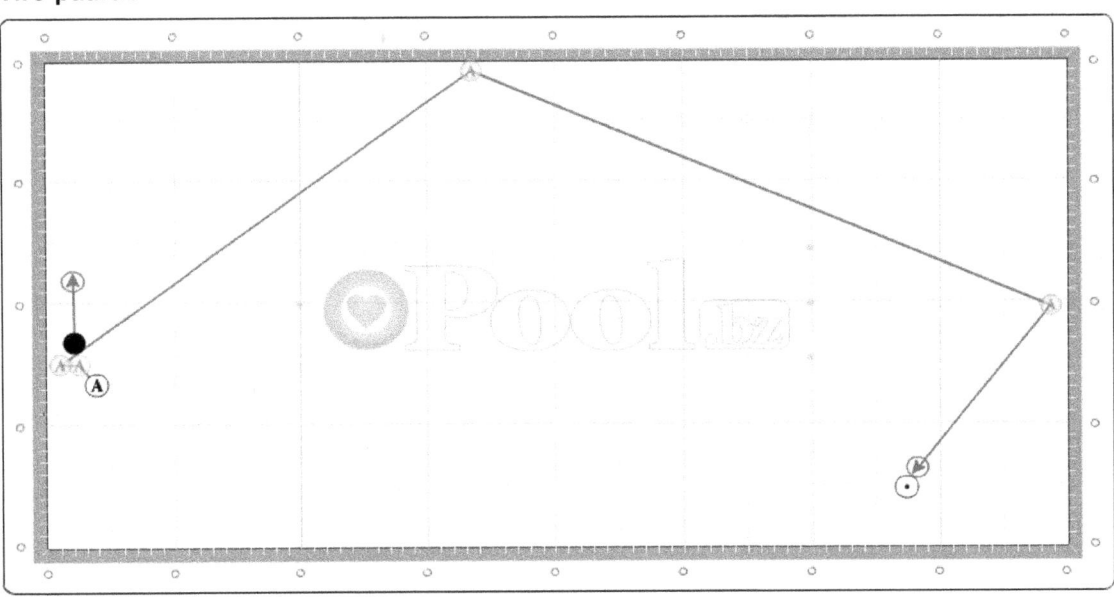

F:1d – Configuração

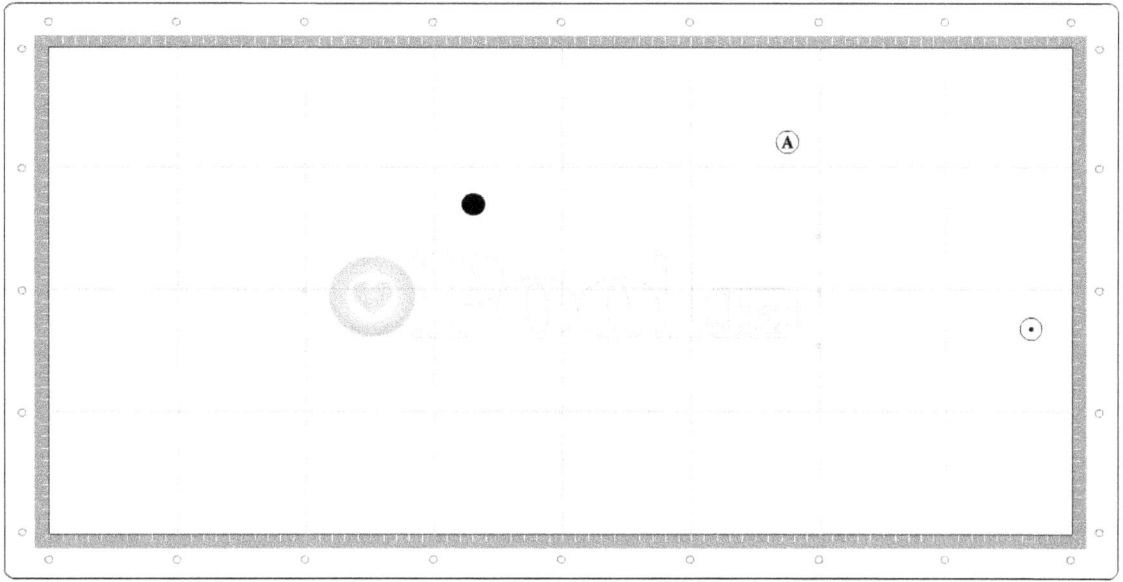

Notas e ideias:

Tiro padrão

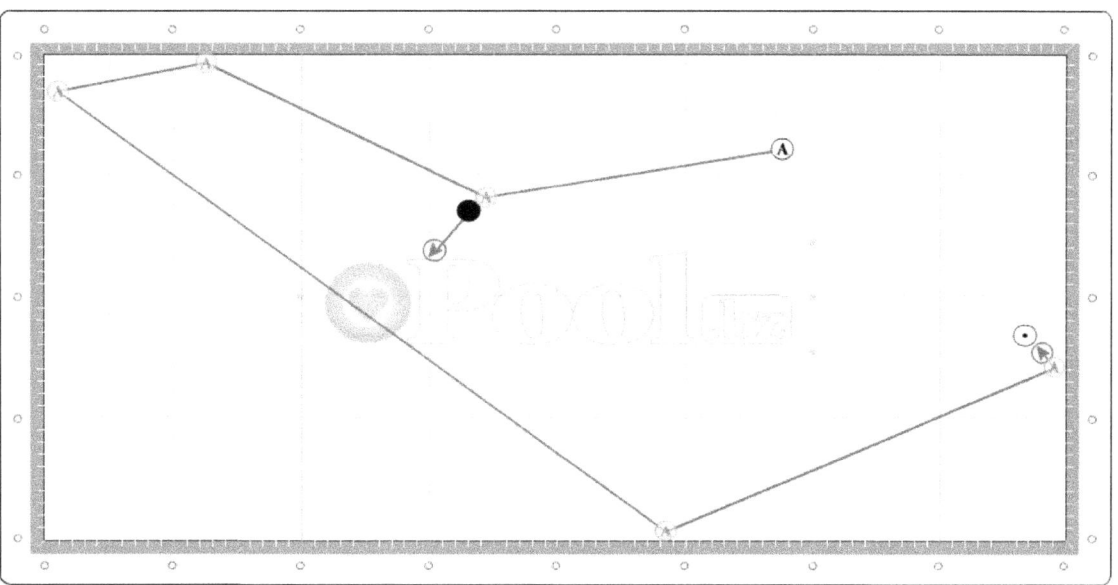

F: Grupo 2

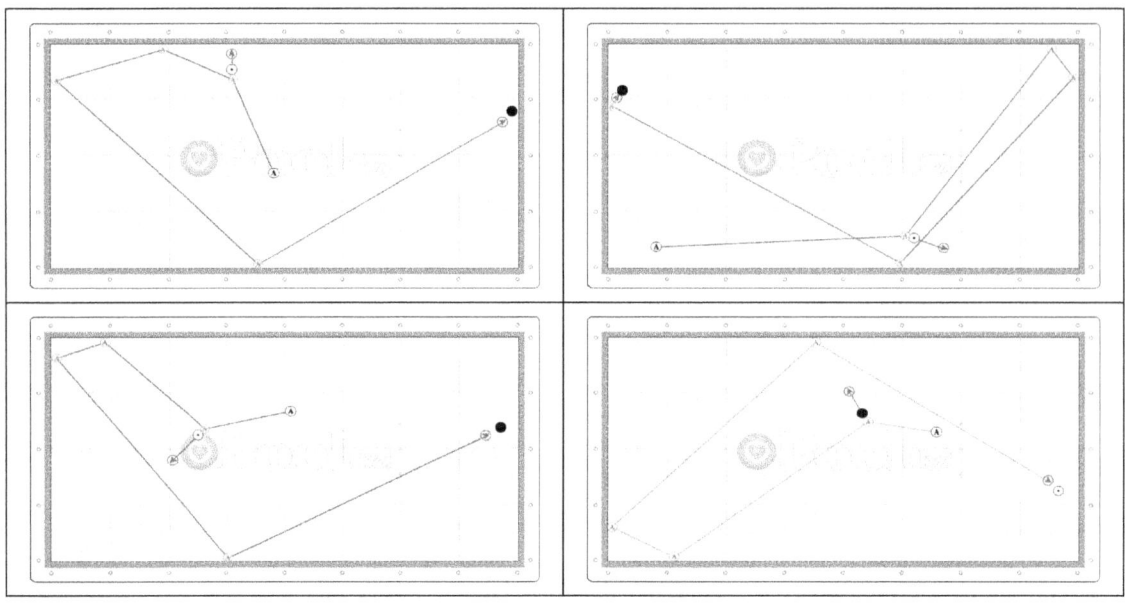

Análise:

F:2a. _____

F:2b. _____

F:2c. _____

F:2d. _____

F:2a – Configuração

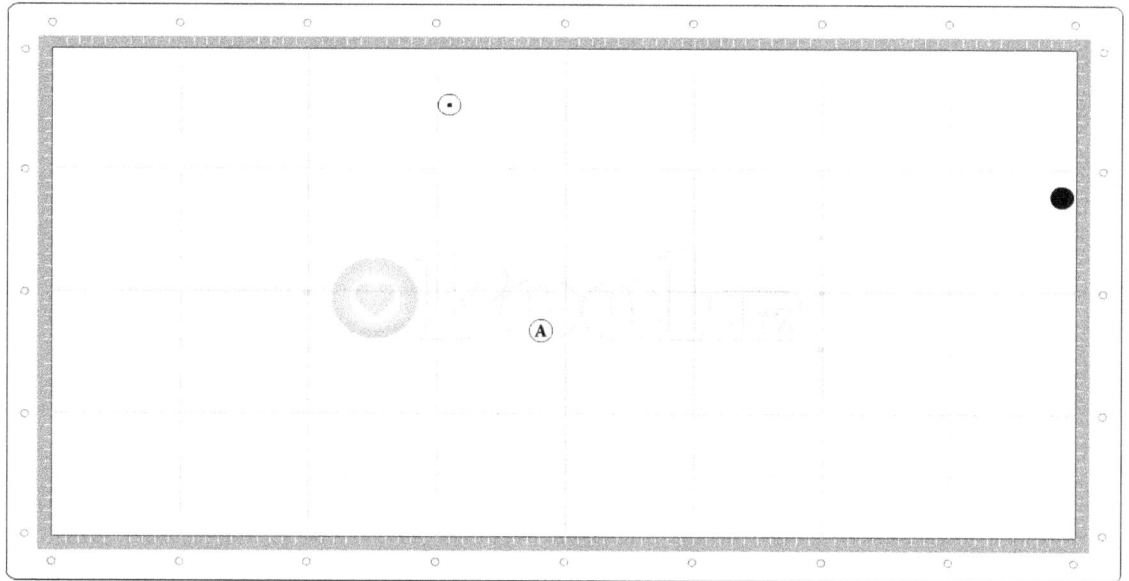

Notas e ideias:

Tiro padrão

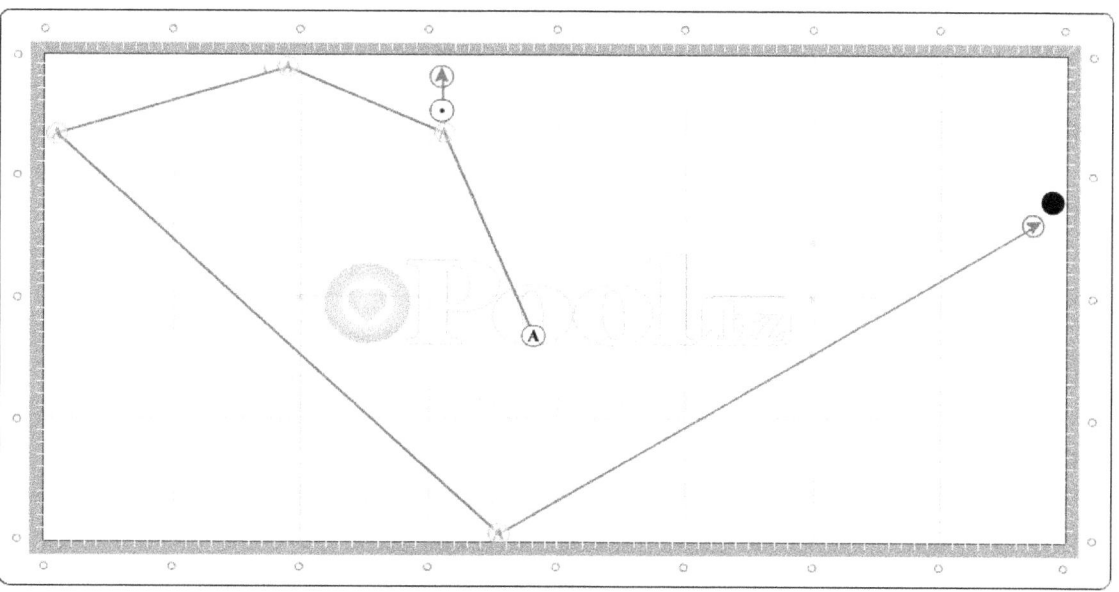

F:2b – Configuração

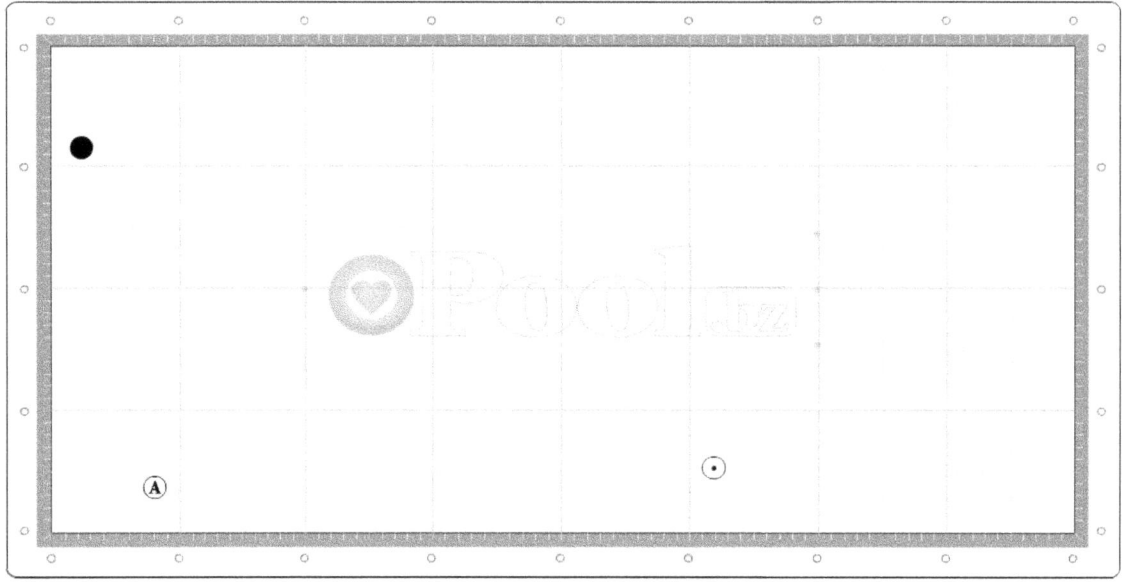

Notas e ideias:

Tiro padrão

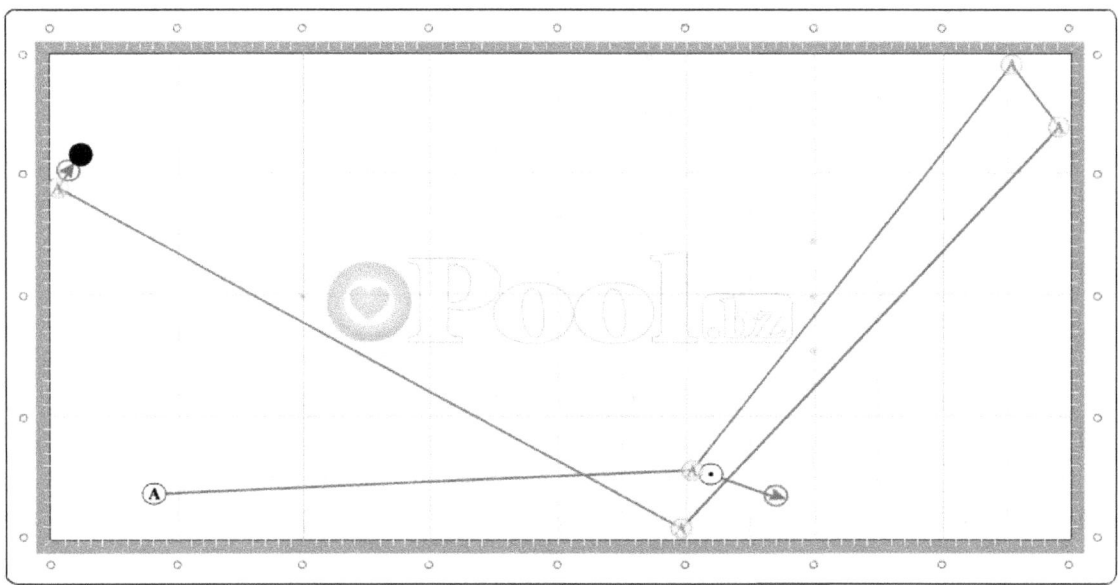

F:2c – Configuração

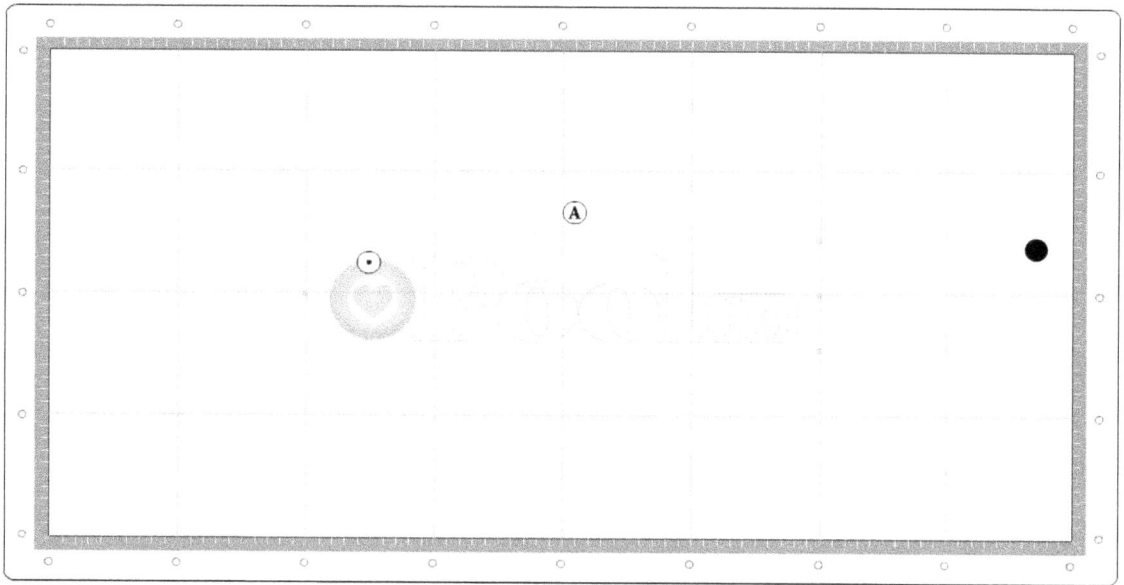

Notas e ideias:

Tiro padrão

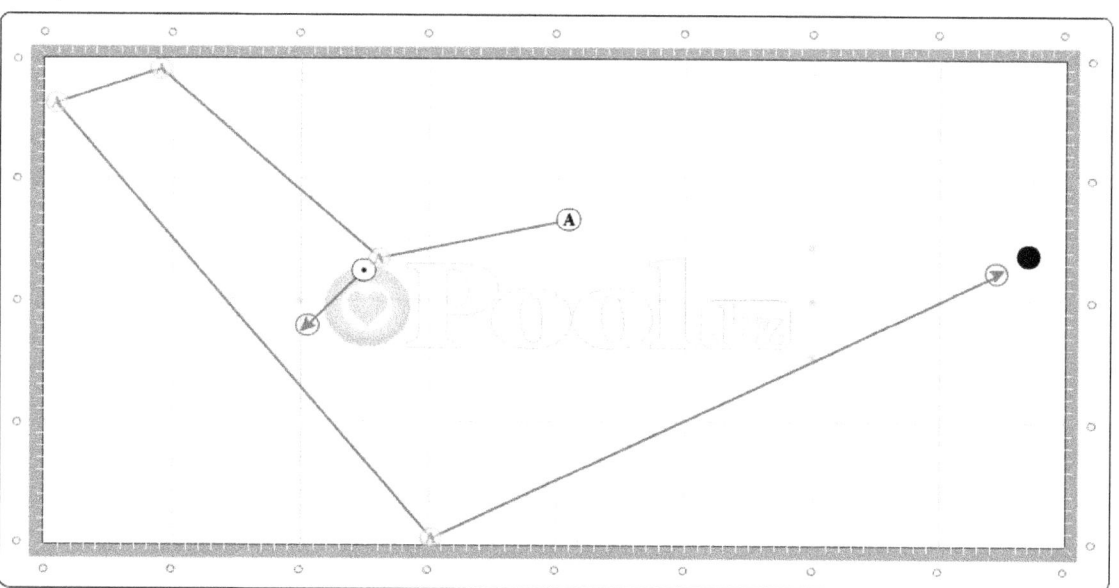

F:2d – Configuração

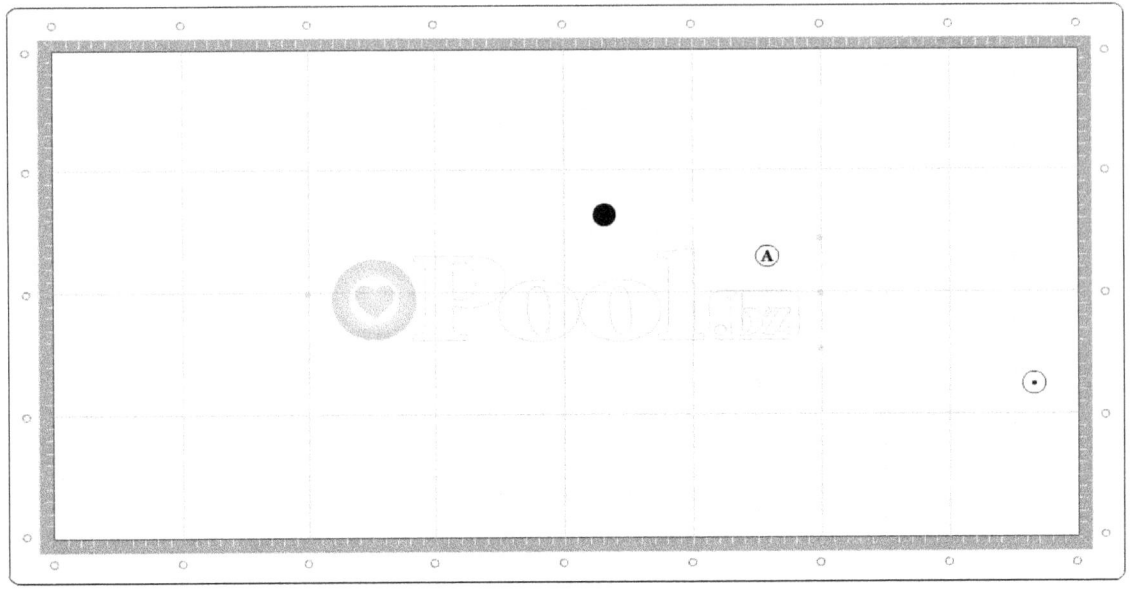

Notas e ideias:

Tiro padrão

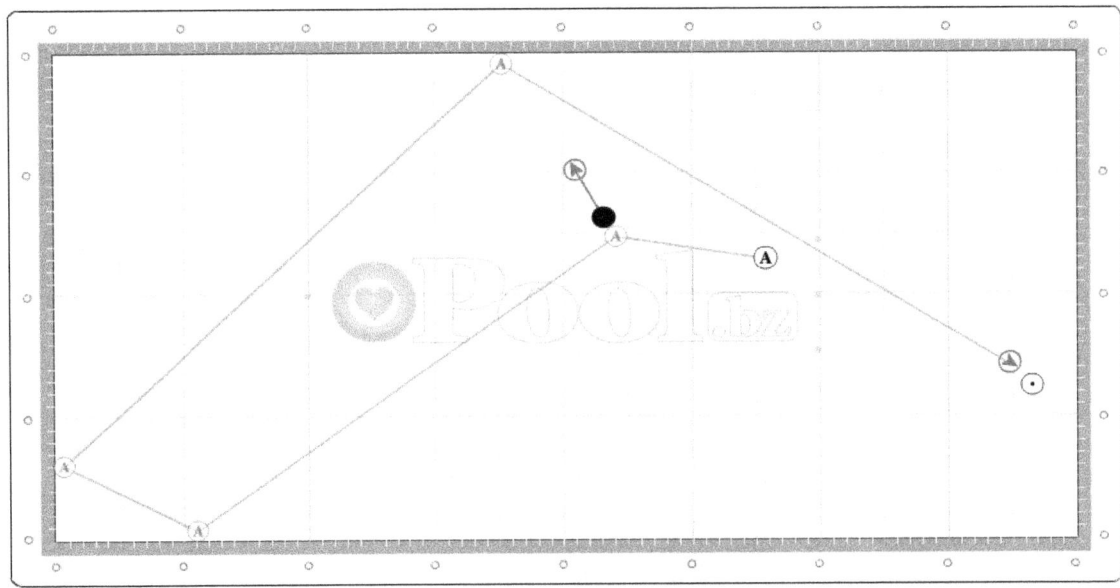

F: Grupo 3

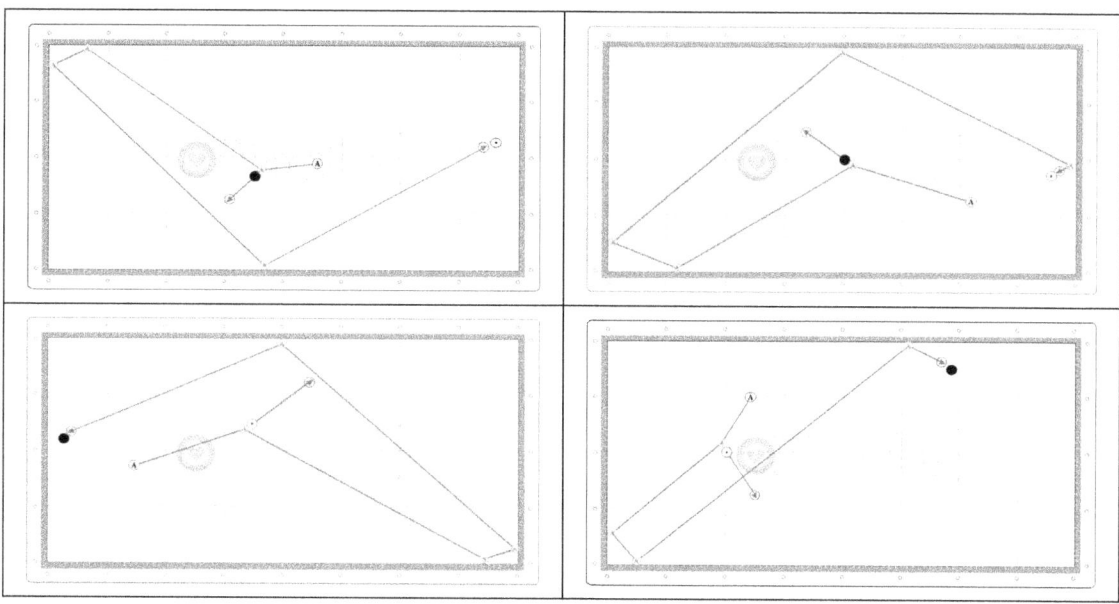

Análise:

F:3a. _____

F:3b. _____

F:3c. _____

F:3d. _____

F:3a – Configuração

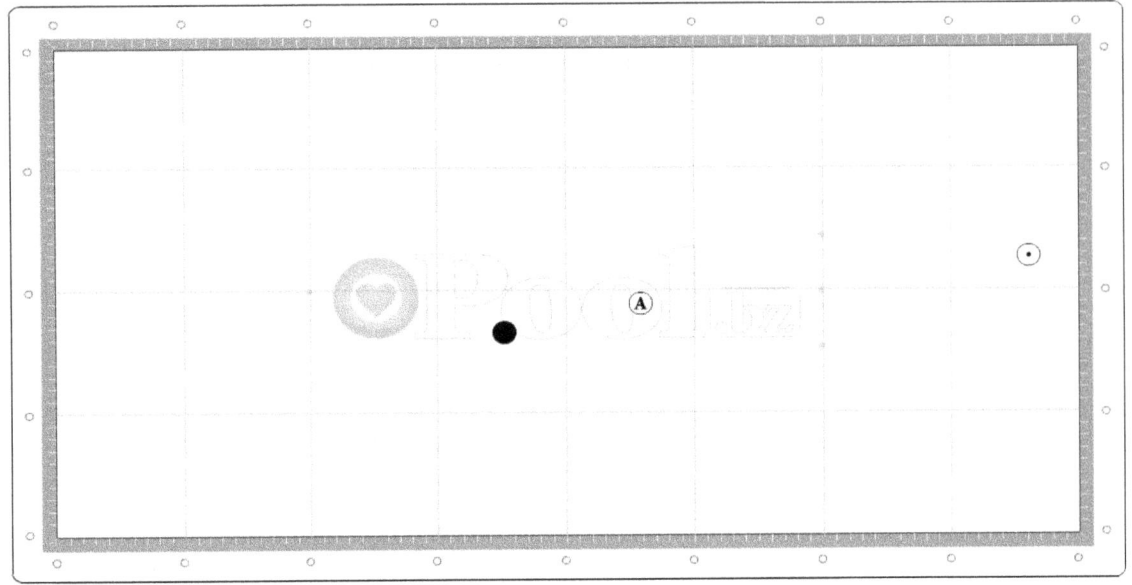

Notas e ideias:

Tiro padrão

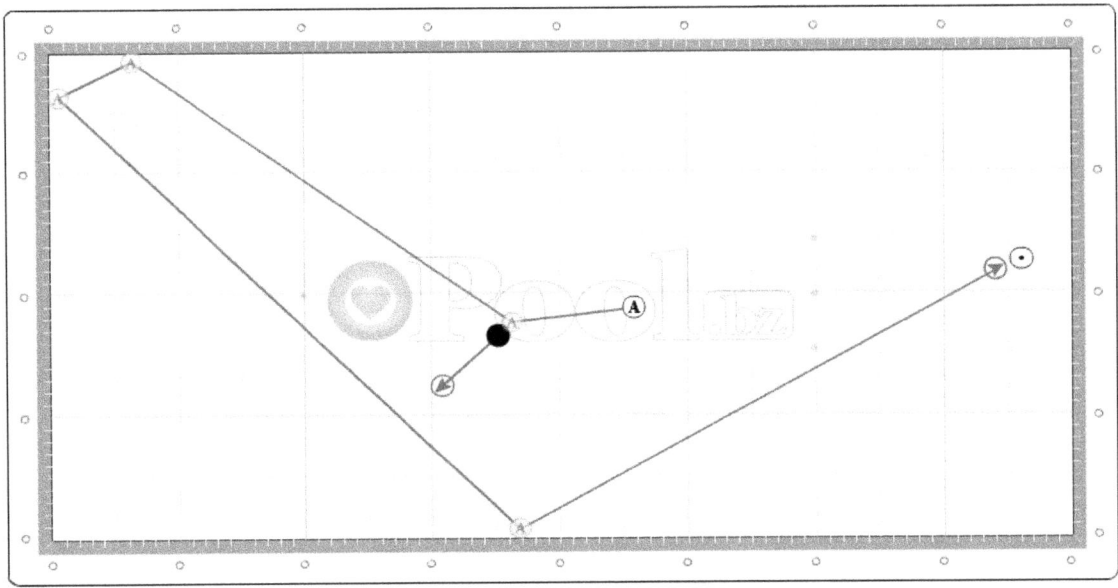

F:3b – Configuração

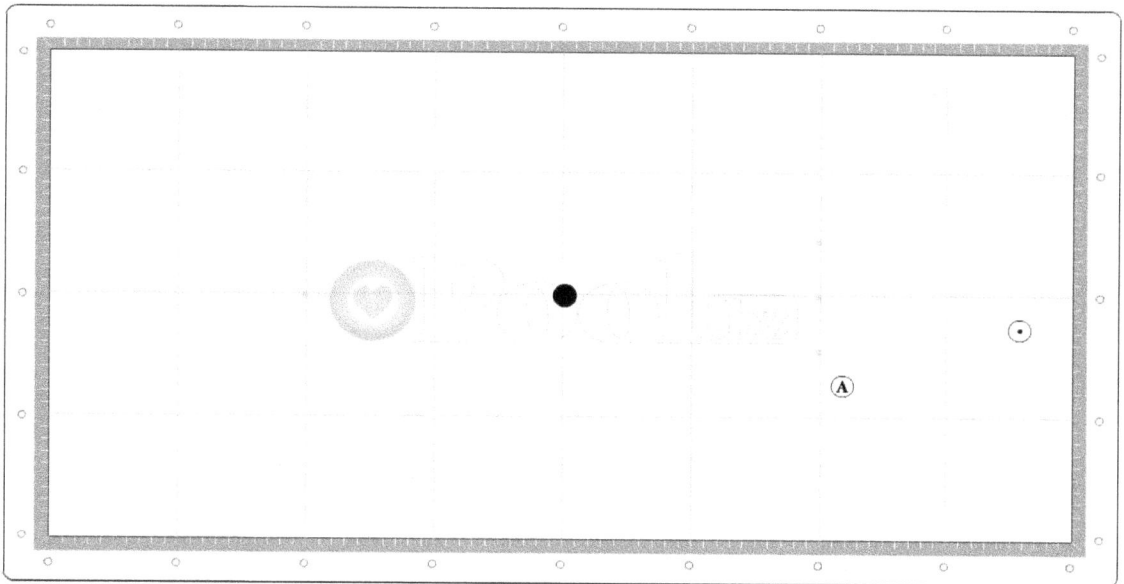

Notas e ideias:

Tiro padrão

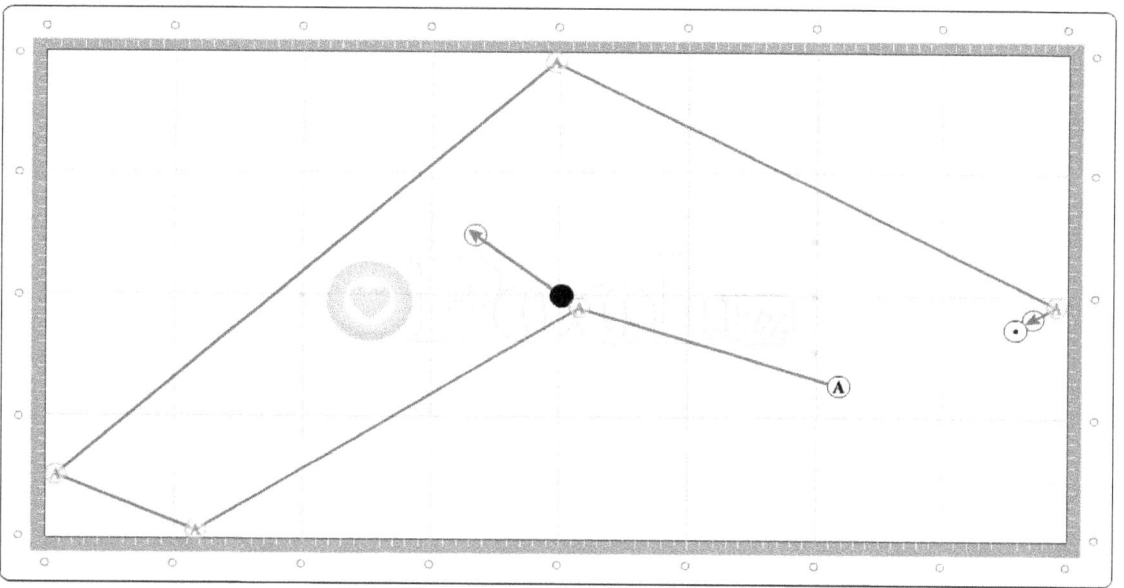

F:3c – Configuração

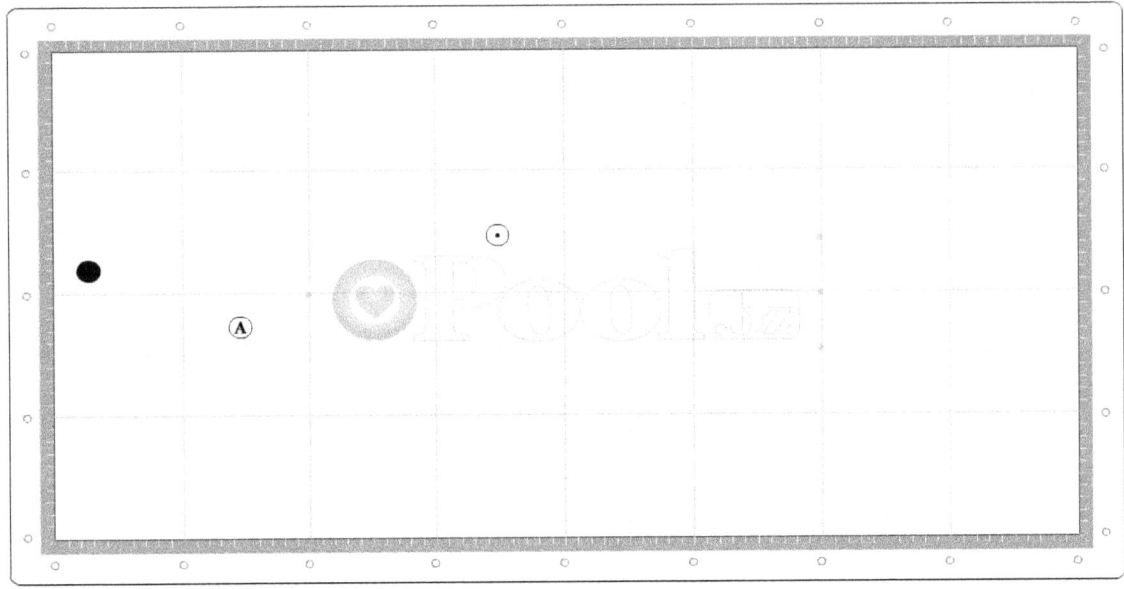

Notas e ideias:

Tiro padrão

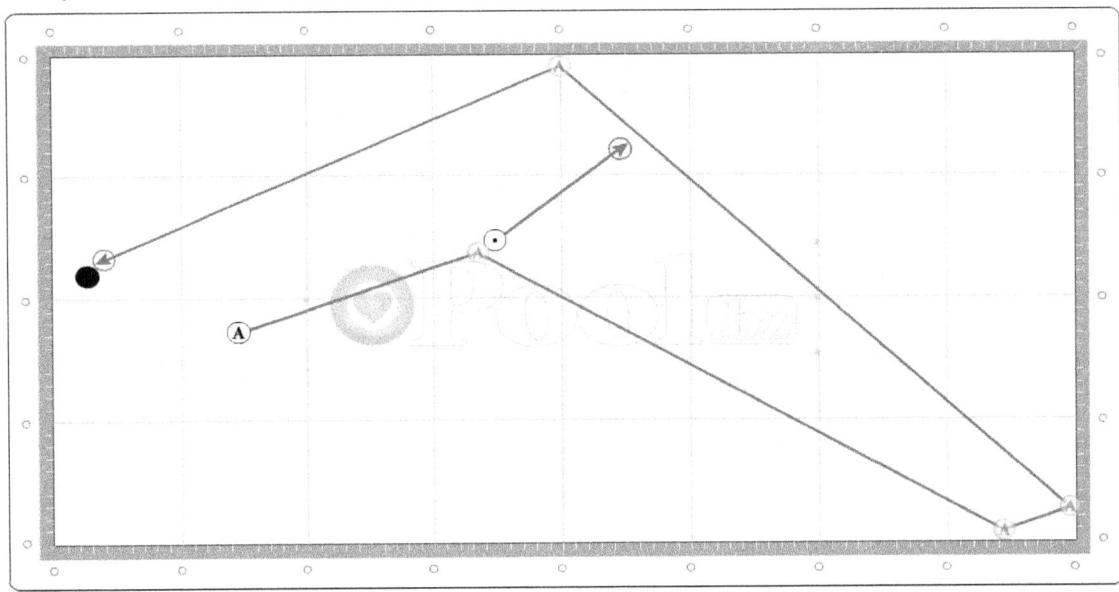

F:3d – Configuração

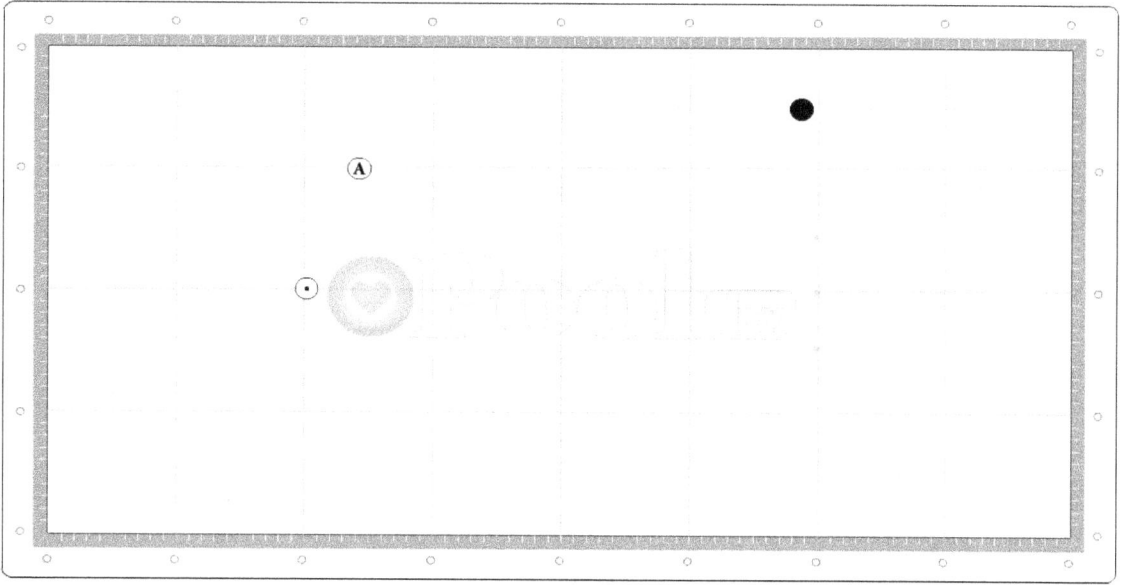

Notas e ideias:

Tiro padrão

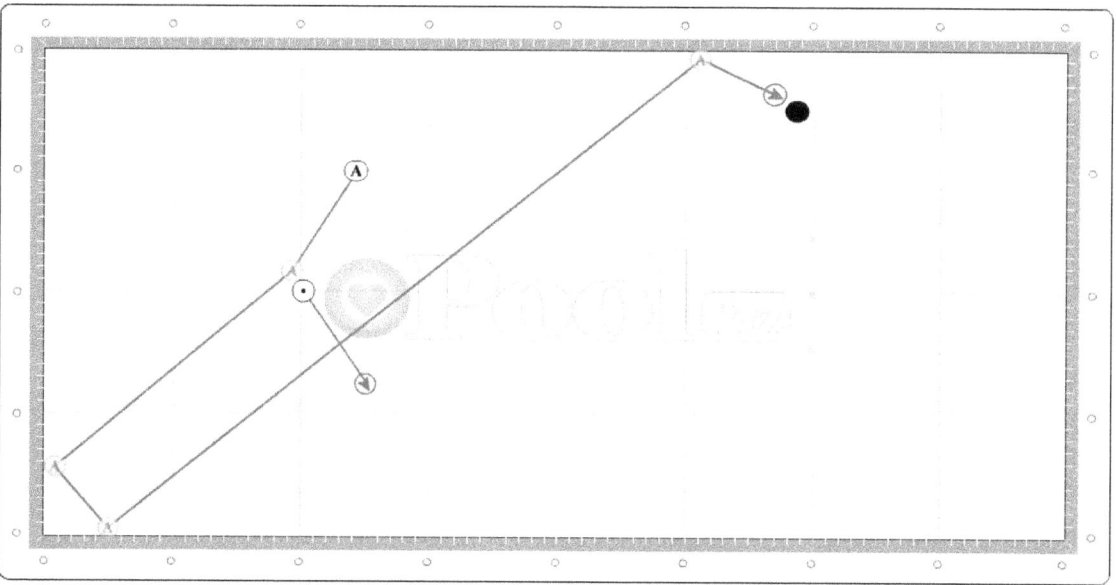

F: Grupo 4

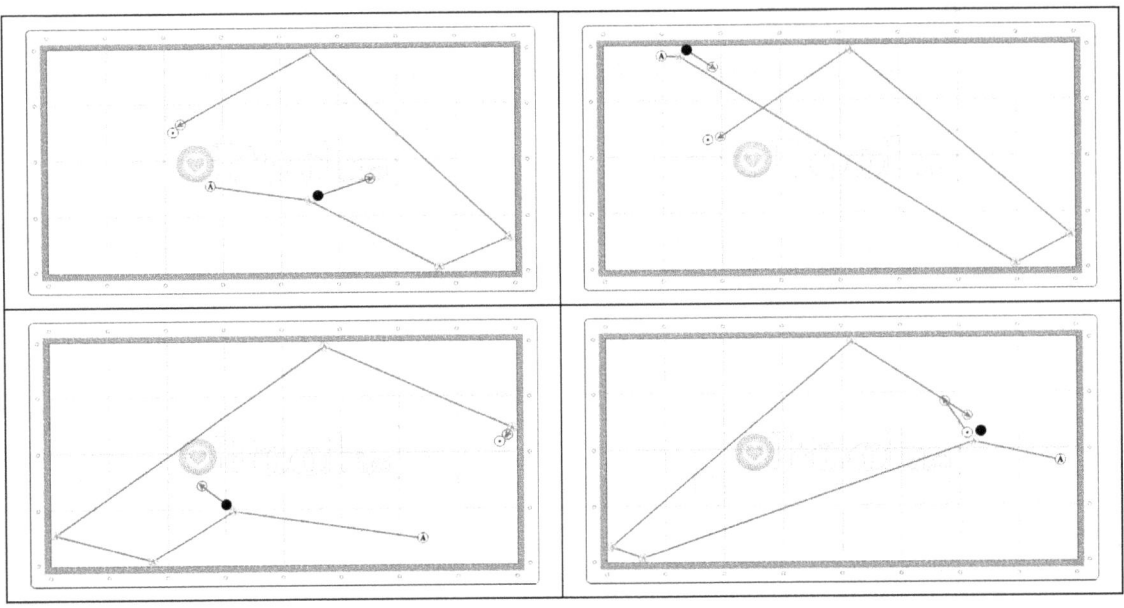

Análise:

F:4a. _____

F:4b. _____

F:4c. _____

F:4d. _____

F:4a – Configuração

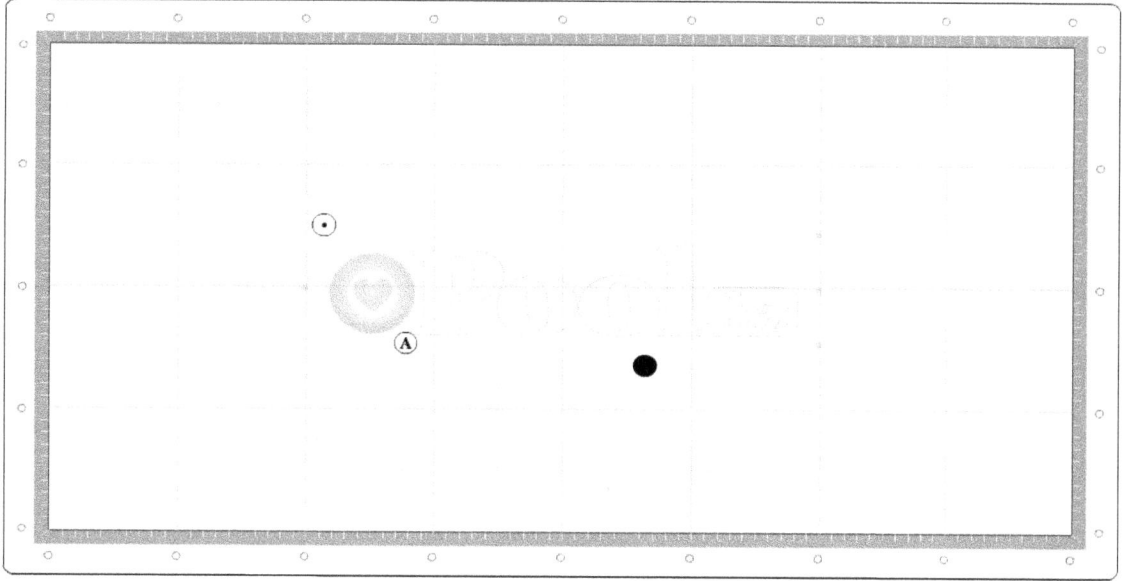

Notas e ideias:

Tiro padrão

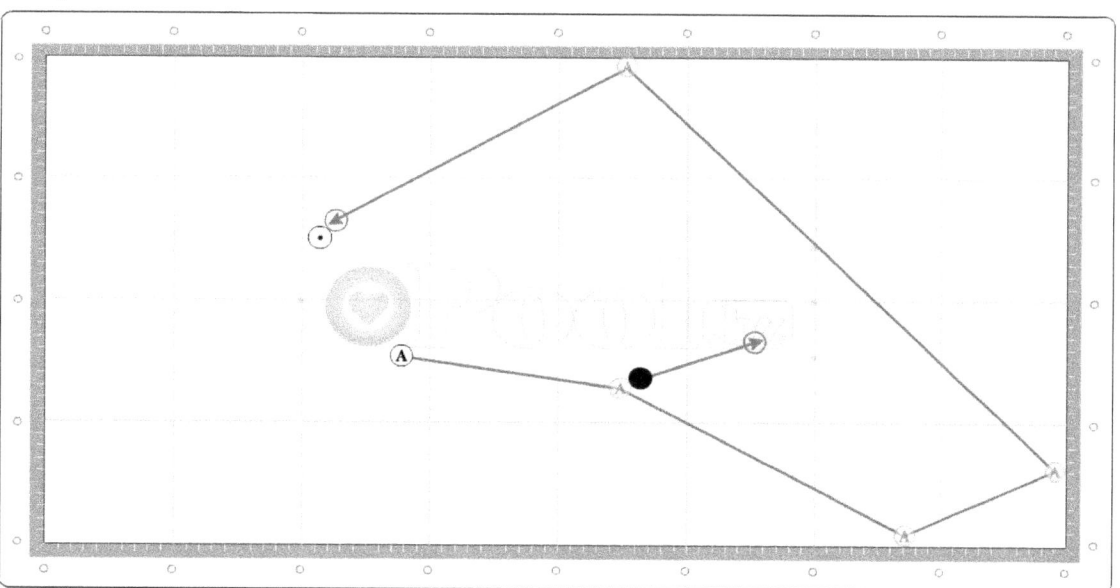

F:4b – Configuração

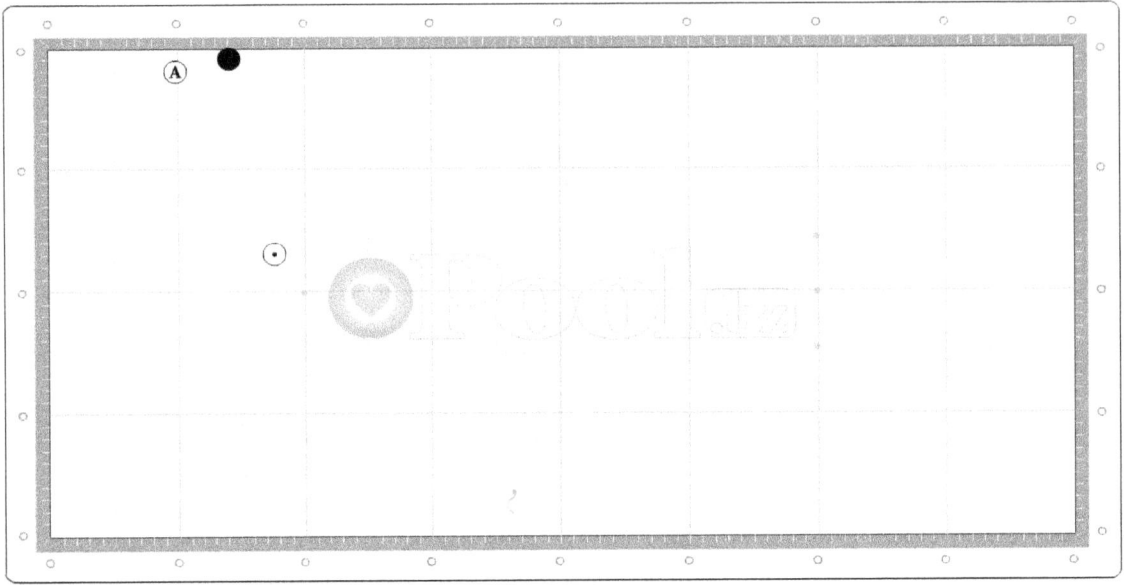

Notas e ideias:

Tiro padrão

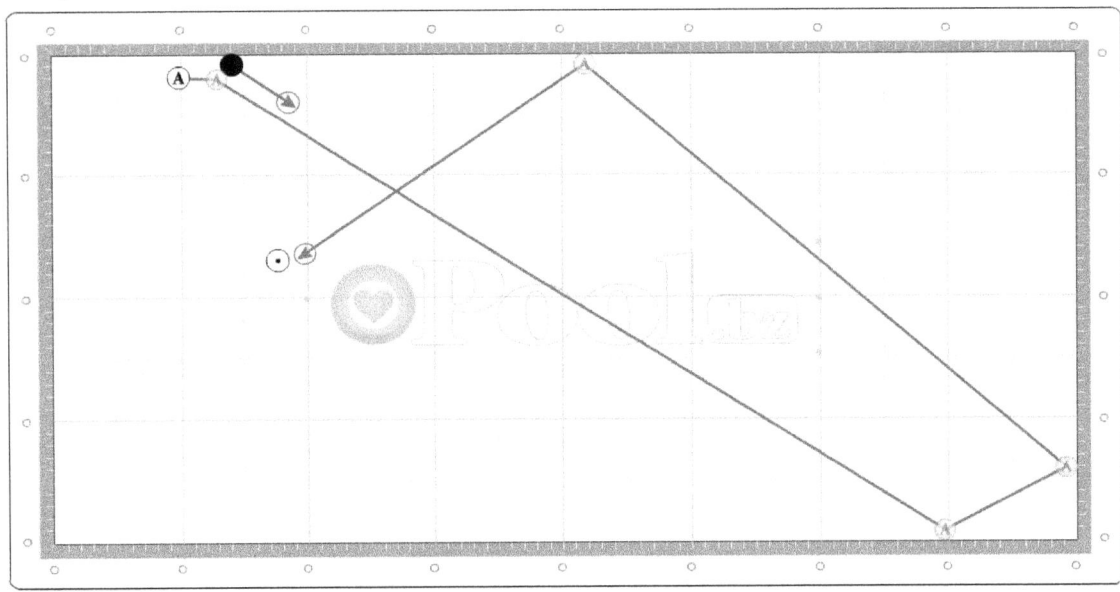

F:4c – Configuração

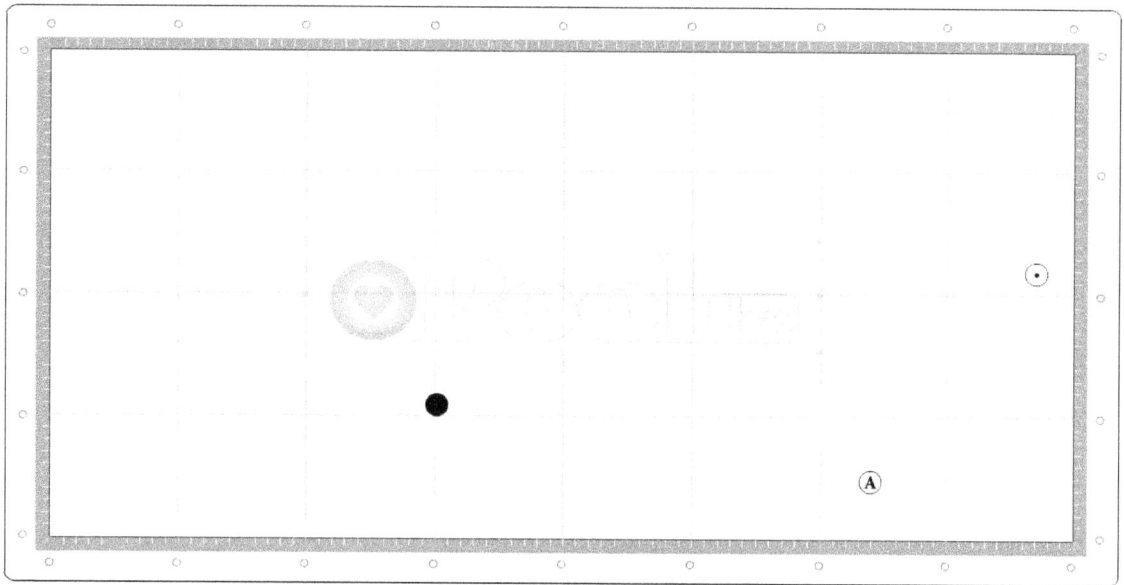

Notas e ideias:

Tiro padrão

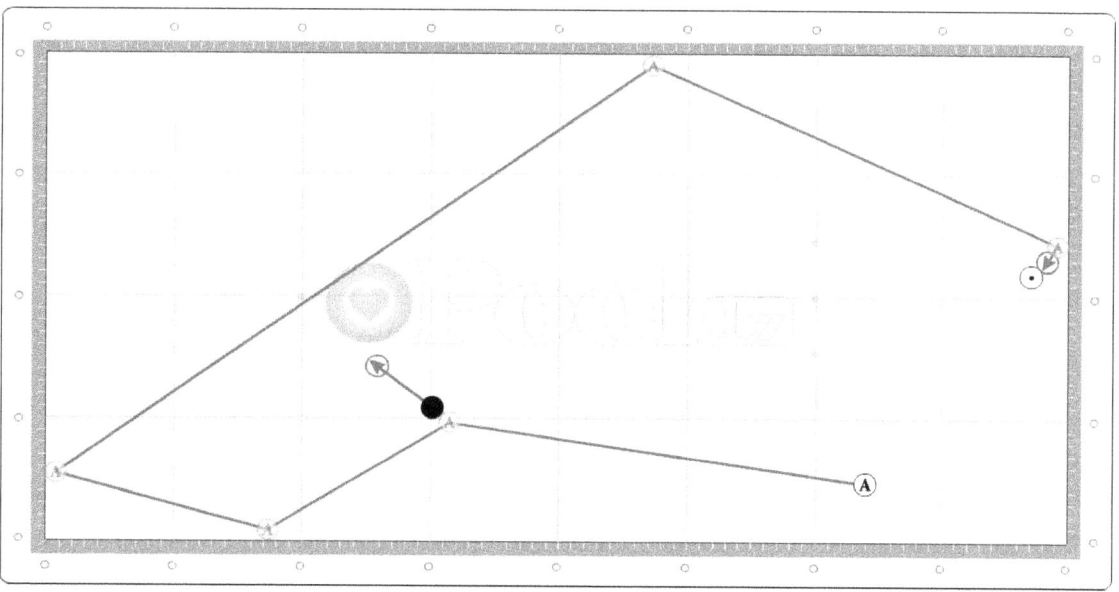

F:4d – Configuração

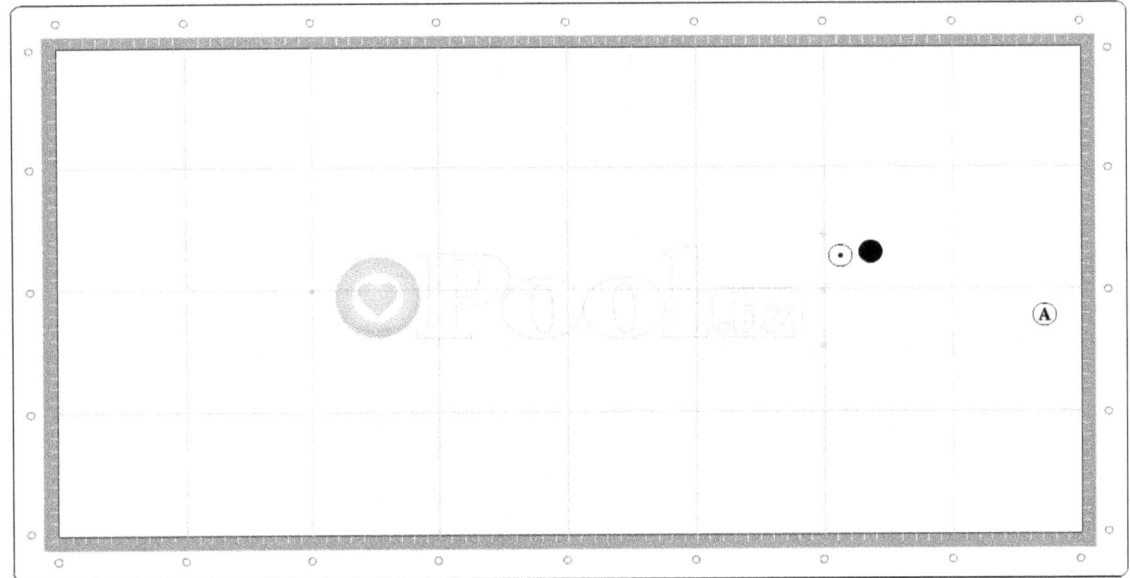

Notas e ideias:

Tiro padrão

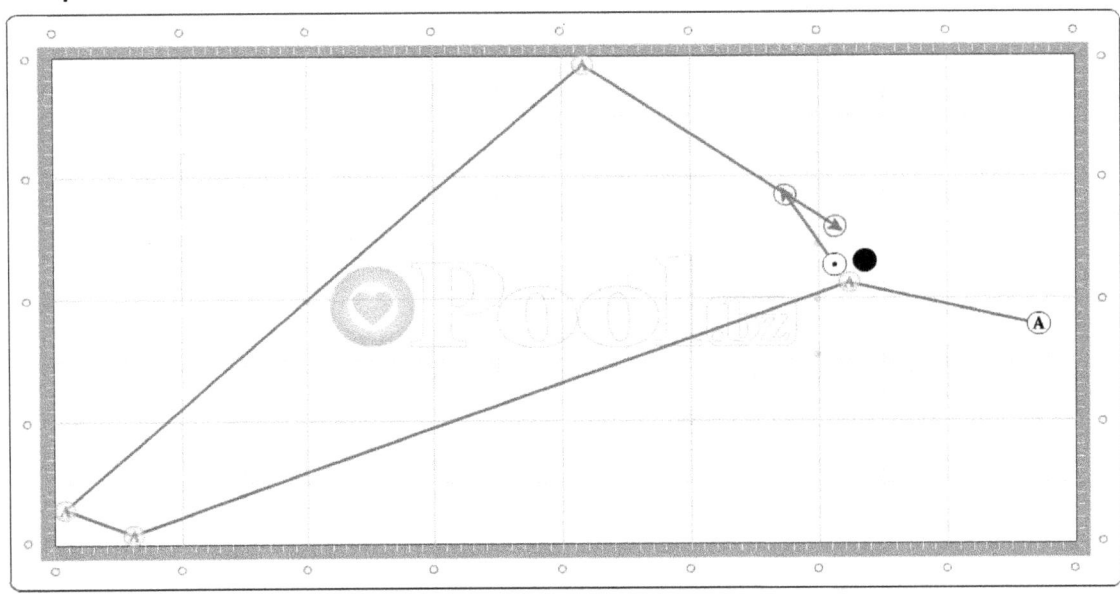

G: No canto (tabelas curta)

O (CB) se conecta com o primeiro (OB). O (CB) vai para o canto, tabelas curta primeiro. Então, o (CB) cruza a mesa até o meio da tabelas longa. De lá, o (CB) contata o outro (OB).

Ⓐ (CB) (sua bola de bilhar) - ⊙ (OB) (bola de bilhar oponente) - ● (RB) (bola de bilhar vermelha)

G: Grupo 1

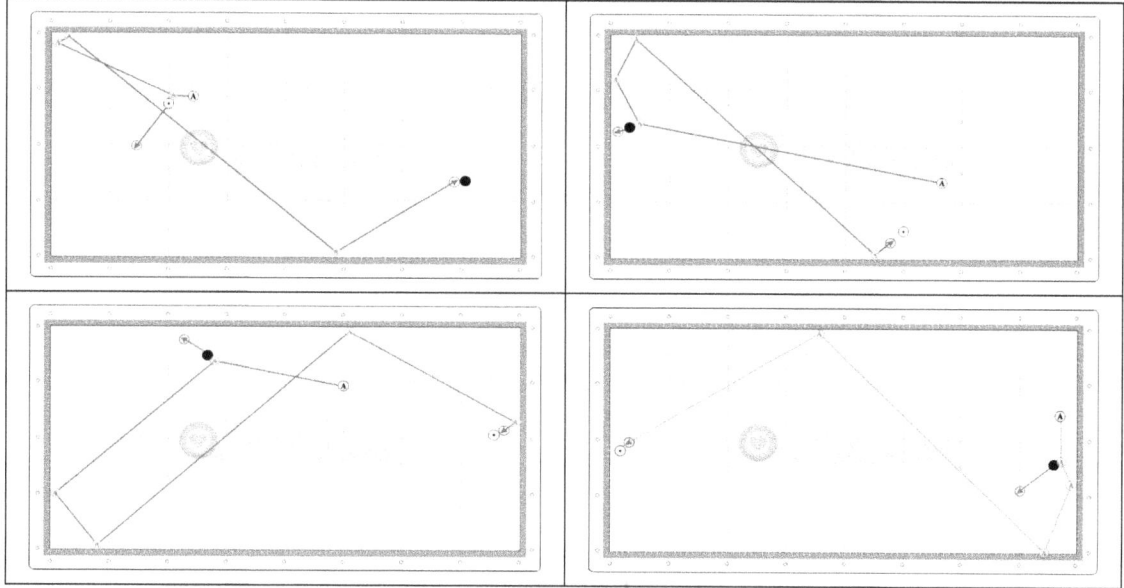

Análise:

G:1a. _____

G:1b. _____

G:1c. _____

G:1d. _____

G:1a – Configuração

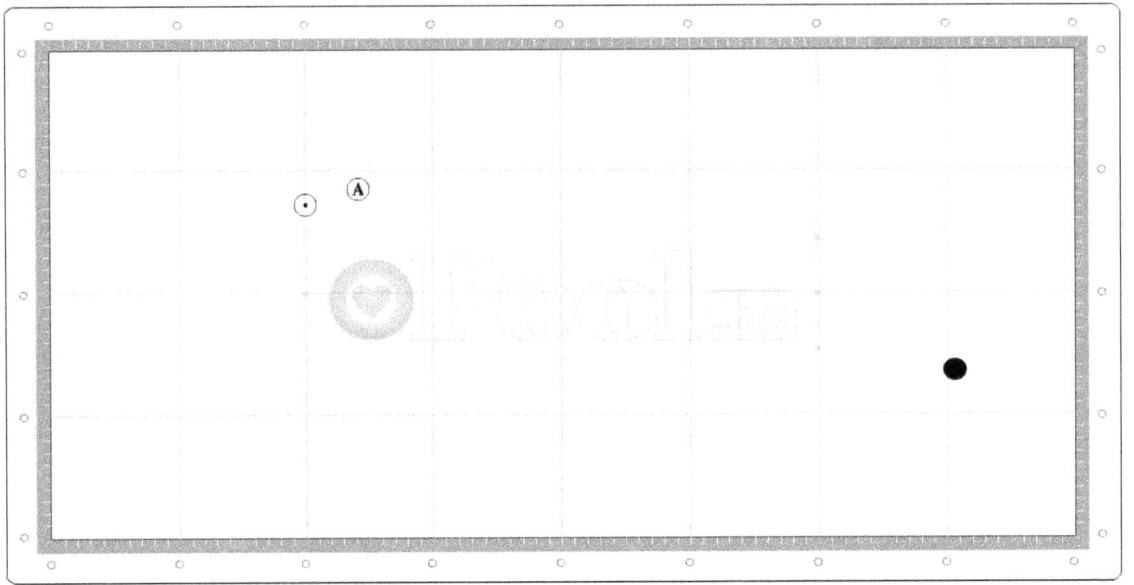

Notas e ideias:

Tiro padrão

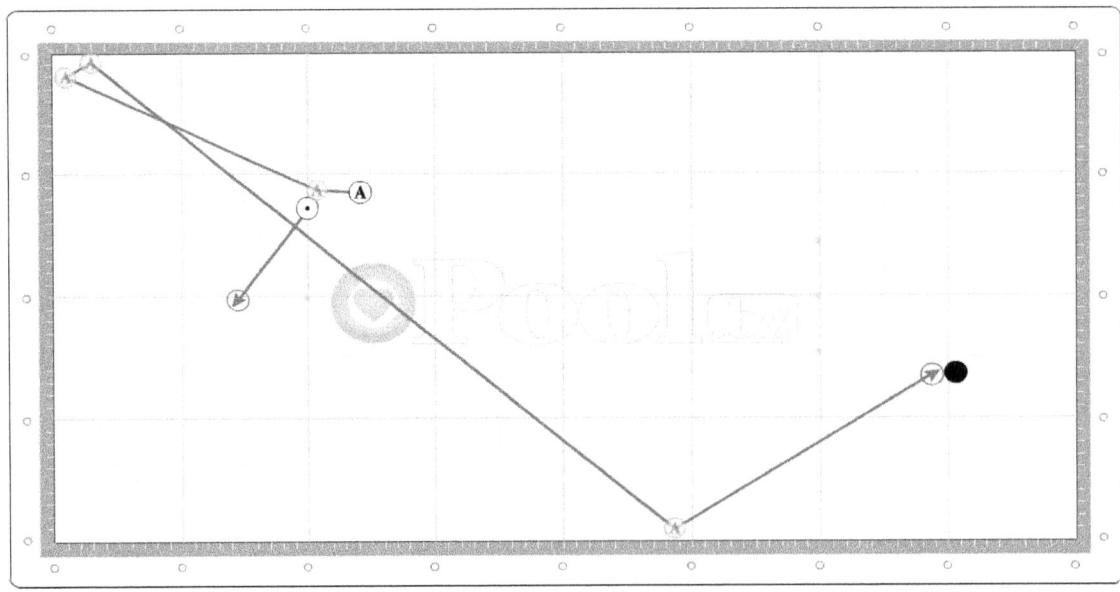

G:1b – Configuração

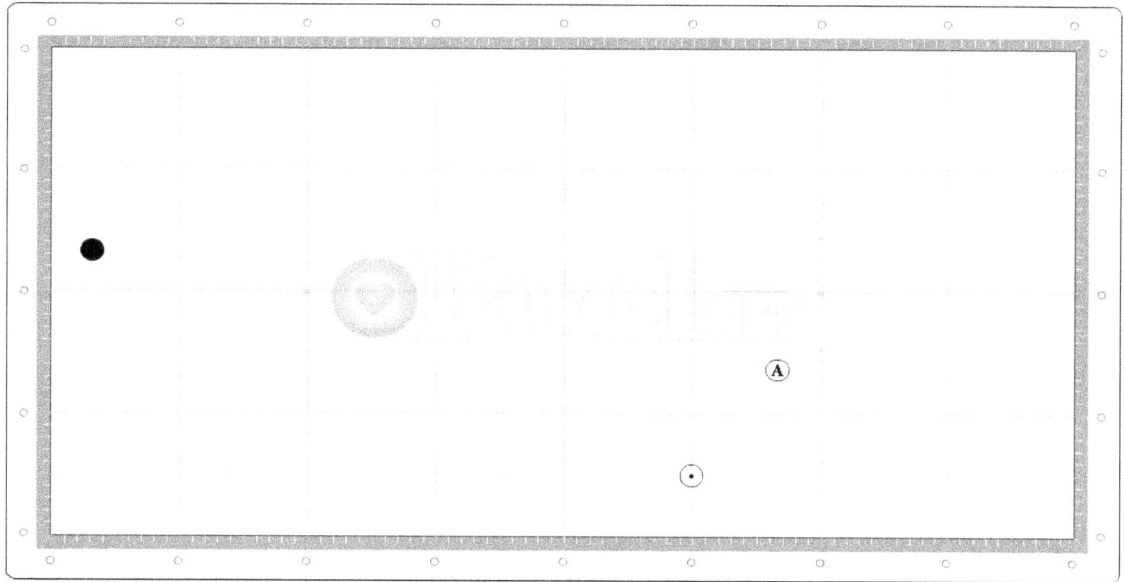

Notas e ideias:

Tiro padrão

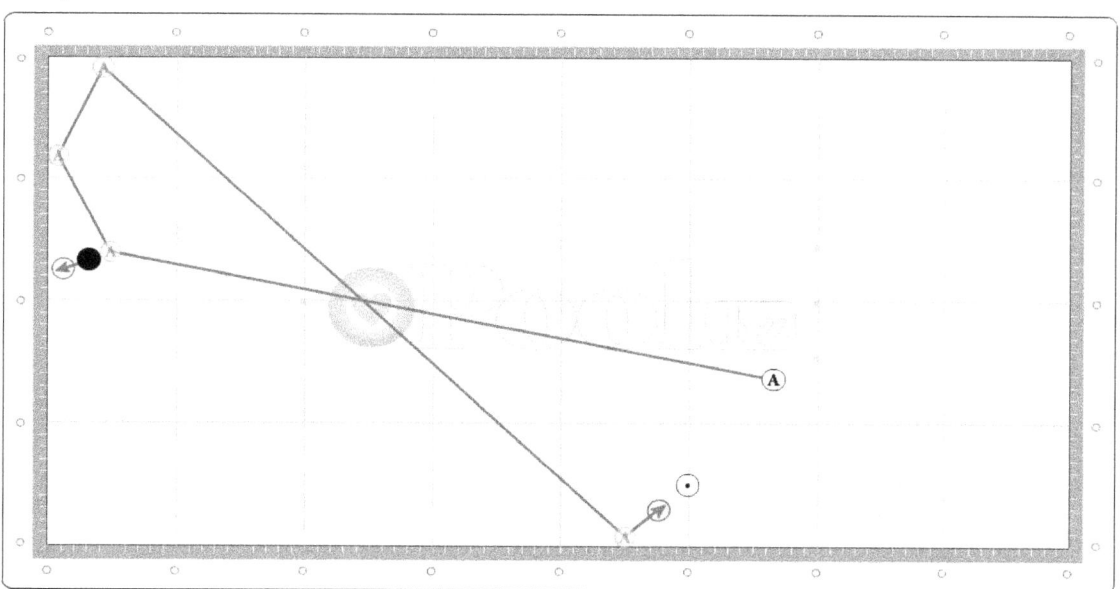

G:1c – Configuração

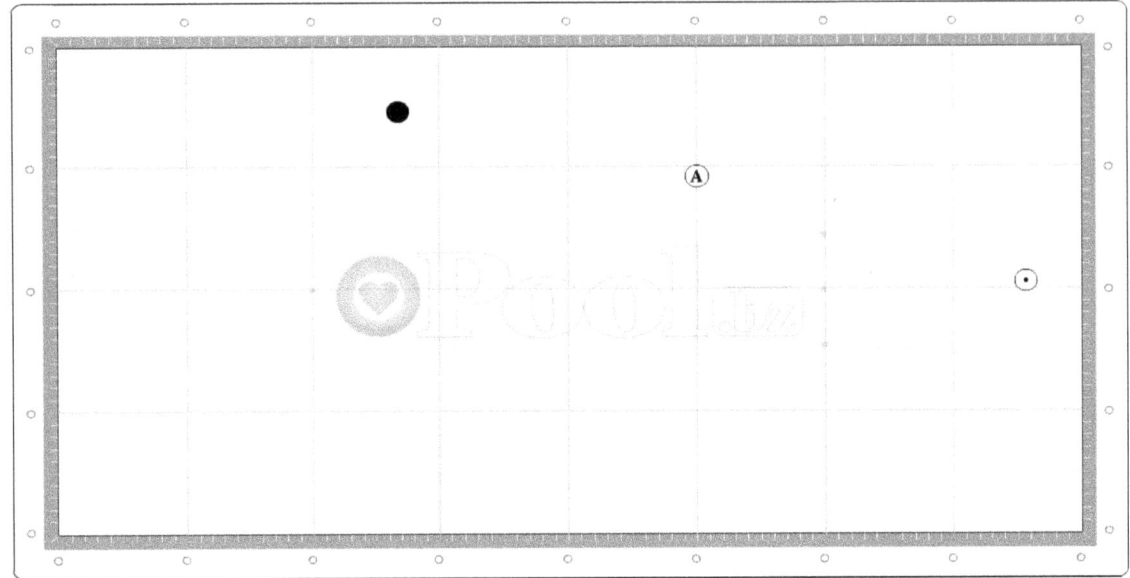

Notas e ideias:

Tiro padrão

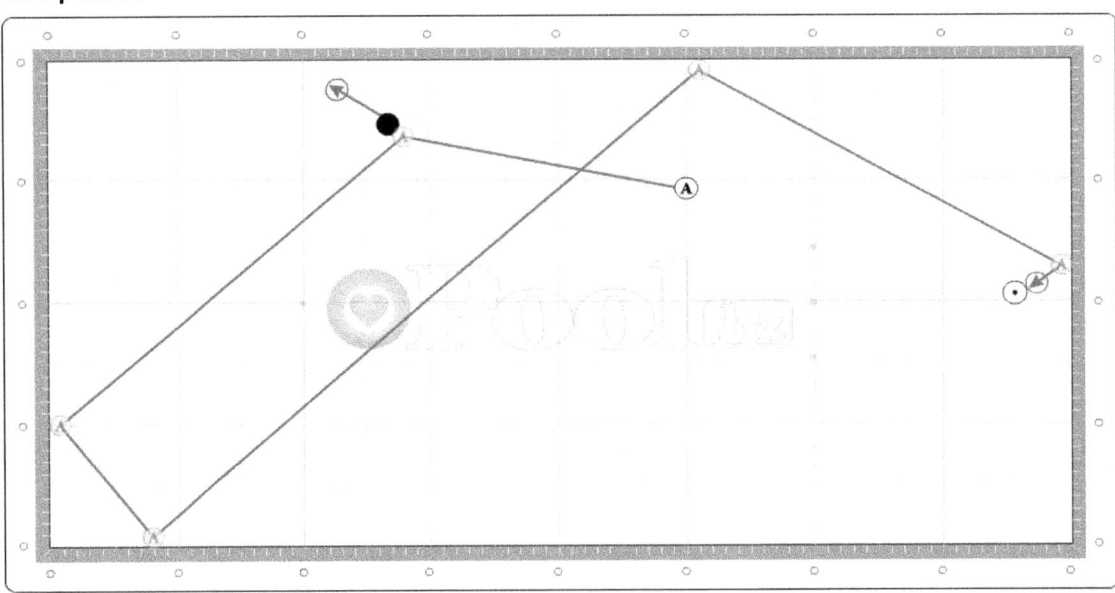

G:1d – Configuração

Notas e ideias:

Tiro padrão

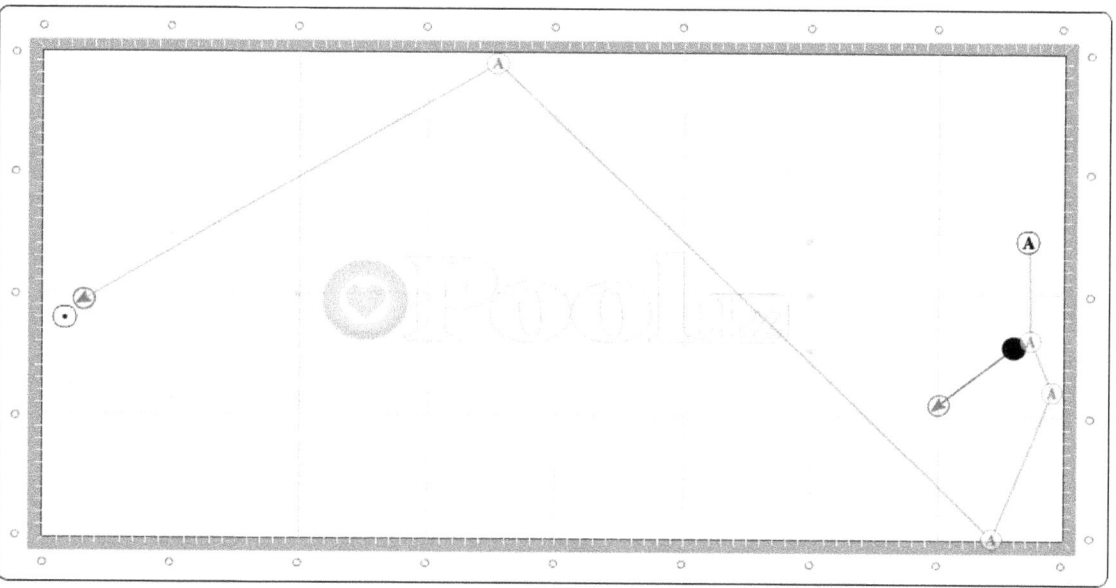

G: Grupo 2

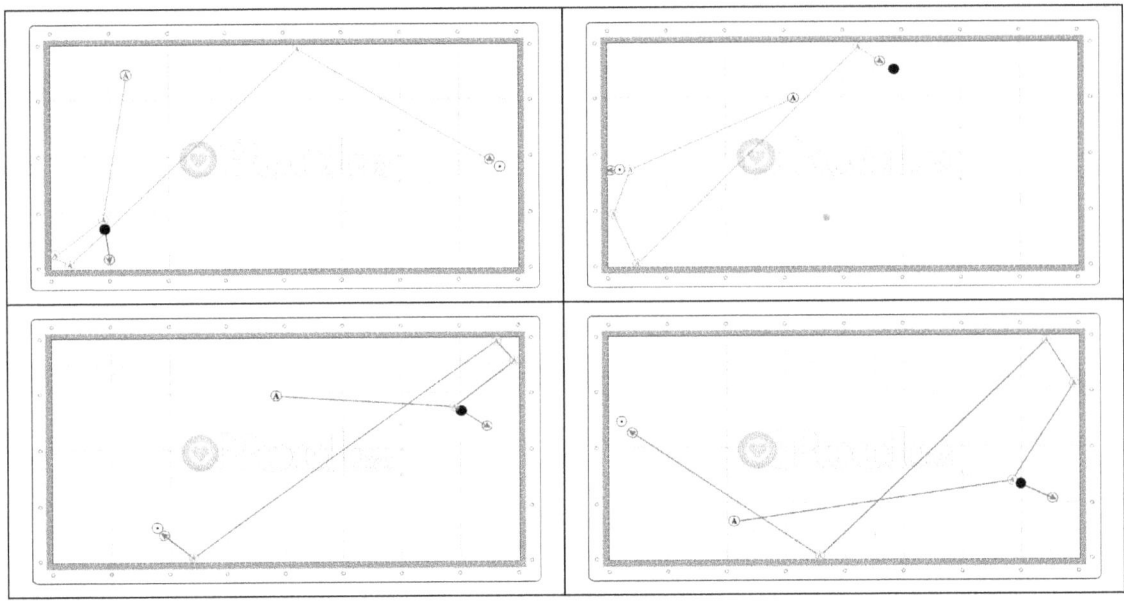

Análise:

G:2a. _____

G:2b. _____

G:2c. _____

G:2d. _____

G:2a – Configuração

Notas e ideias:

Tiro padrão

G:2b – Configuração

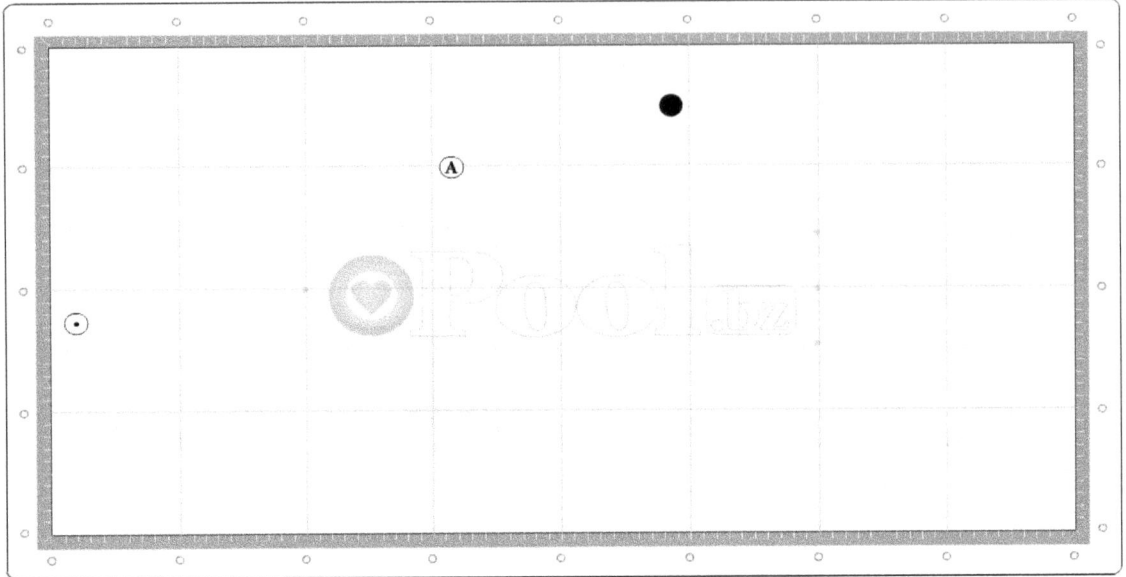

Notas e ideias:

Tiro padrão

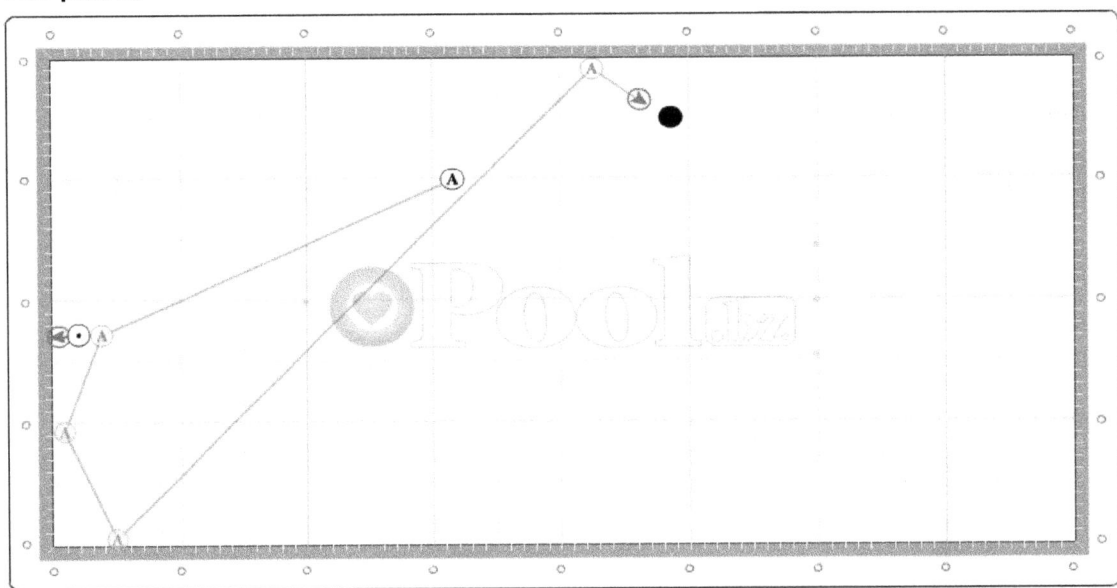

G:2c – Configuração

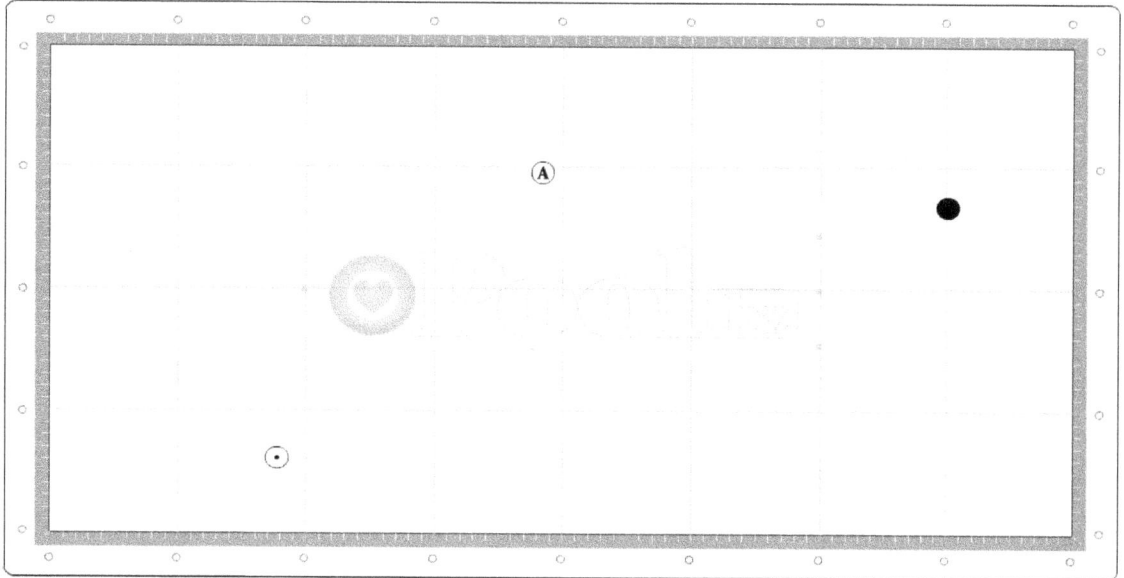

Notas e ideias:

Tiro padrão

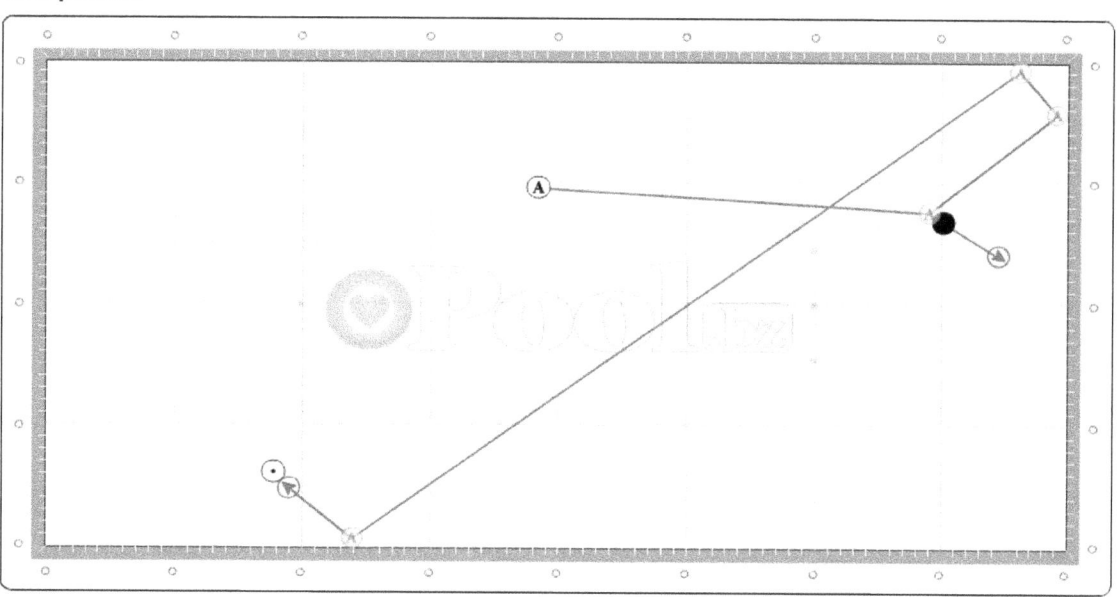

G:3d – Configuração

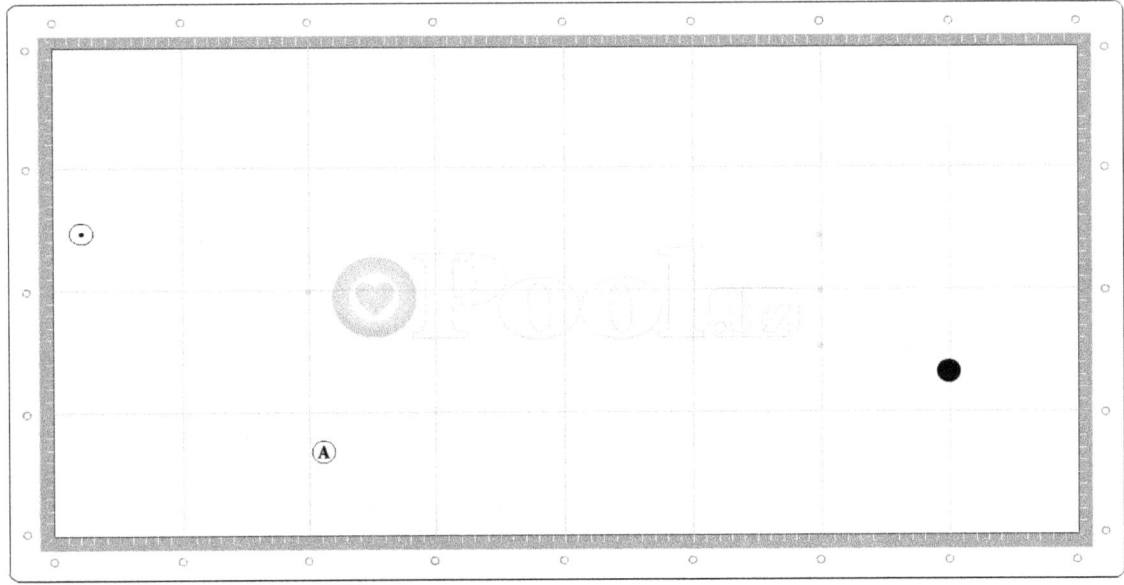

Notas e ideias:

Tiro padrão

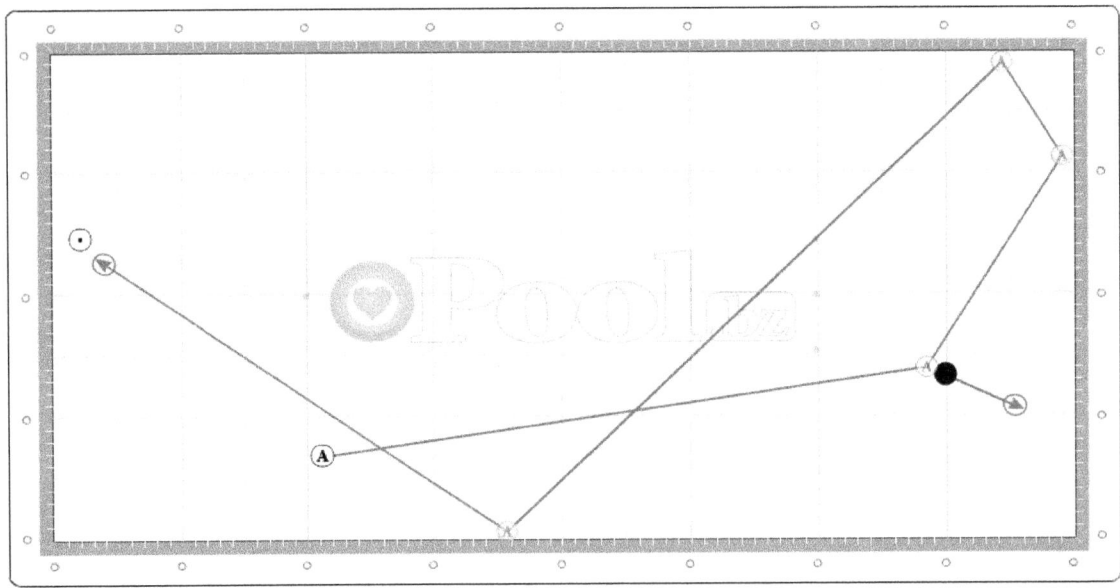

G: Grupo 3

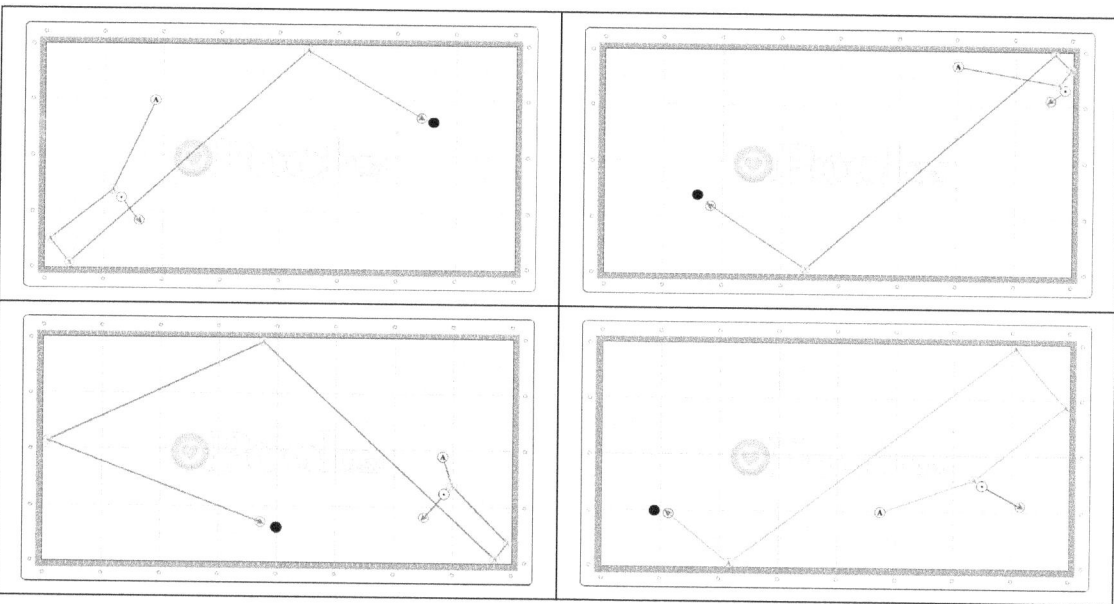

Análise:

G:3a. _____

G:3b. _____

G:3c. _____

G:3d. _____

G:3a – Configuração

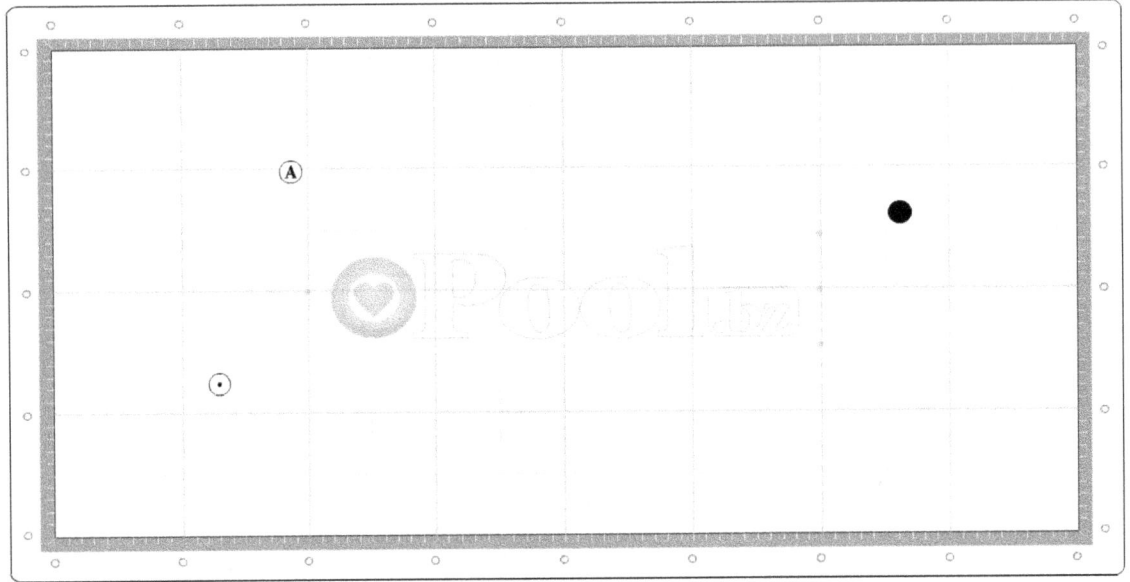

Notas e ideias:

Tiro padrão

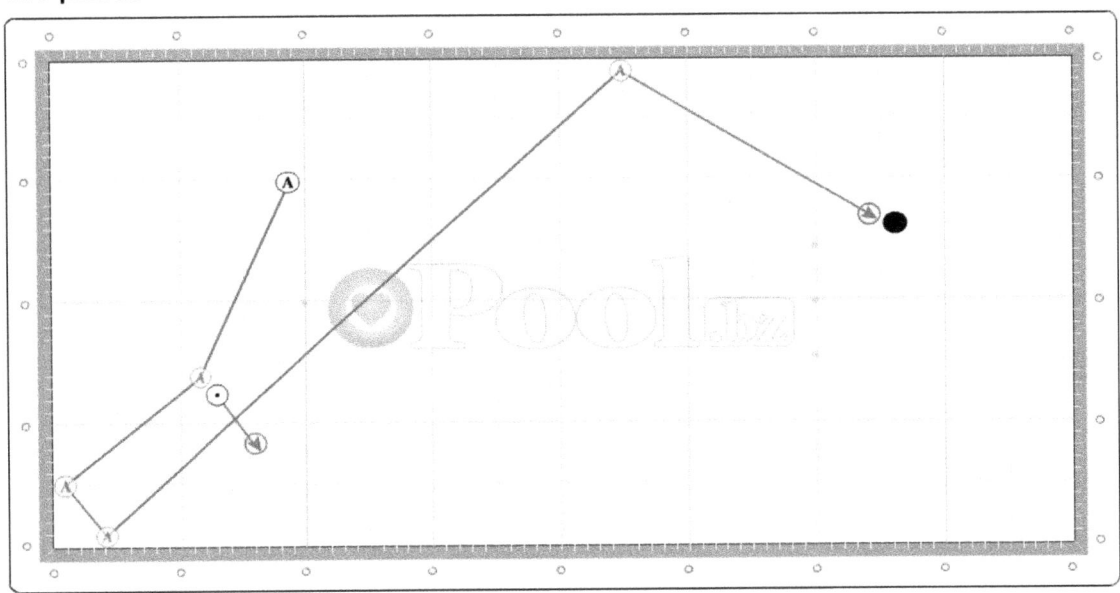

G:3b – Configuração

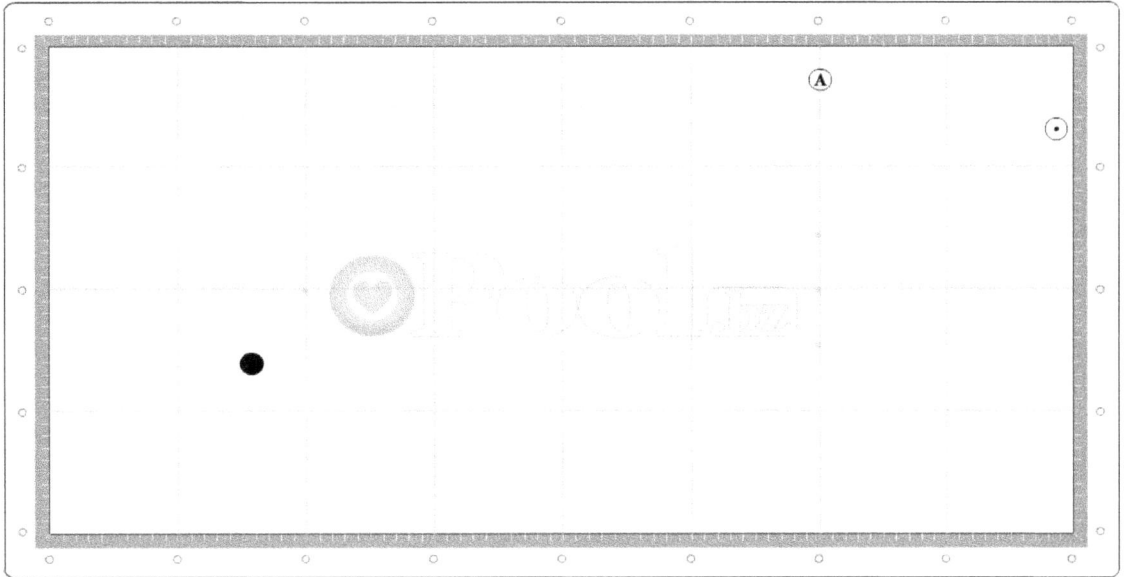

Notas e ideias:

Tiro padrão

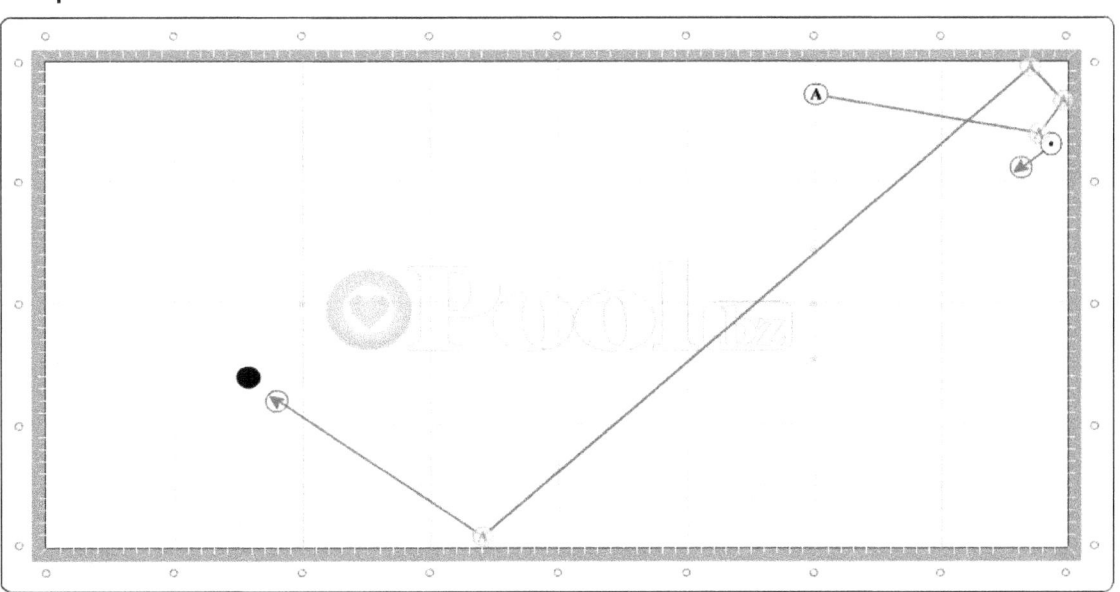

G:3c – Configuração

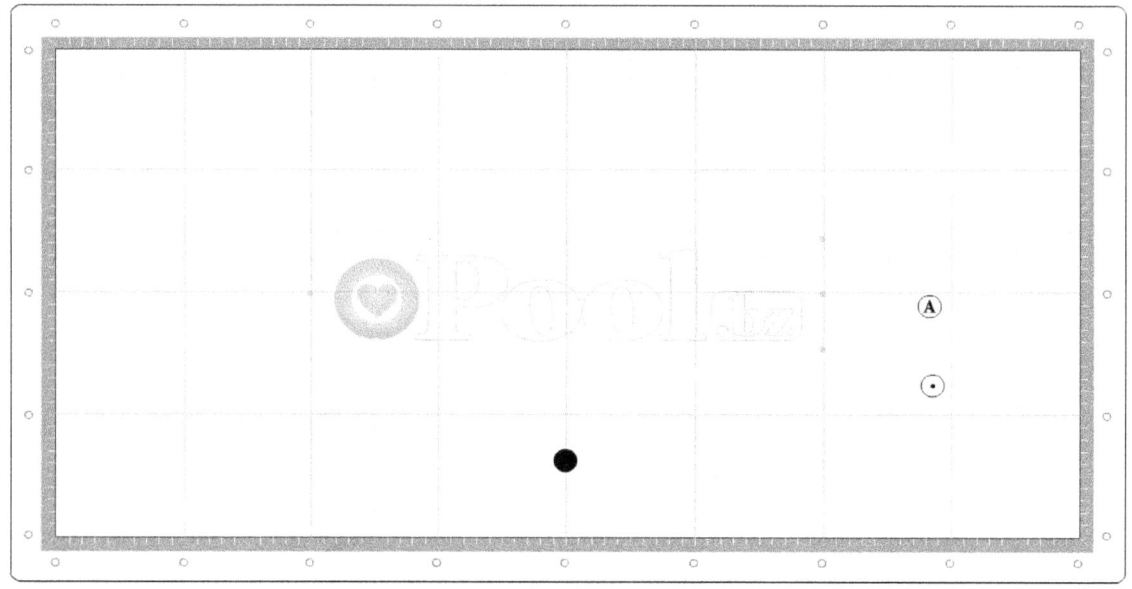

Notas e ideias:

Tiro padrão

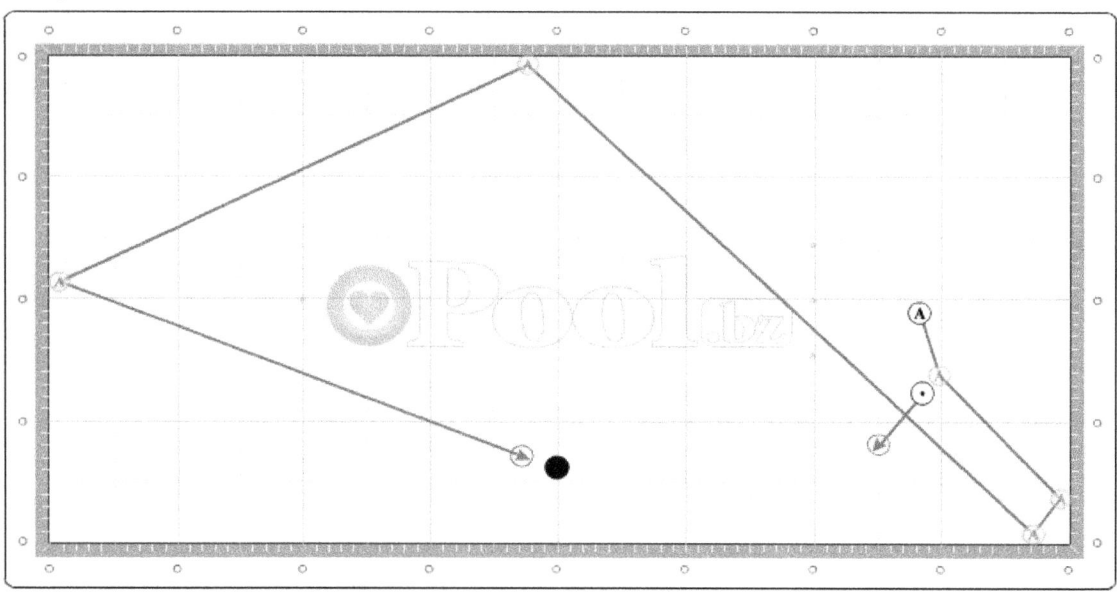

G:3d – Configuração

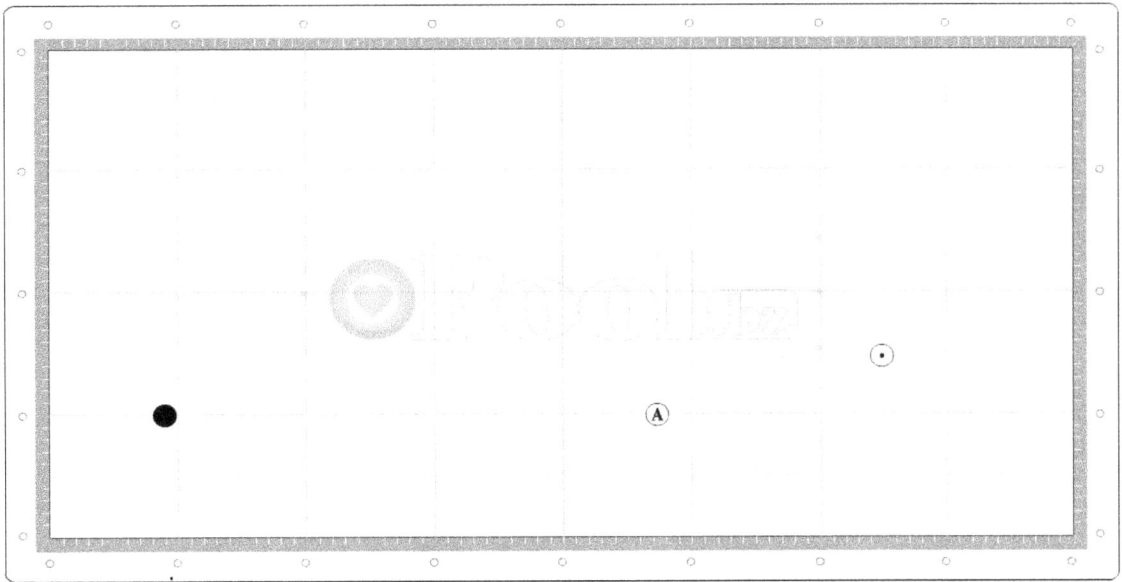

Notas e ideias:

Tiro padrão

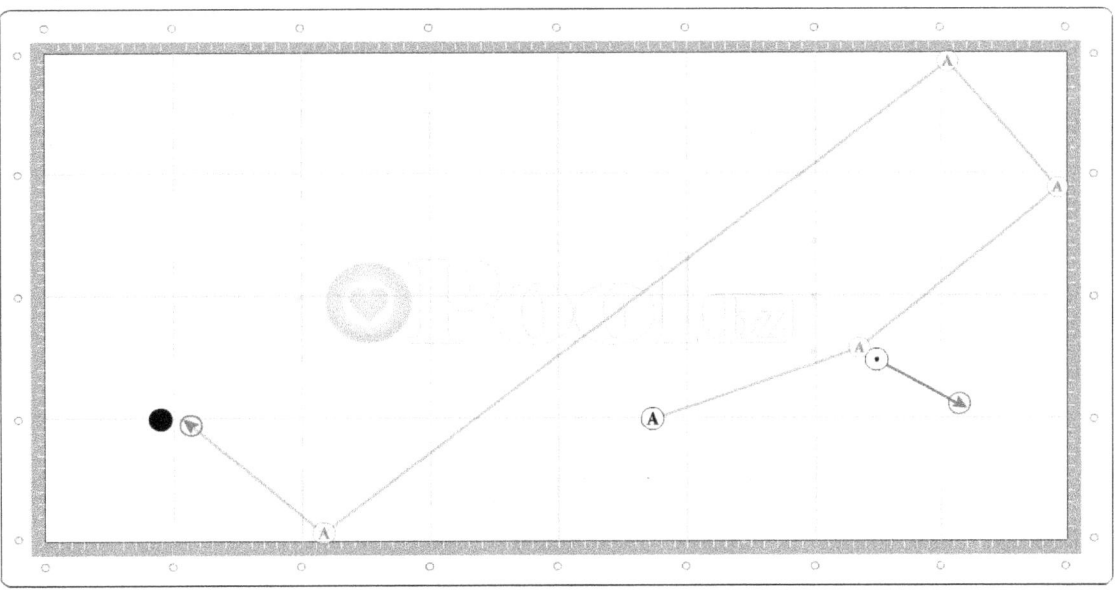

H: Gancho duplo básico

Nestes layouts, o (CB) sai do primeiro (OB) para o canto - tabelas longa primeiro e sobe a colina até o meio da tabelas longa. No lado do morro abaixo, o (CB) entra e sai do canto oposto - uma situação de cinco tabelas de bilhar.

Ⓐ (CB) (sua bola de bilhar) - ⊙ (OB) (bola de bilhar oponente) - ● (RB) (bola de bilhar vermelha)

H: Grupo 1

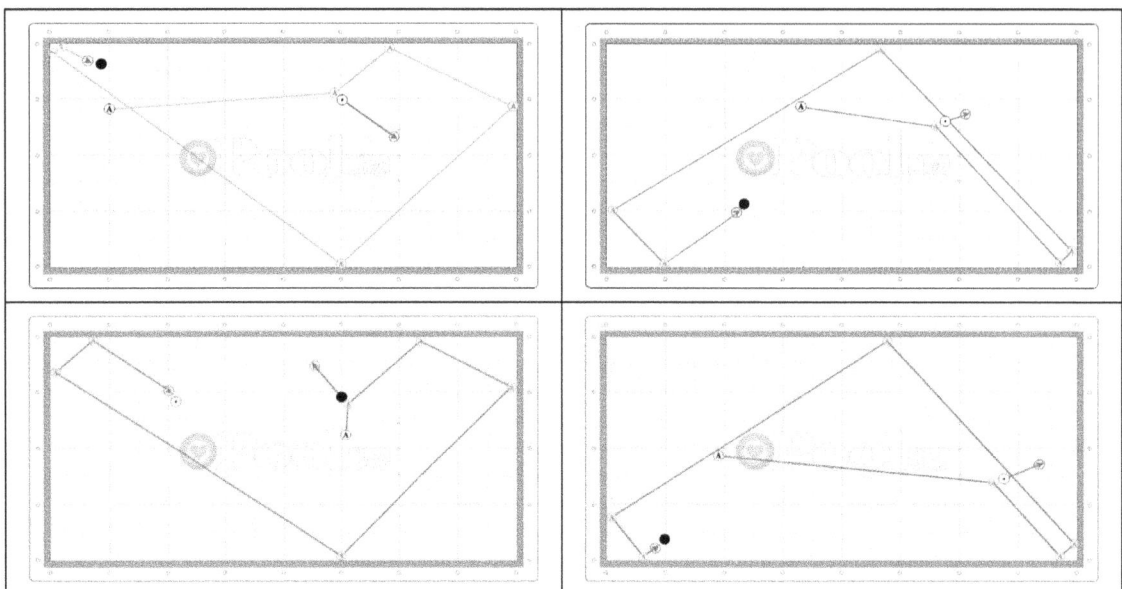

Análise:

H:1a. _____

H:1b. _____

H:1c. _____

H:1d. _____

H:1a – Configuração

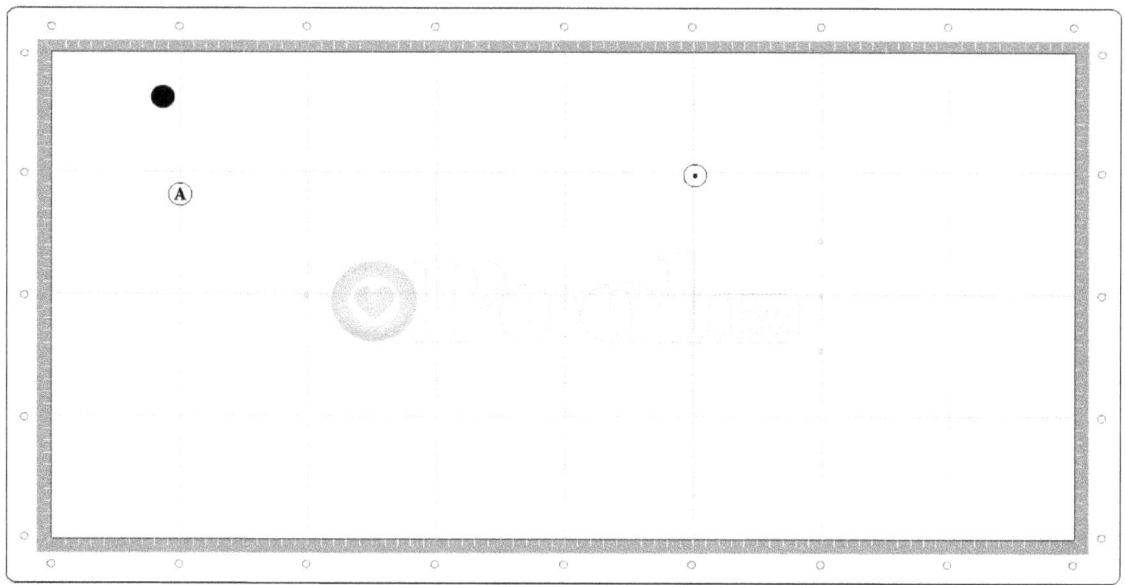

Notas e ideias:

Tiro padrão

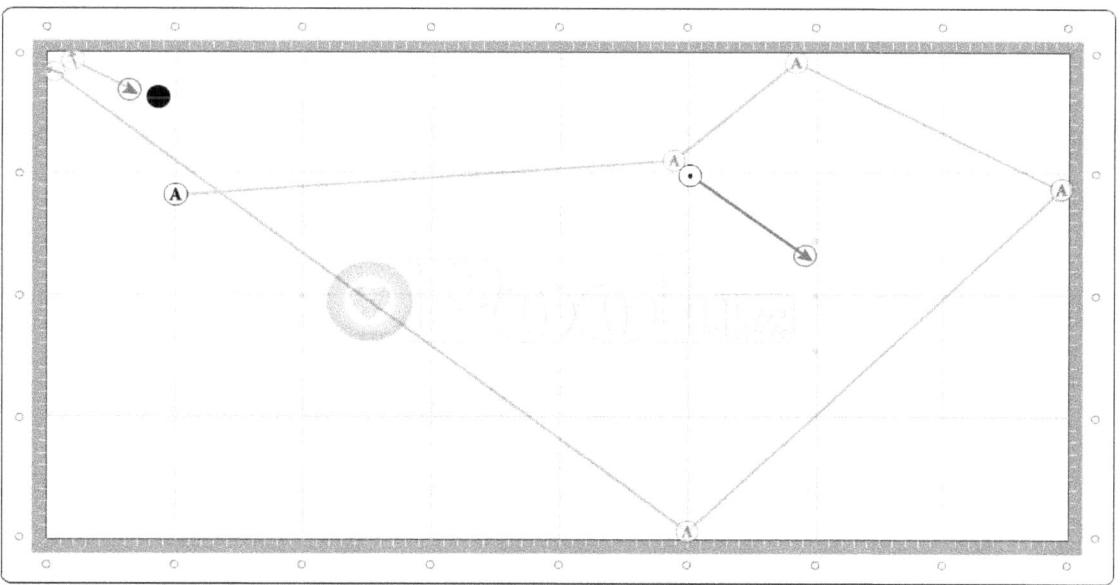

H:1b – Configuração

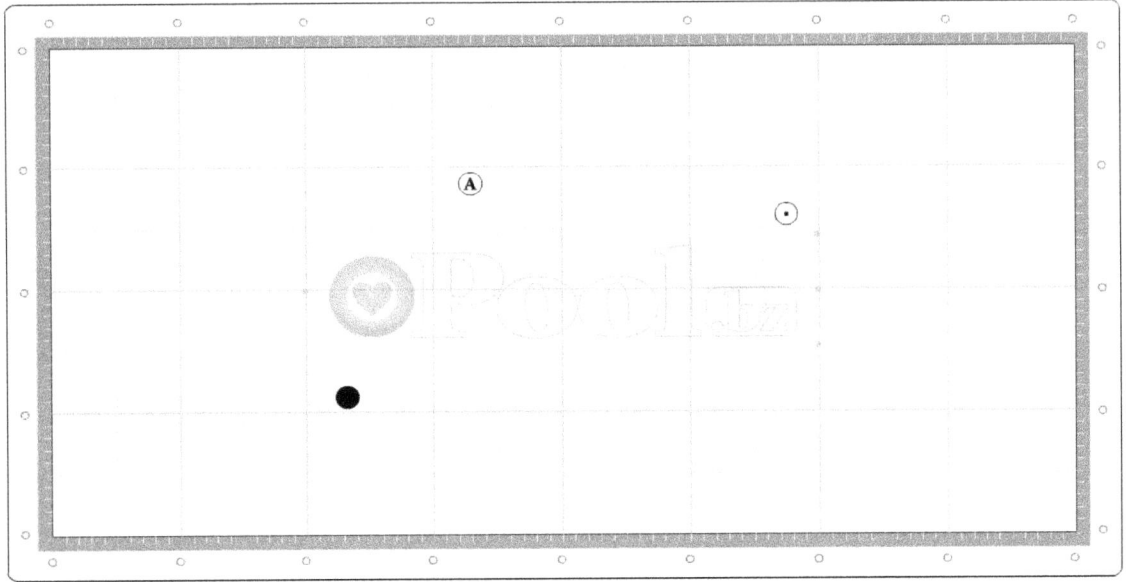

Notas e ideias:

Tiro padrão

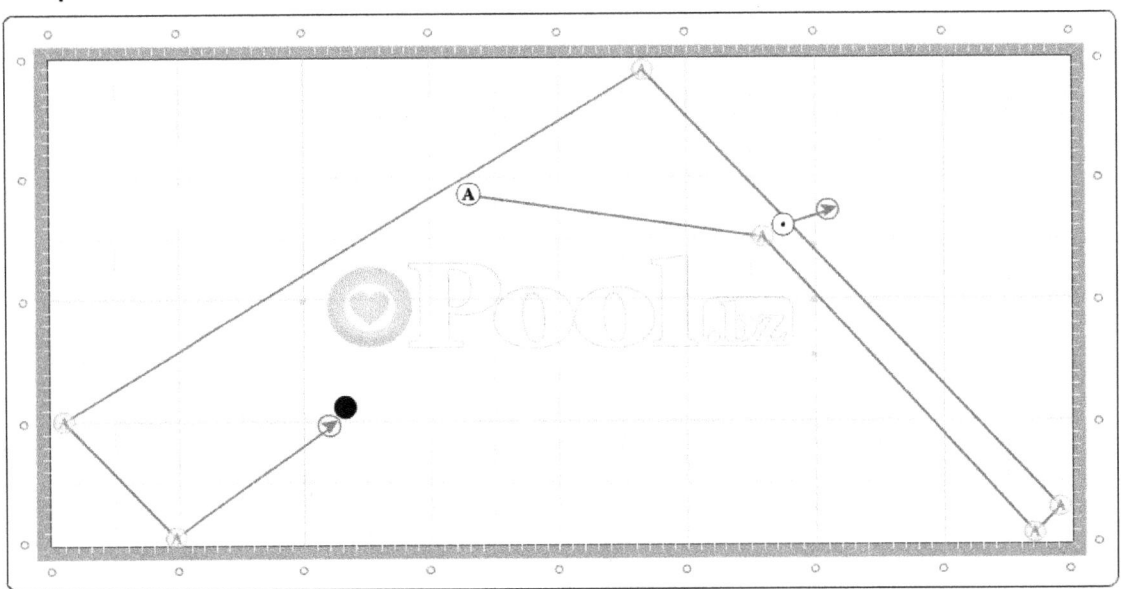

H:1c – Configuração

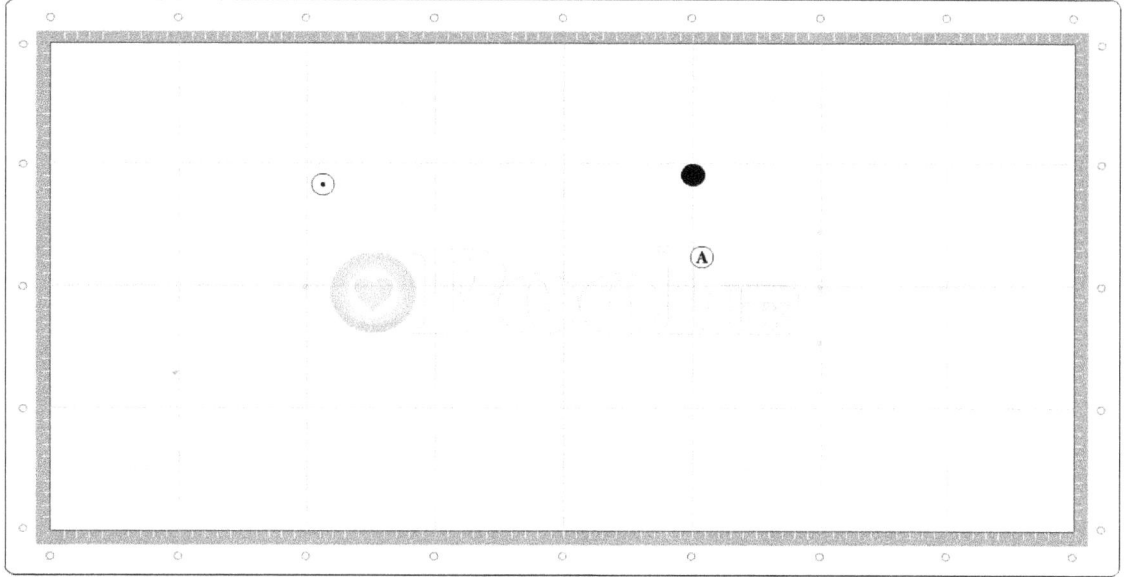

Notas e ideias:

Tiro padrão

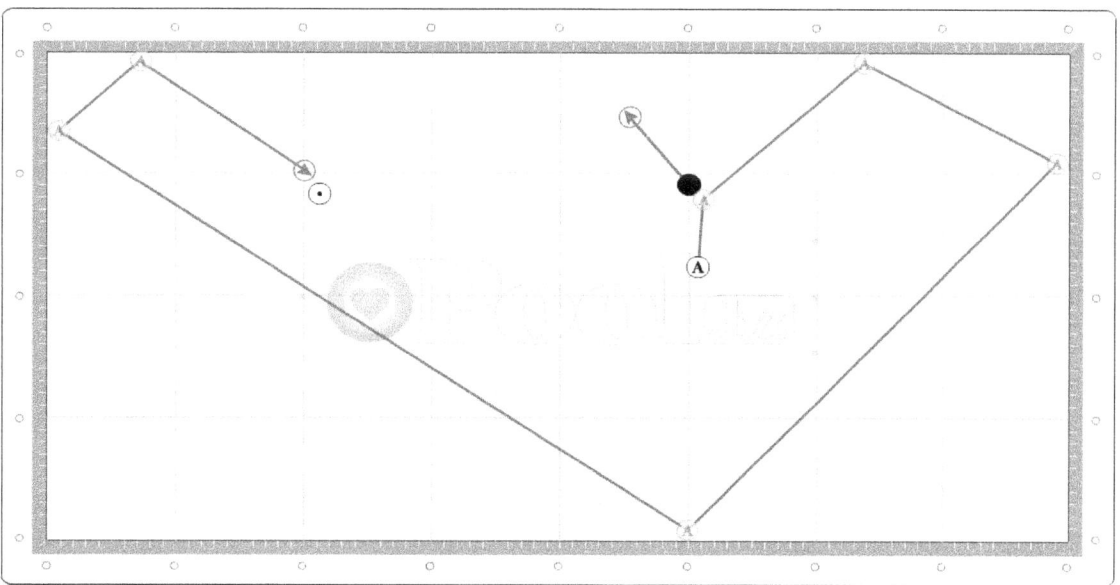

H:1d – Configuração

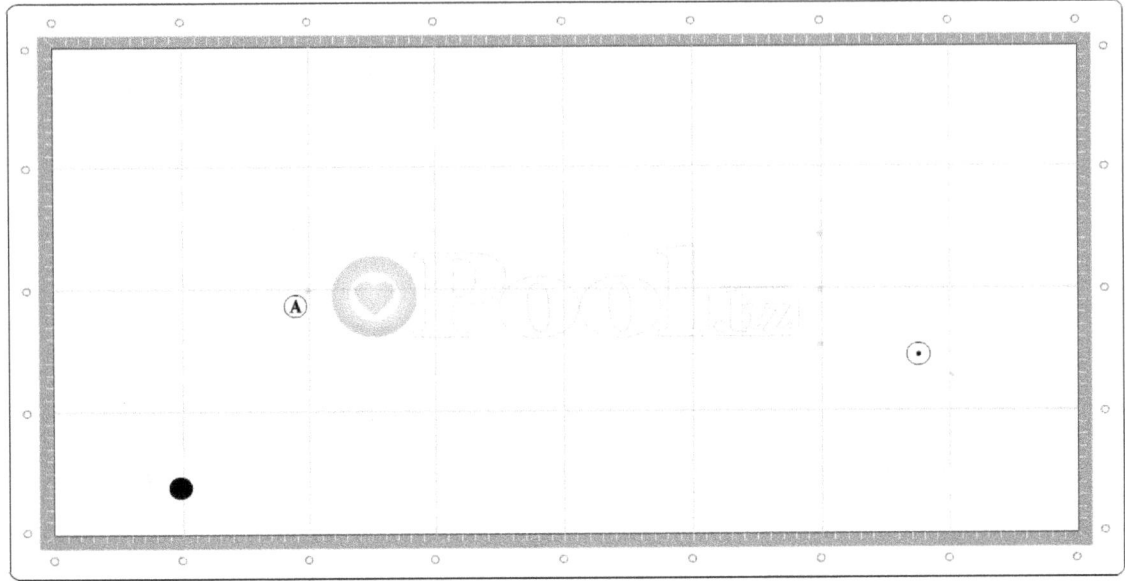

Notas e ideias:

Tiro padrão

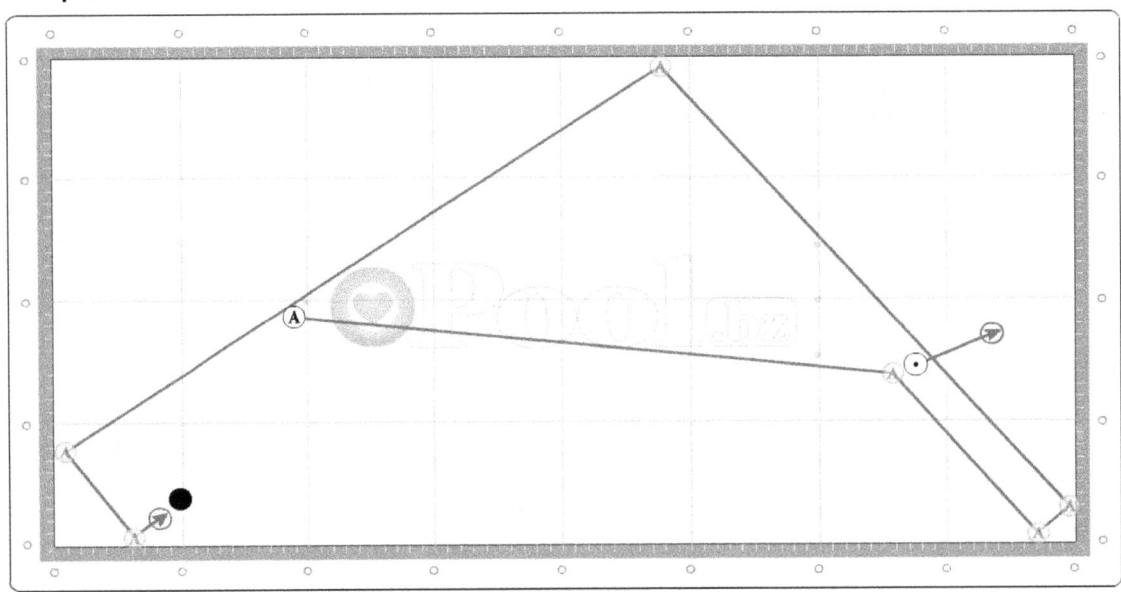

H: Grupo 2

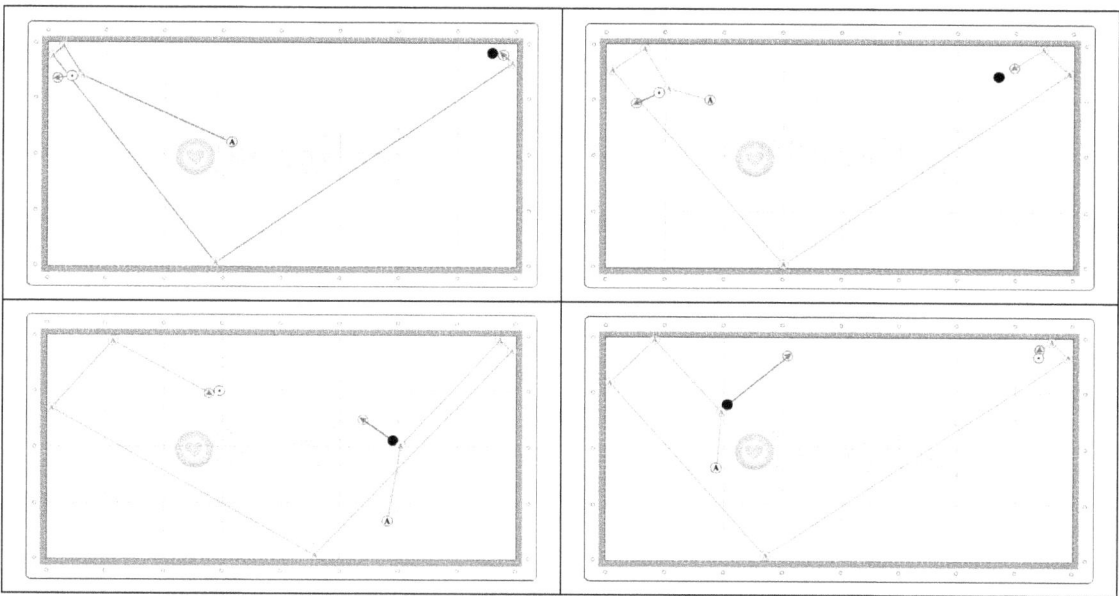

Análise:

H:2a. _____

H:2b. _____

H:2c. _____

H:2d. _____

H:2a – Configuração

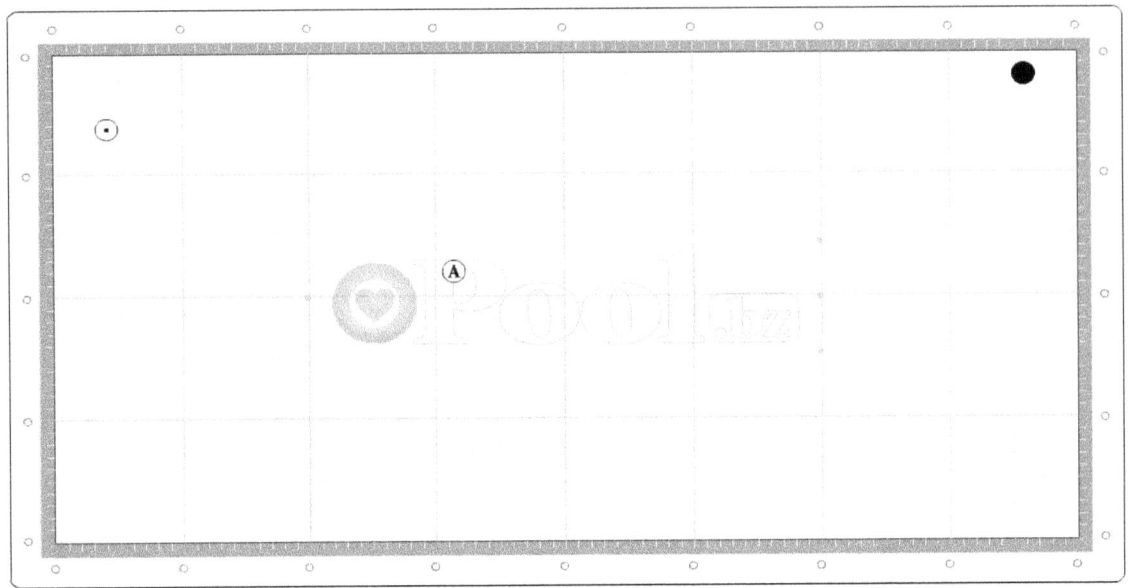

Notas e ideias:

Tiro padrão

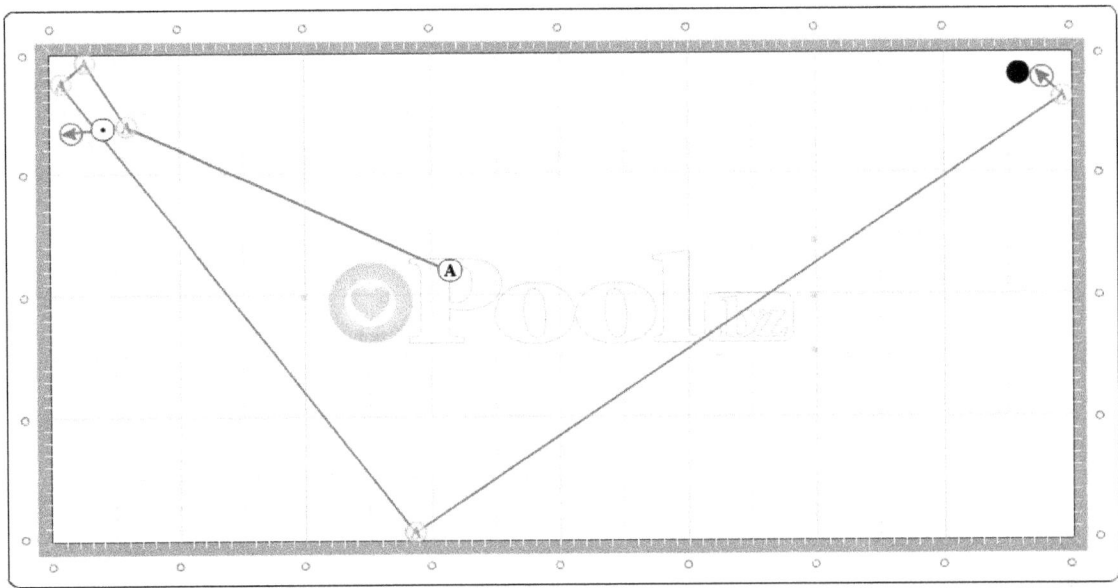

H:2b – Configuração

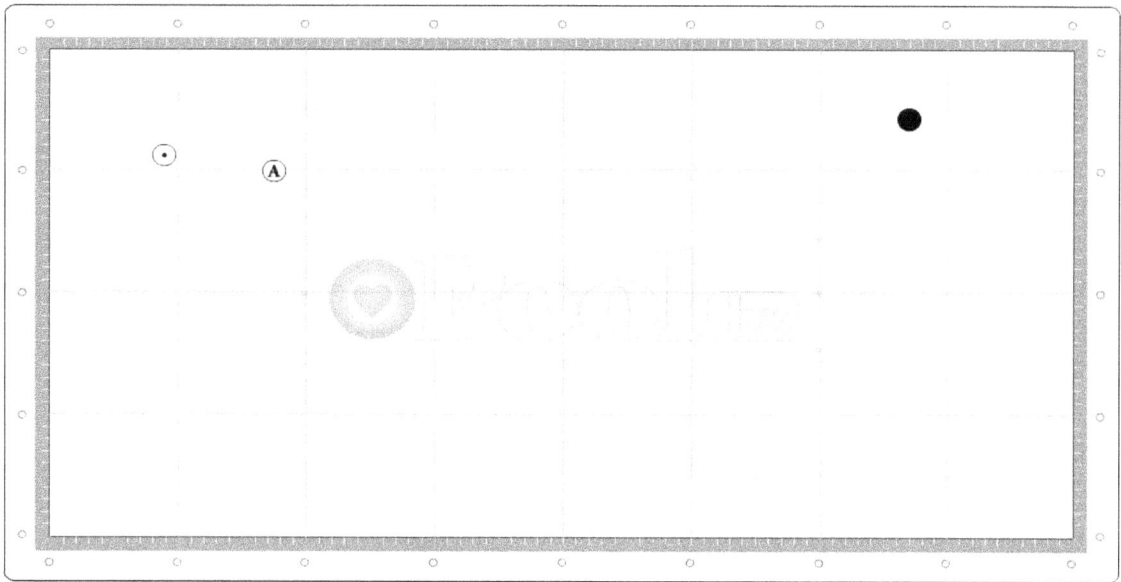

Notas e ideias:

Tiro padrão

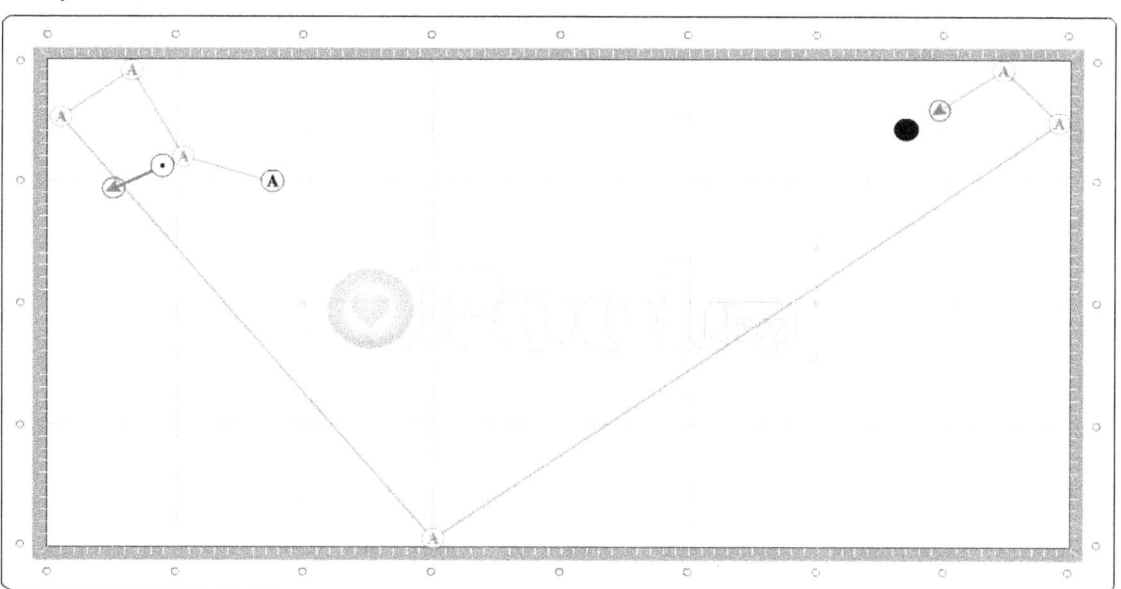

H:2c – Configuração

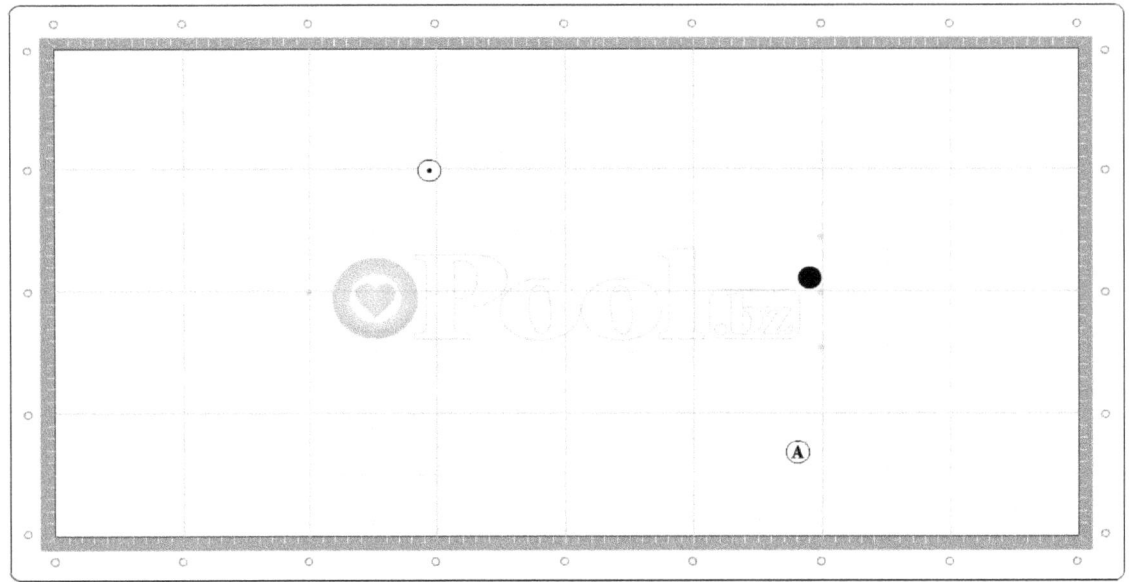

Notas e ideias:

Tiro padrão

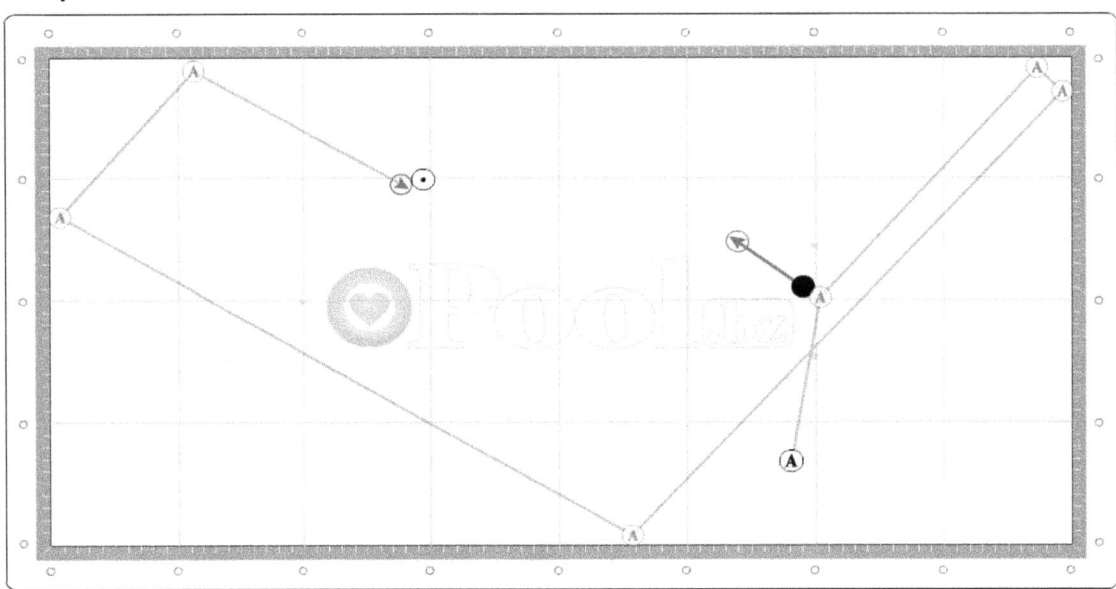

H:2d – Configuração

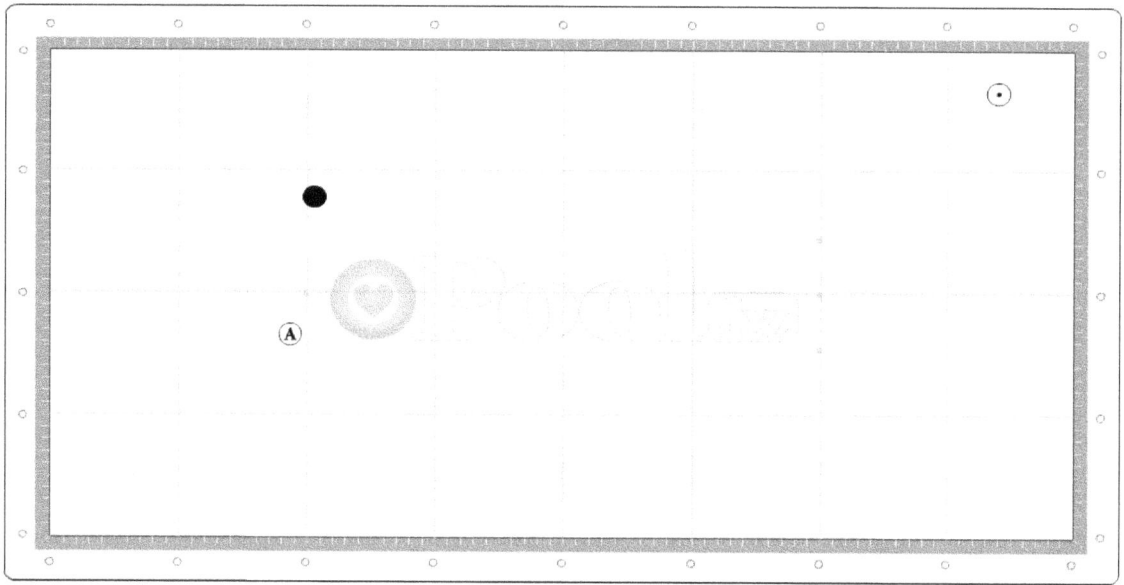

Notas e ideias:

Tiro padrão

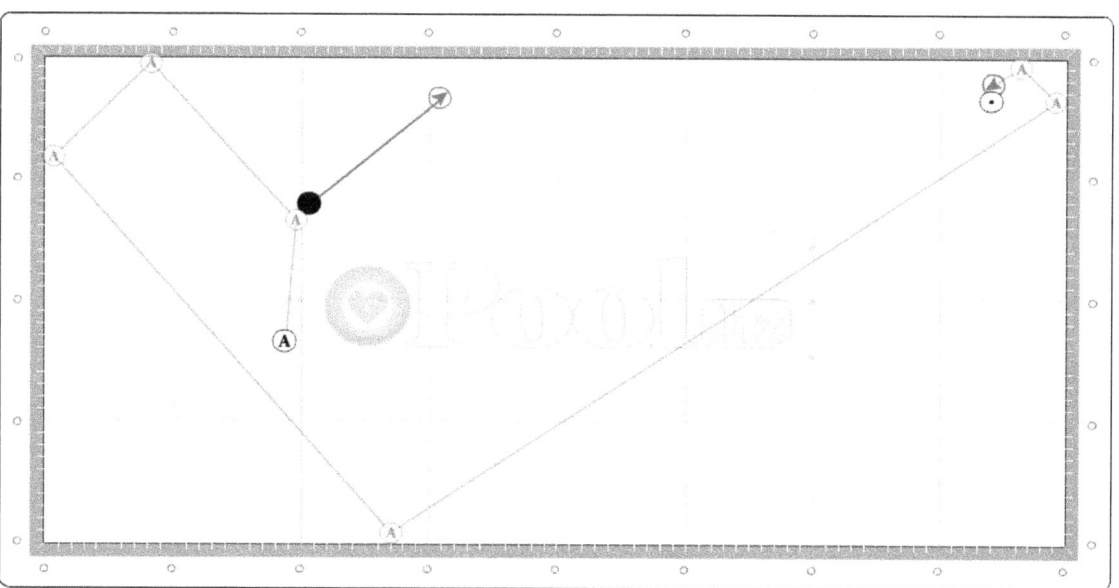

H: Grupo 3

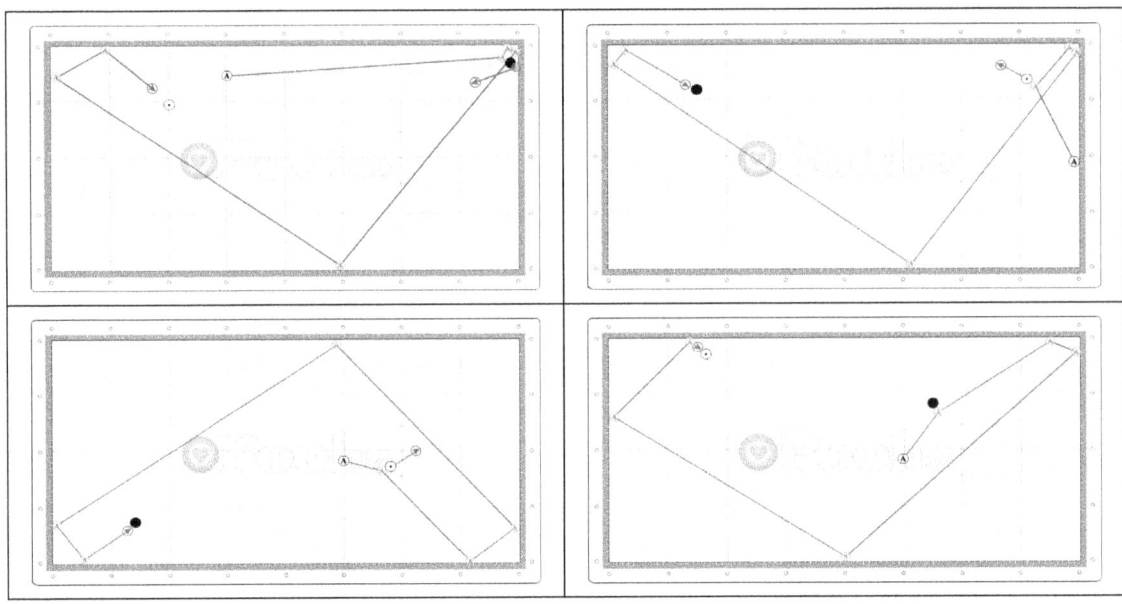

Análise:

H:3a. _____

H:3b. _____

H:3c. _____

H:3d. _____

H:3a – Configuração

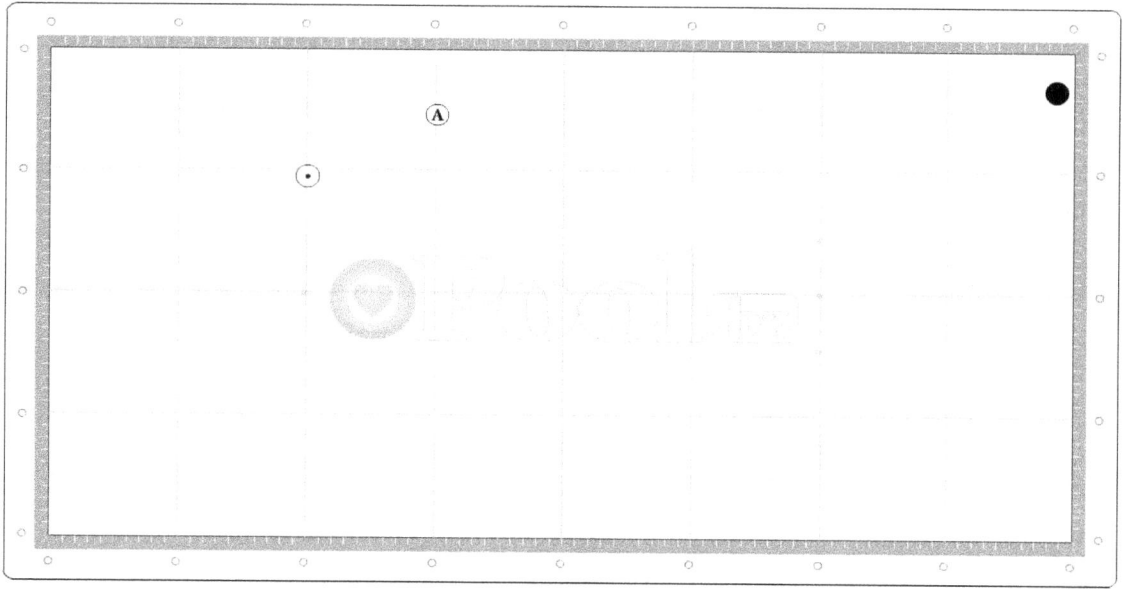

Notas e ideias:

Tiro padrão

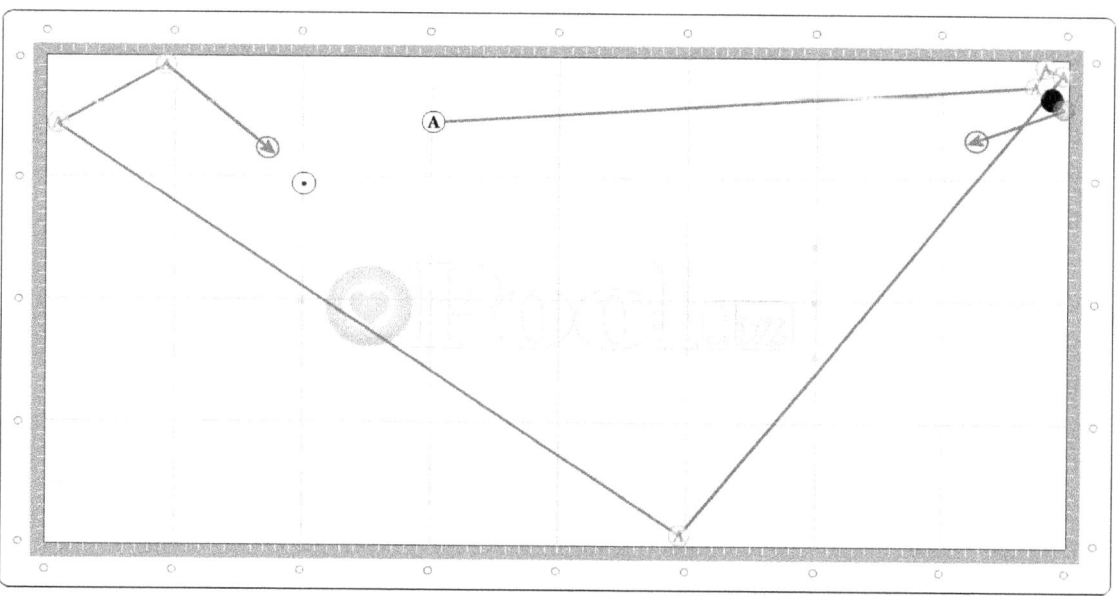

H:3b – Configuração

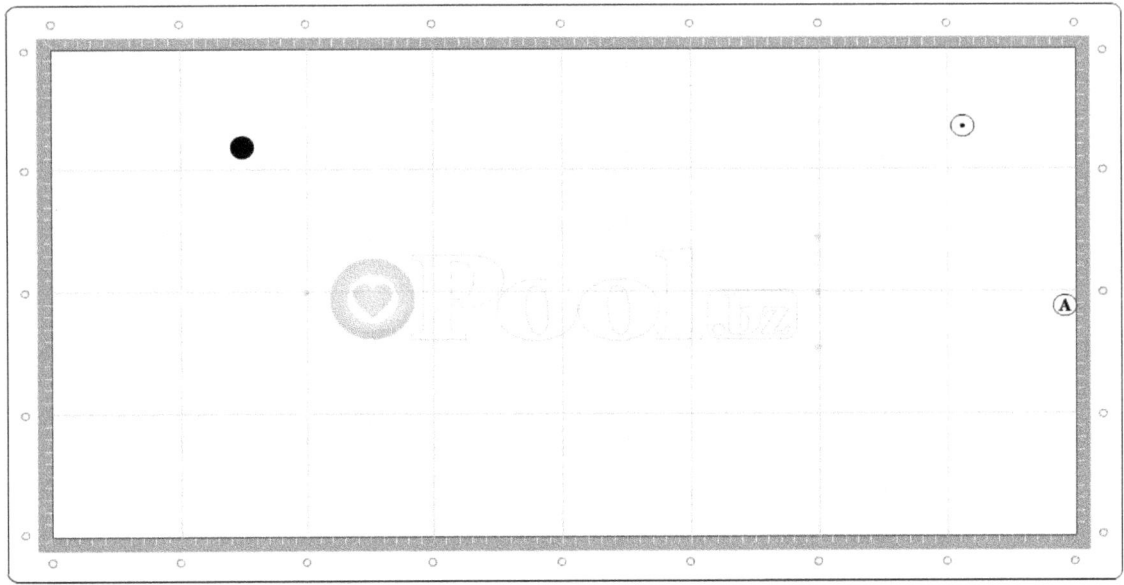

Notas e ideias:

Tiro padrão

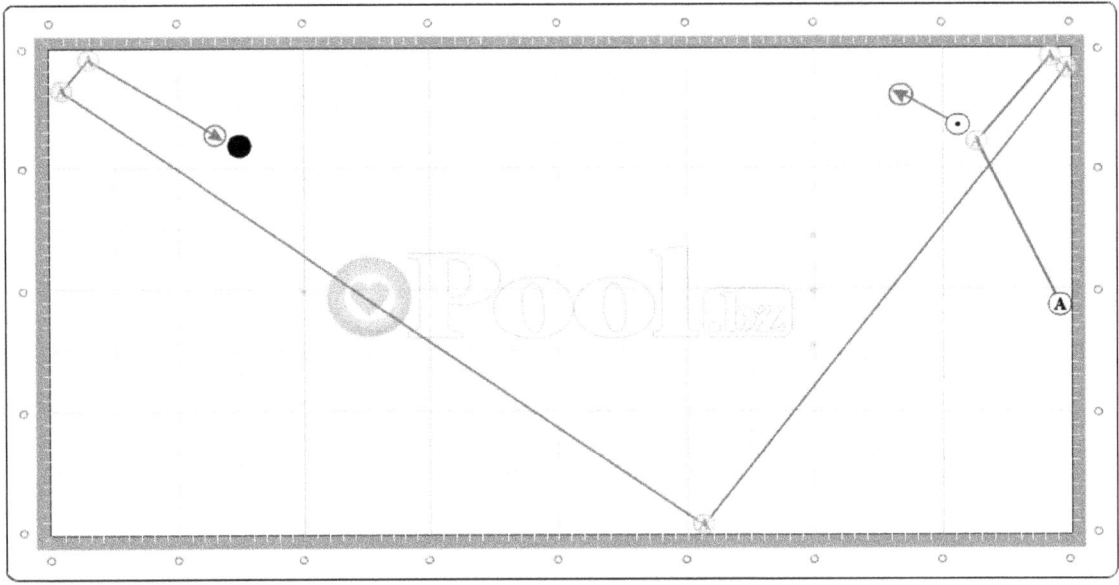

H:3c – Configuração

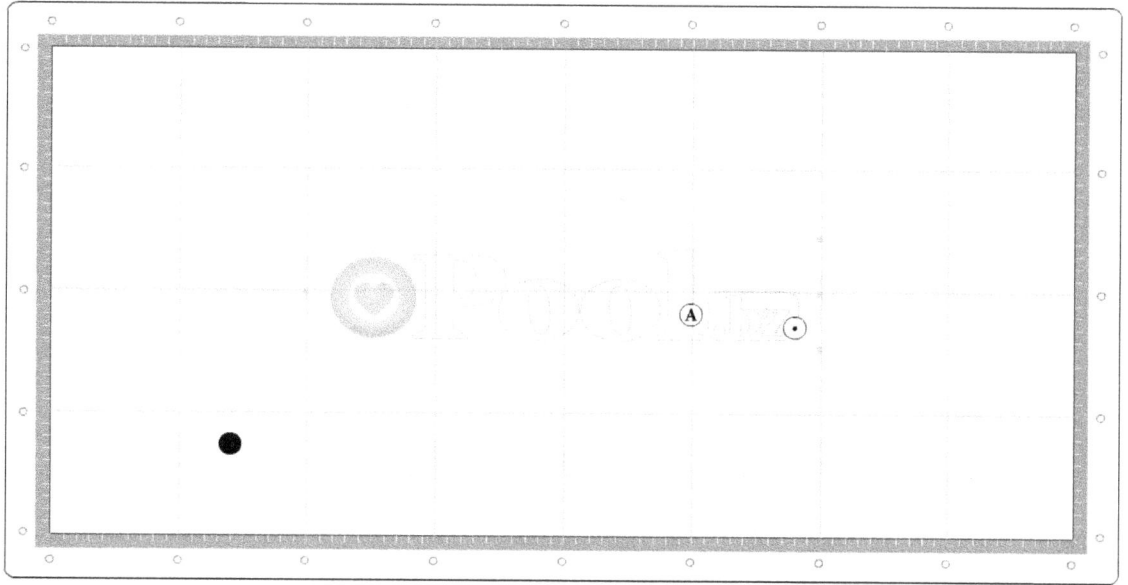

Notas e ideias:

Tiro padrão

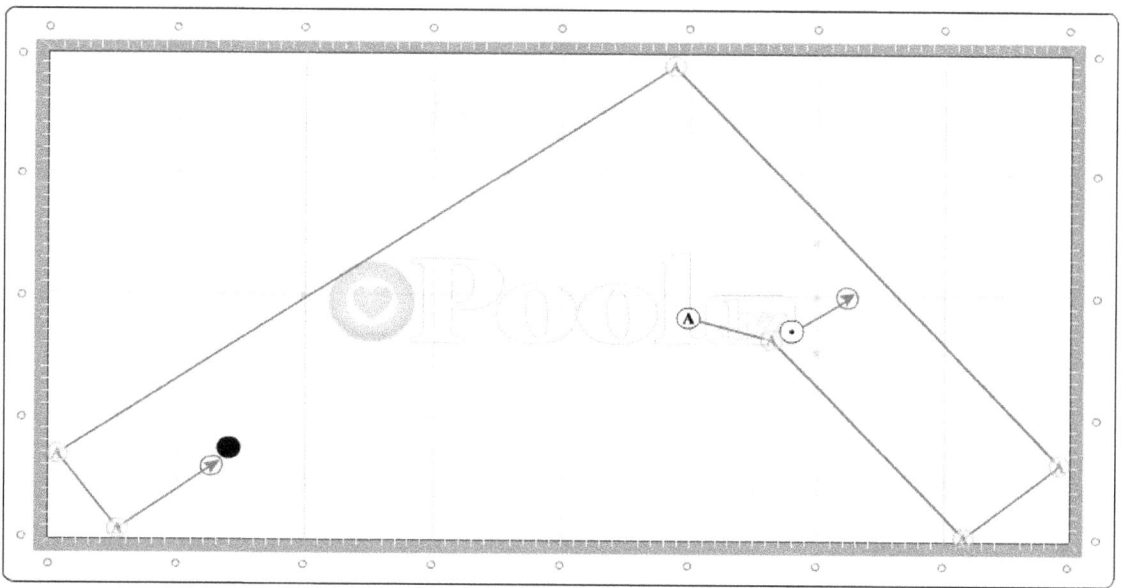

H:3d – Configuração

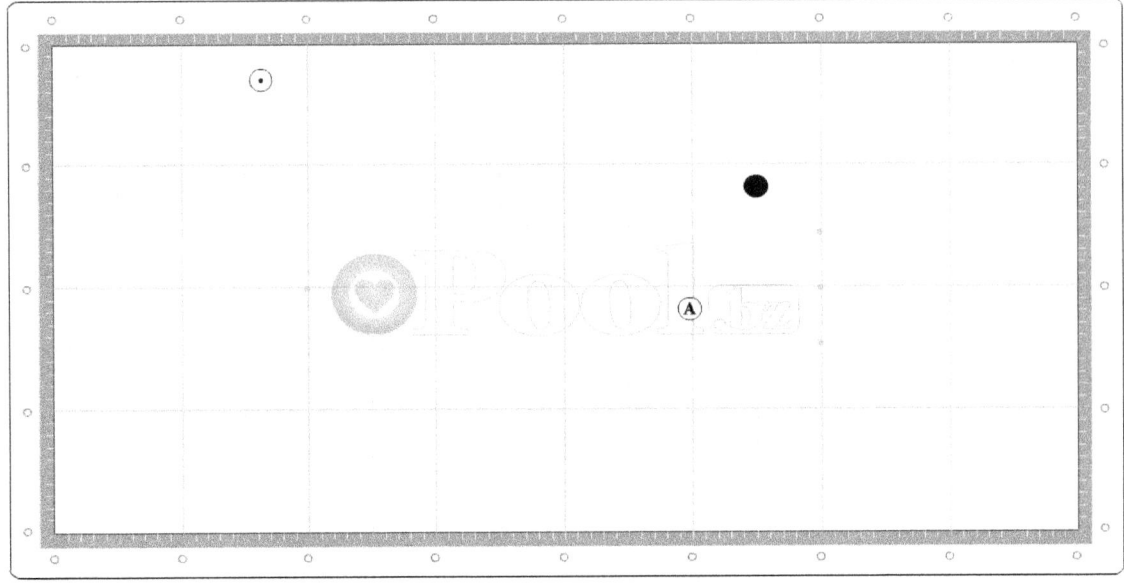

Notas e ideias:

Tiro padrão

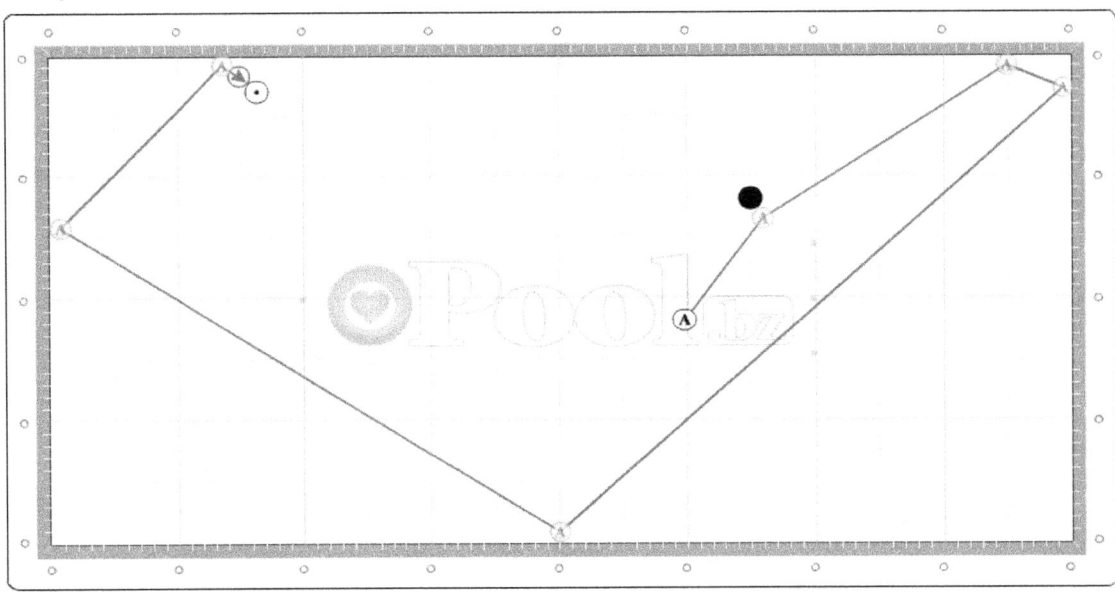

I: Gancho duplo (estendido)

Nestes layouts, o (CB) sai do primeiro (OB) para o canto - tabelas longa primeiro. O (CB) sobe a colina até o meio da tabelas longa oposta. No lado inferior da colina, o (CB) entra e sai do canto oposto para entrar em contato com o outro (OB).

Ⓐ (CB) (sua bola de bilhar) - ⊙ (OB) (bola de bilhar oponente) - ● (RB) (bola de bilhar vermelha)

I: Grupo 1

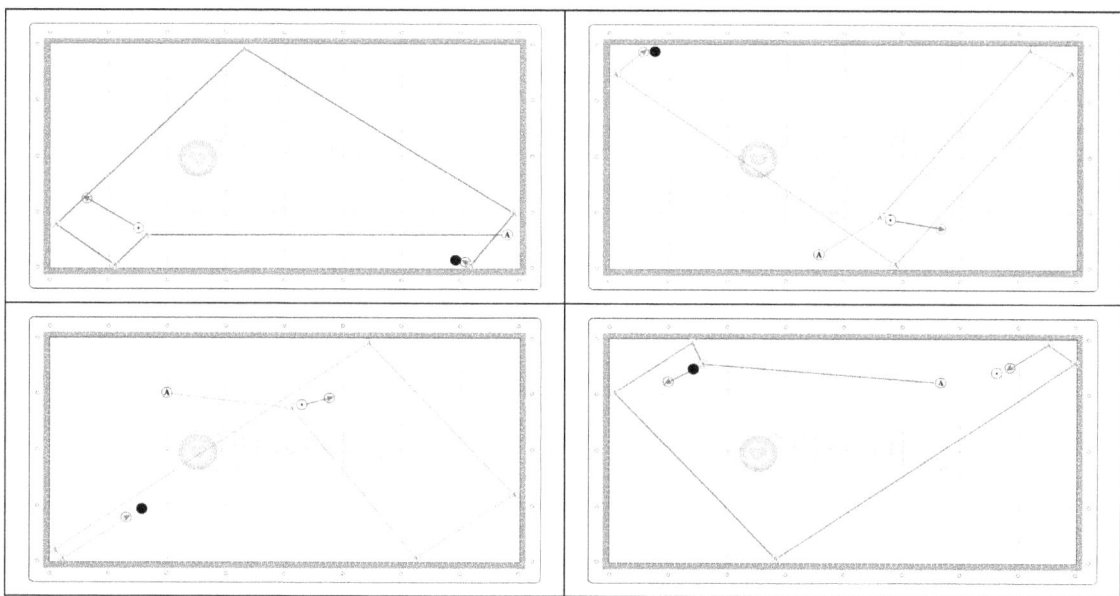

Análise:

I:1a. _____

I:1b. _____

I:1c. _____

I:1d. _____

I:1a – Configuração

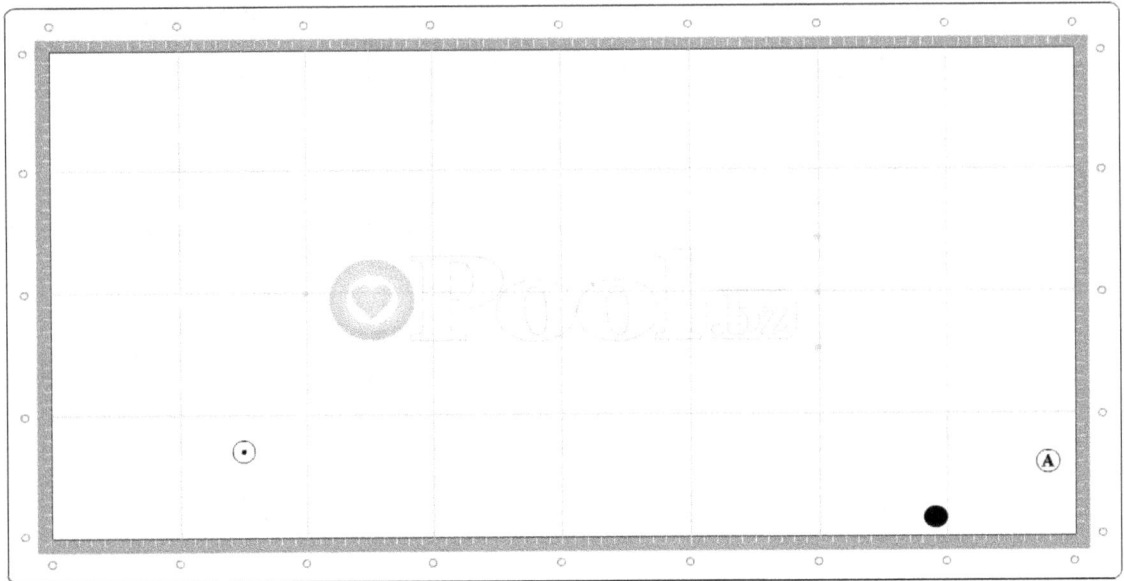

Notas e ideias:

Tiro padrão

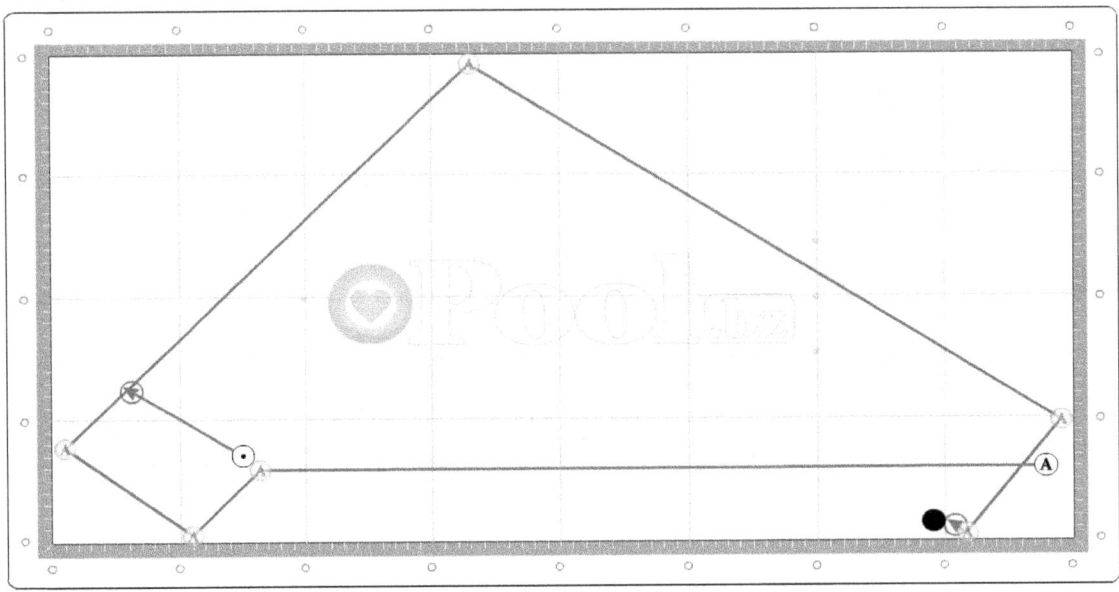

I:1b – Configuração

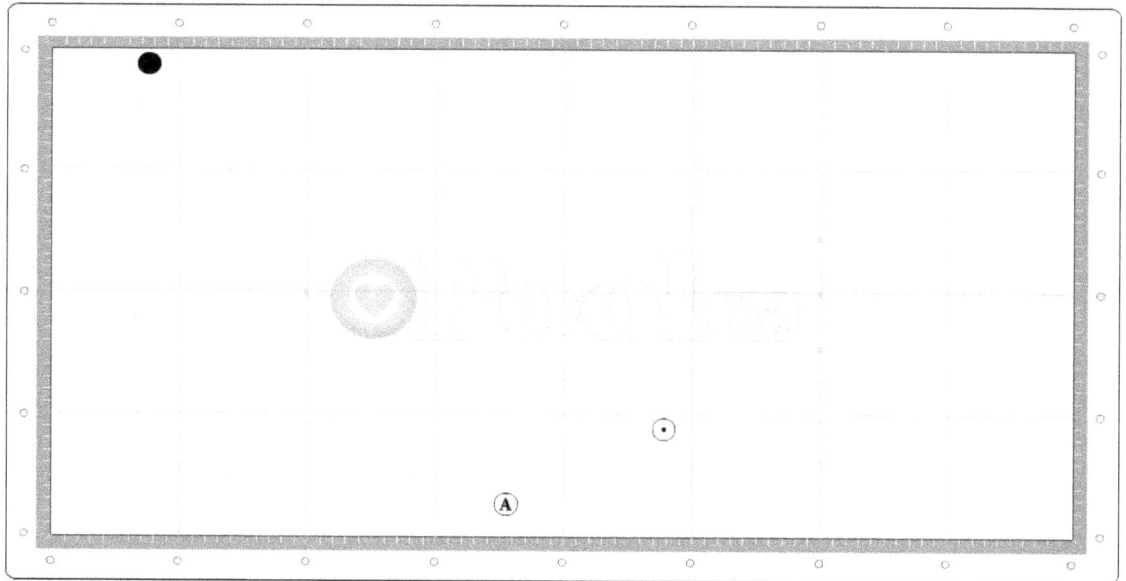

Notas e ideias:

Tiro padrão

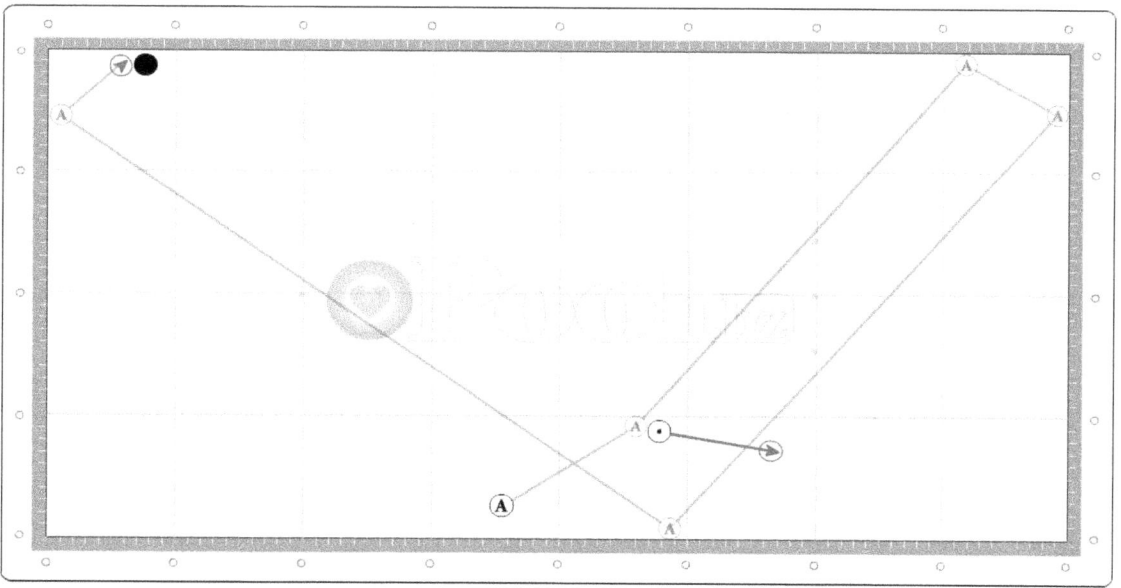

I:1c – Configuração

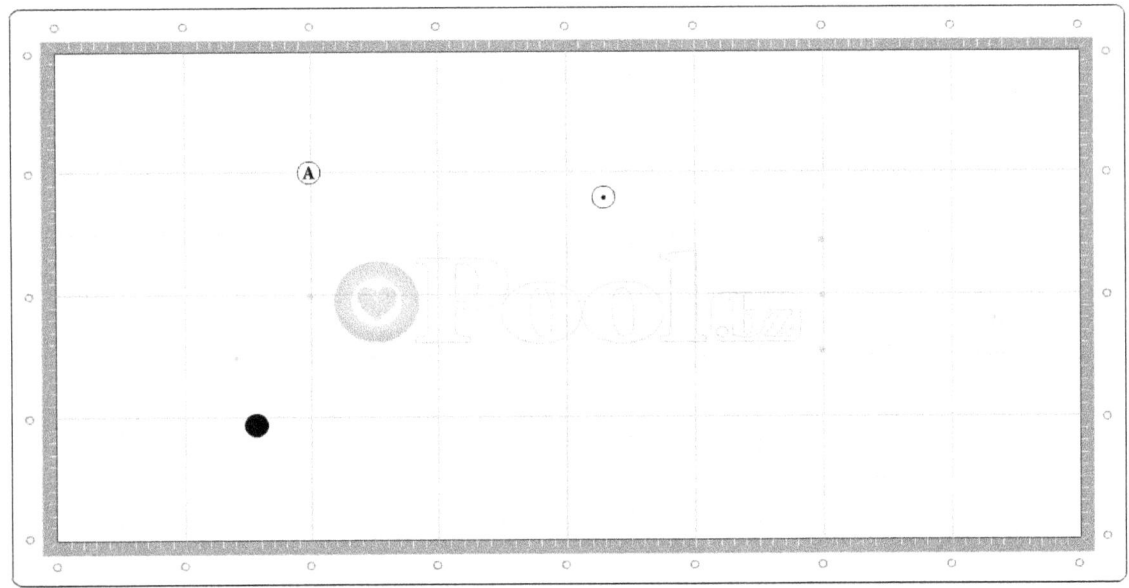

Notas e ideias:

Tiro padrão

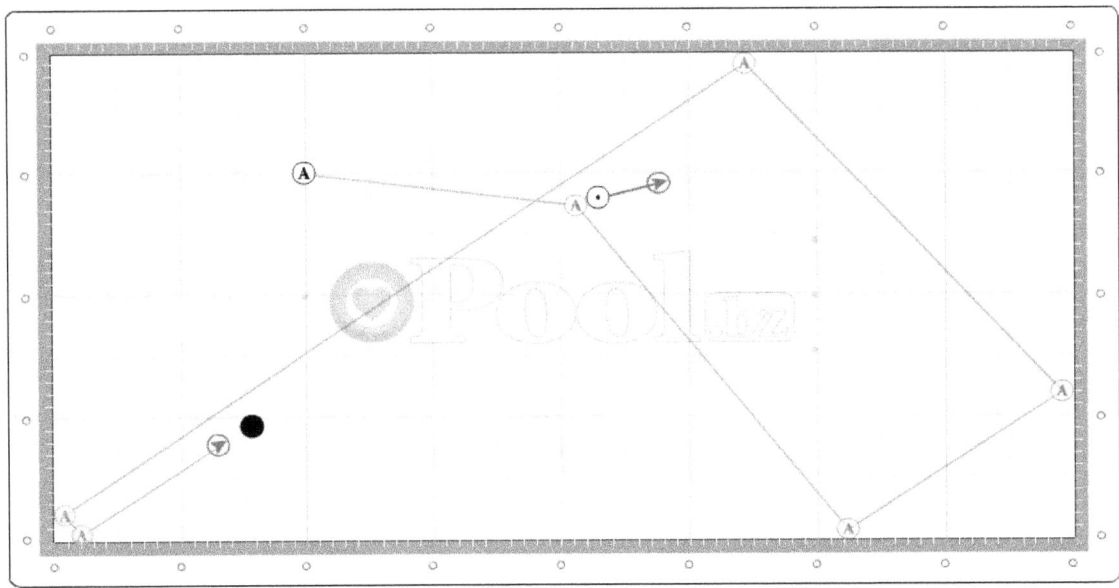

I:1d – Configuração

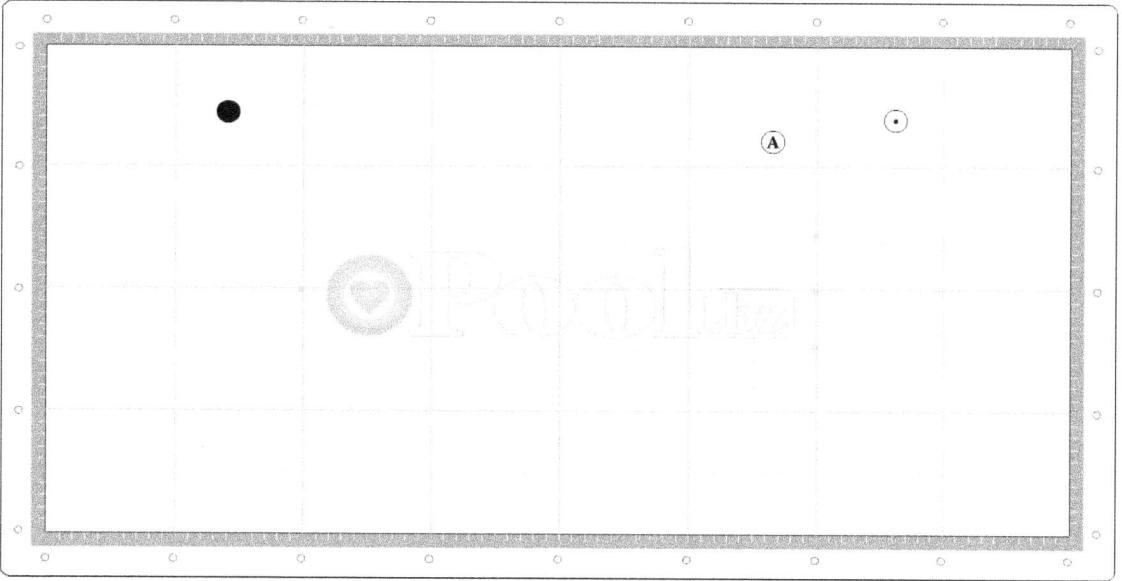

Notas e ideias:

Tiro padrão

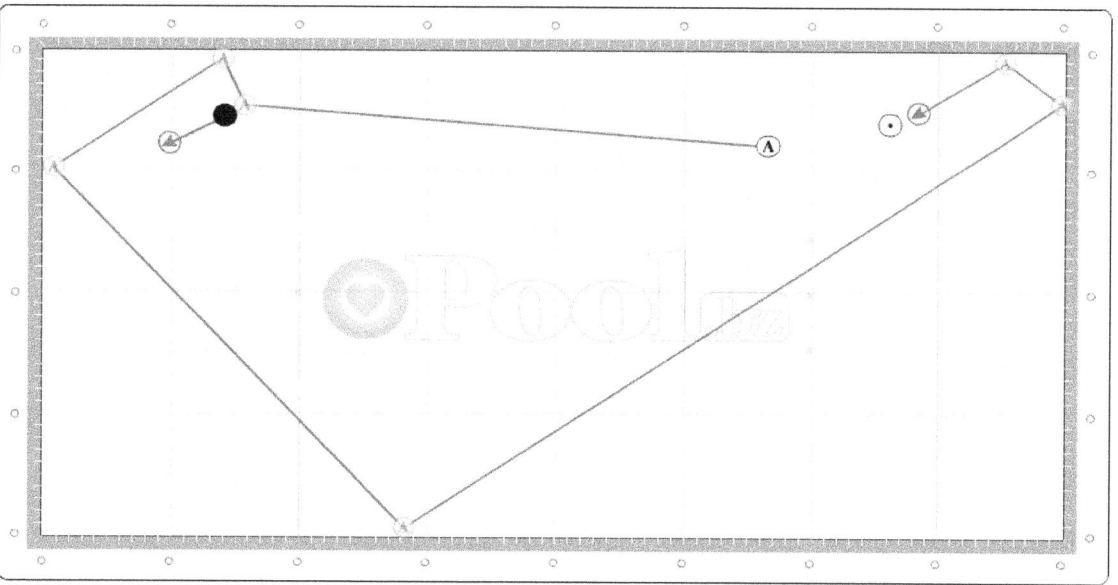

I: Grupo 2

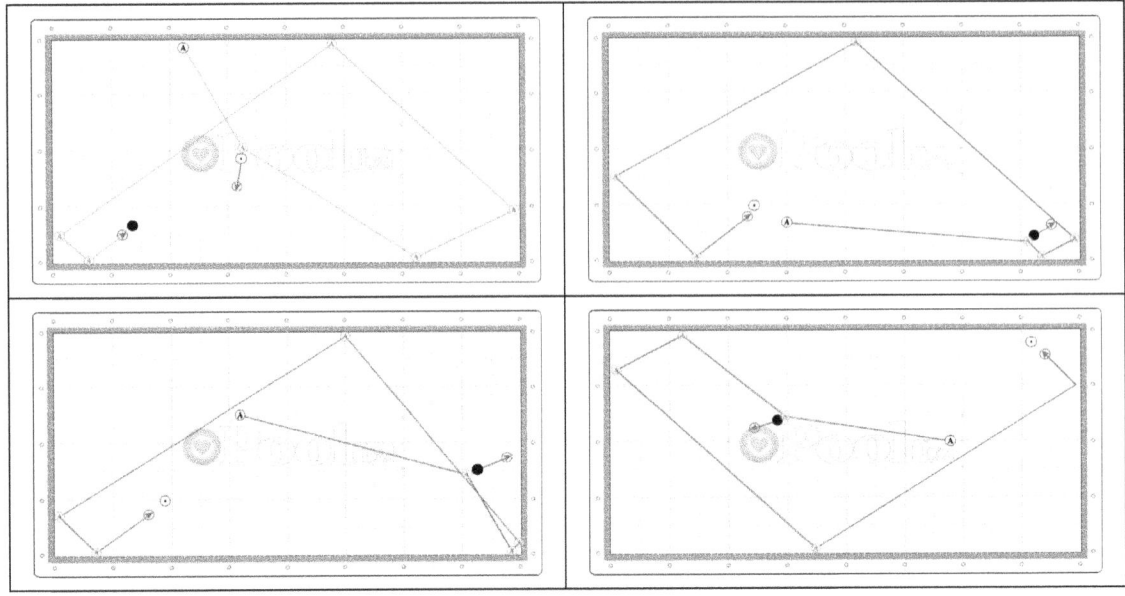

Análise:

I:2a. _____

I:2b. _____

I:2c. _____

I:2d. _____

I:2a – Configuração

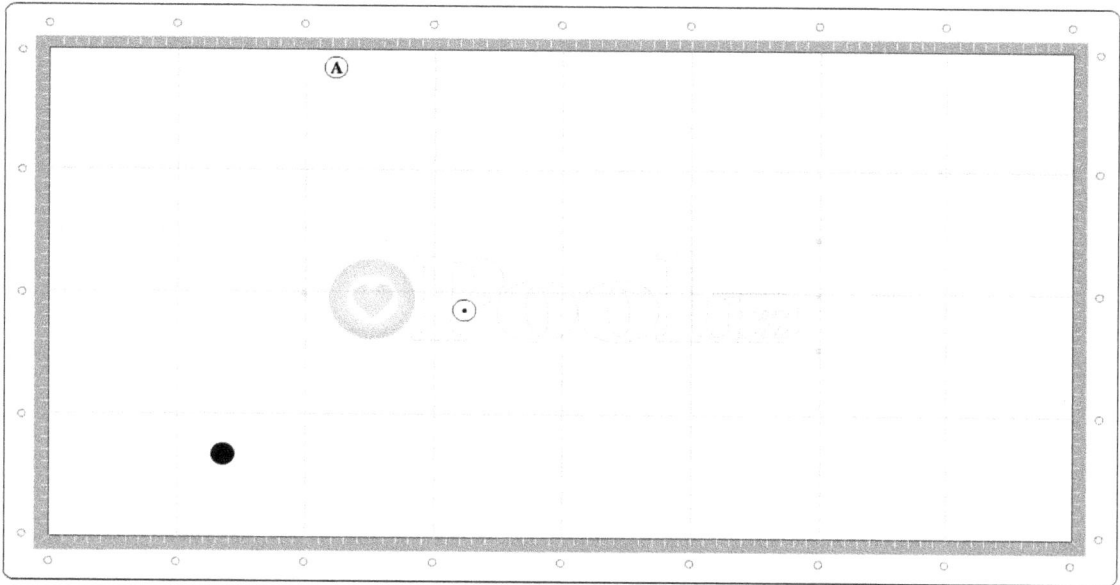

Notas e ideias:

Tiro padrão

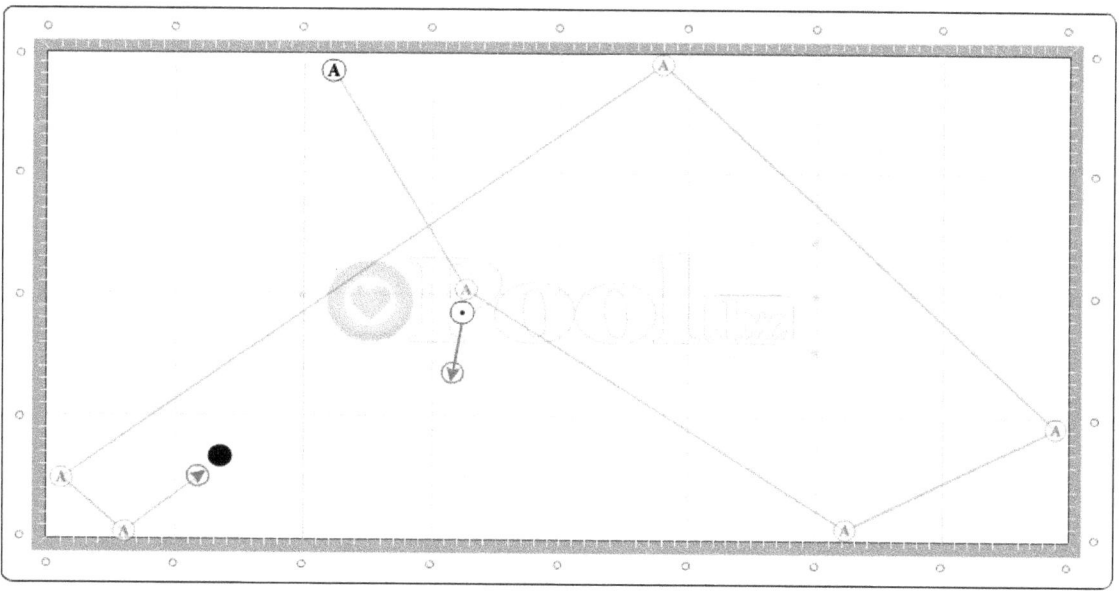

I:2b – Configuração

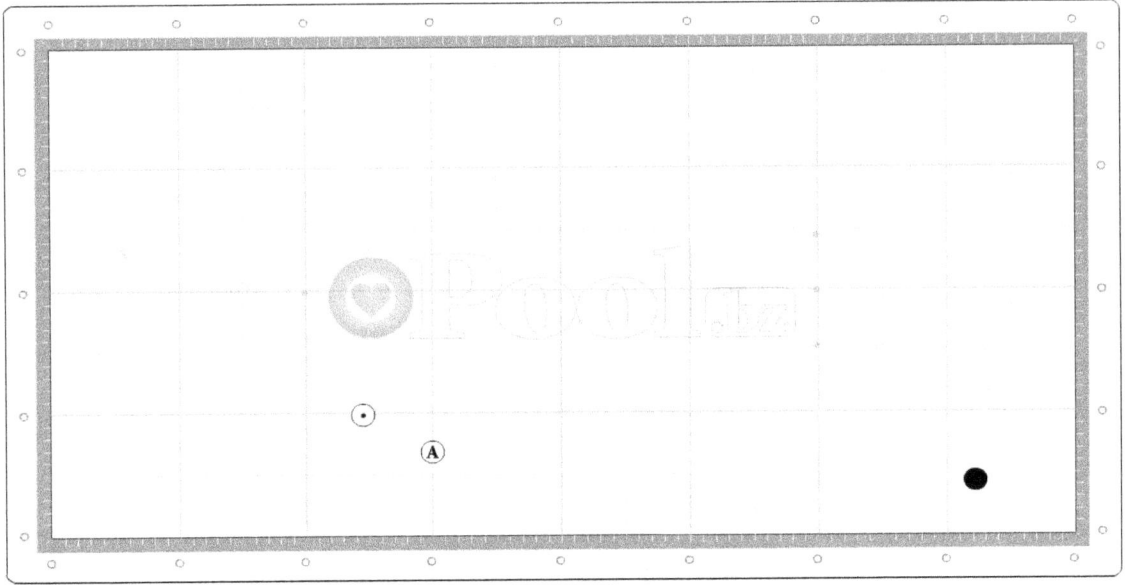

Notas e ideias:

Tiro padrão

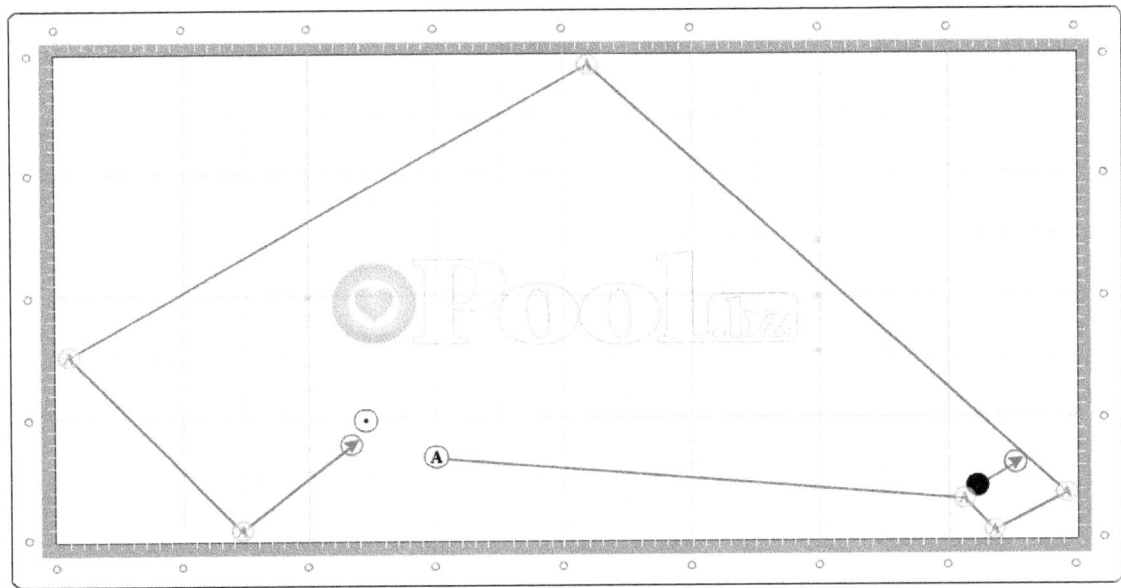

I:2c – Configuração

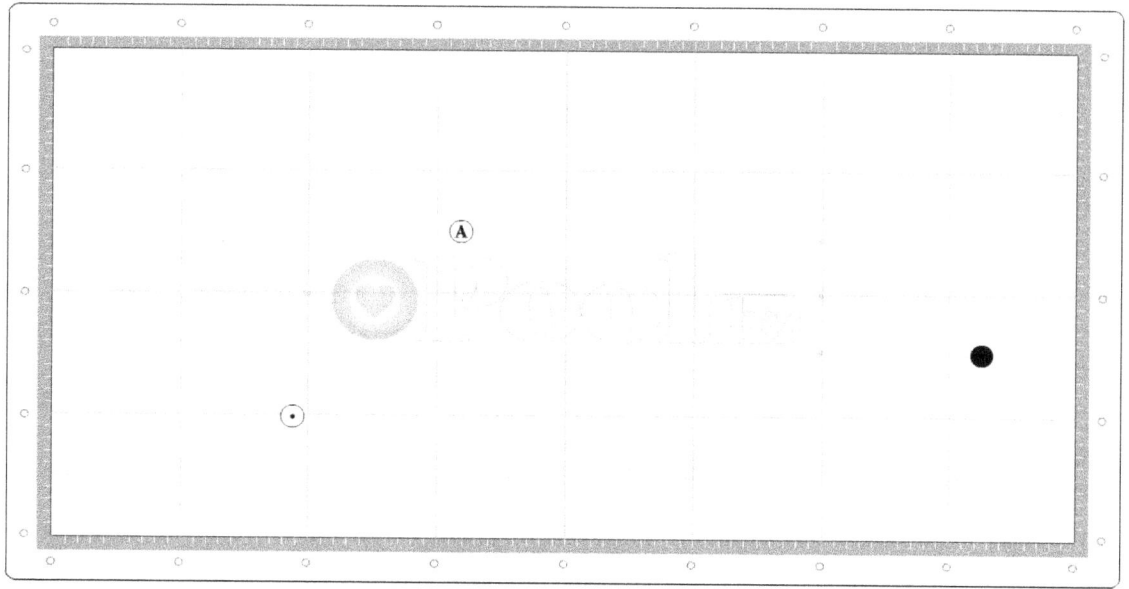

Notas e ideias:

Tiro padrão

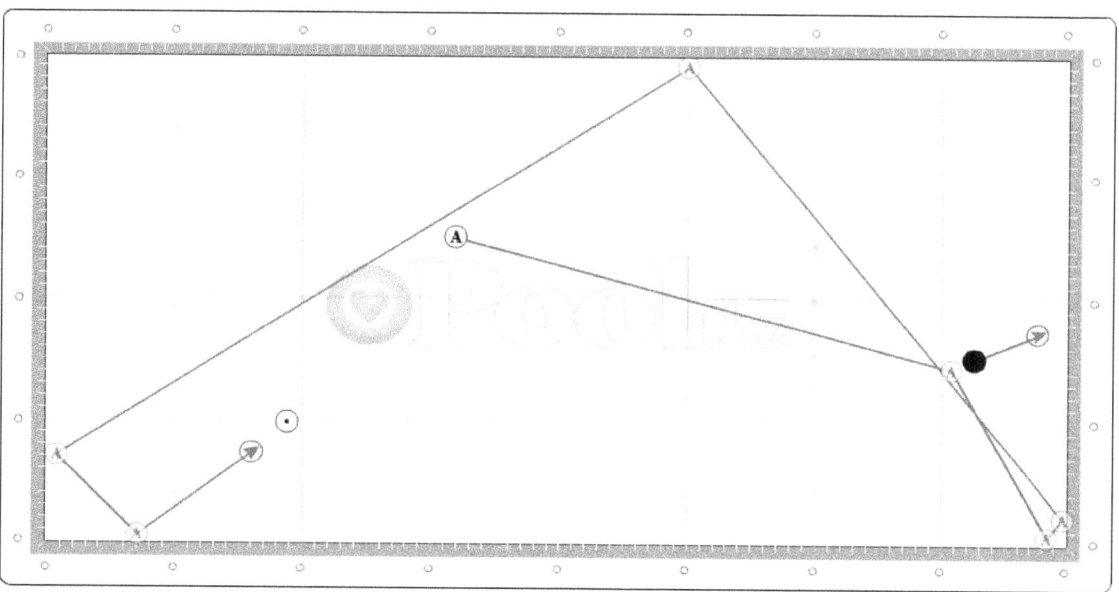

I:2d – Configuração

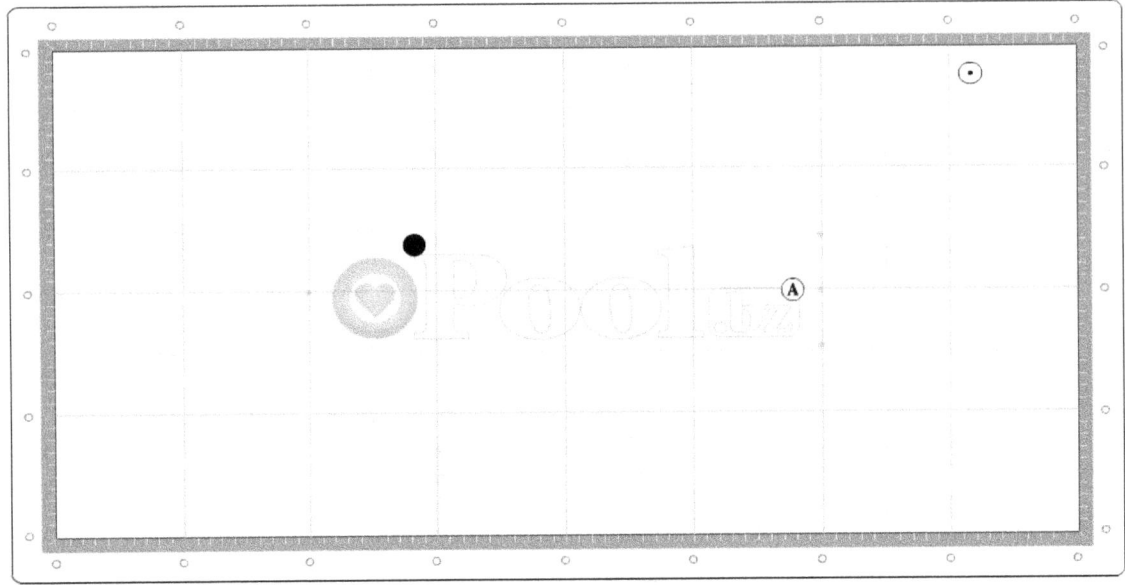

Notas e ideias:

Tiro padrão

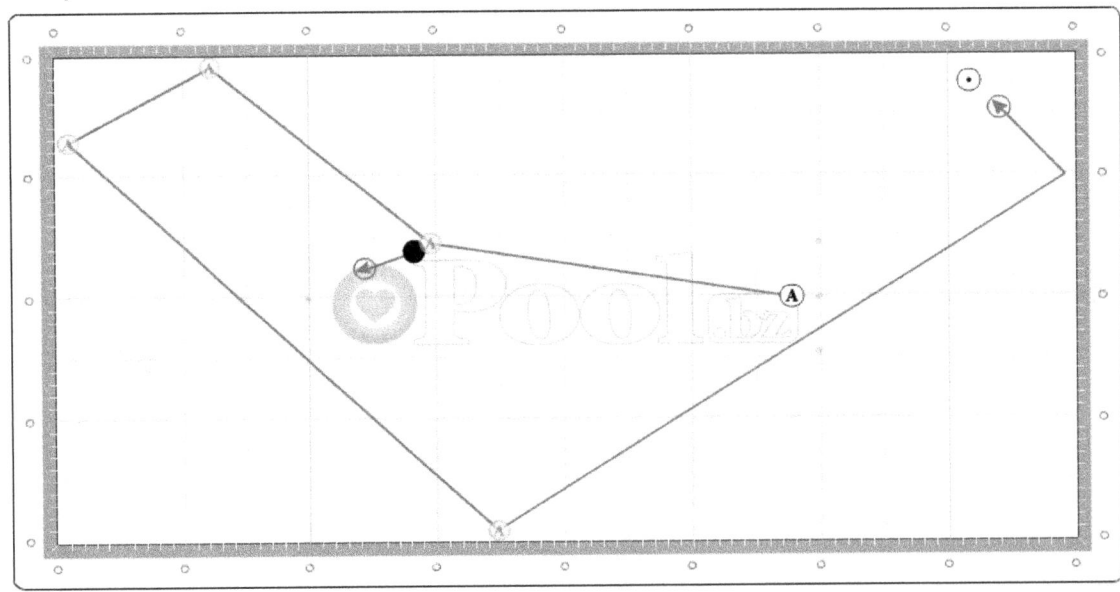

I: Grupo 3

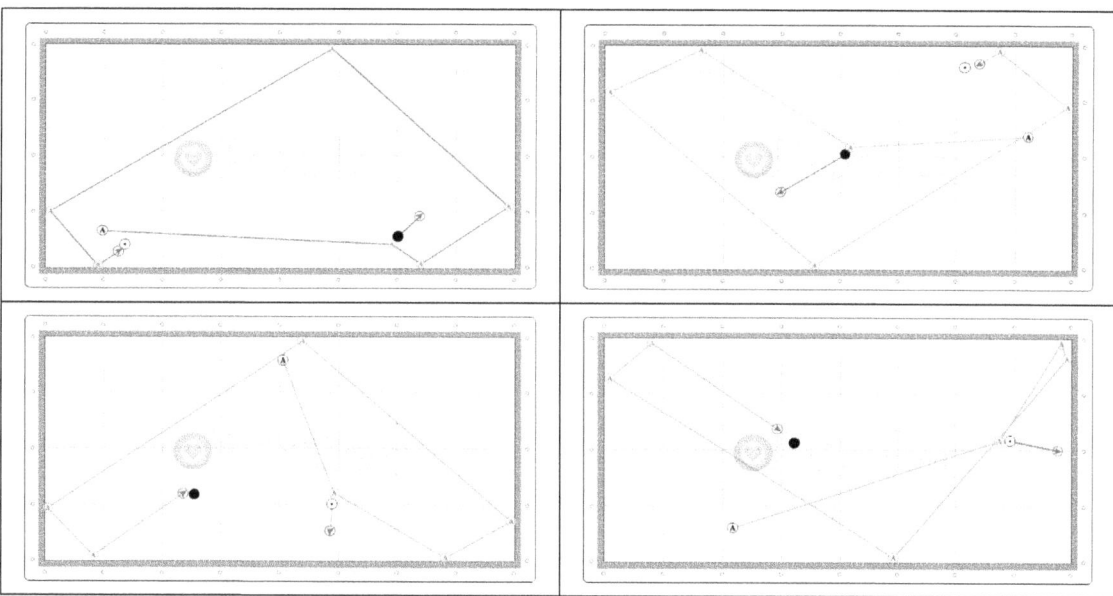

Análise:

I:3a. _____

I:3b. _____

I:3c. _____

I:3d. _____

I:3a – Configuração

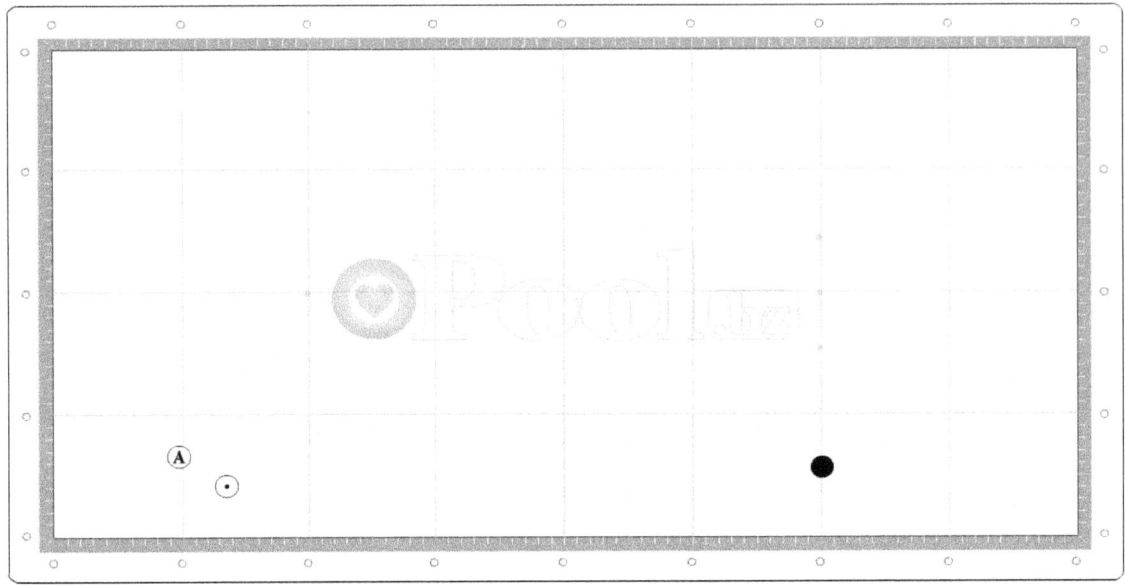

Notas e ideias:

Tiro padrão

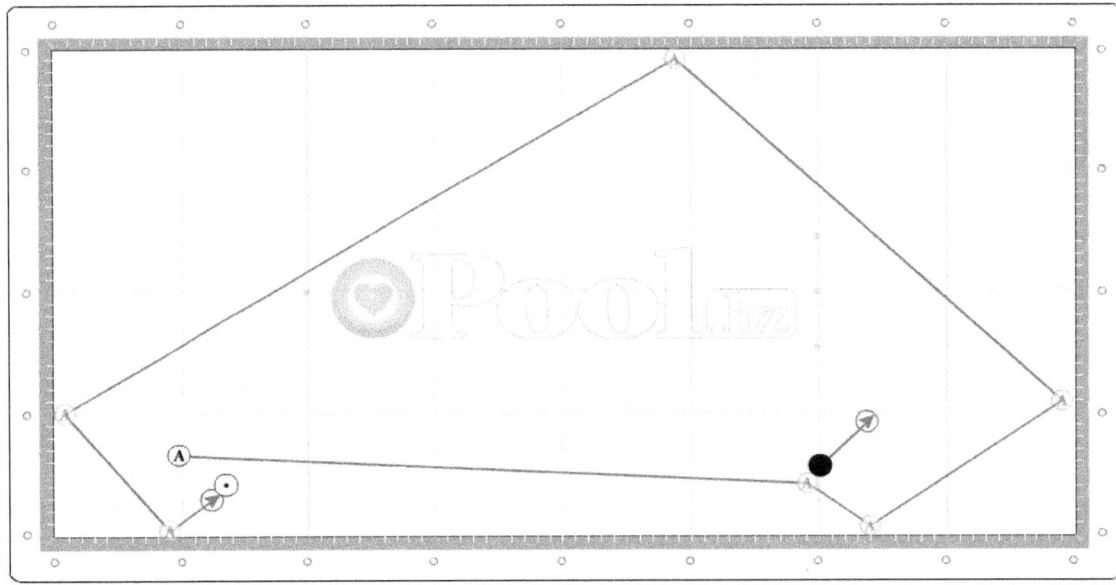

I:3b – Configuração

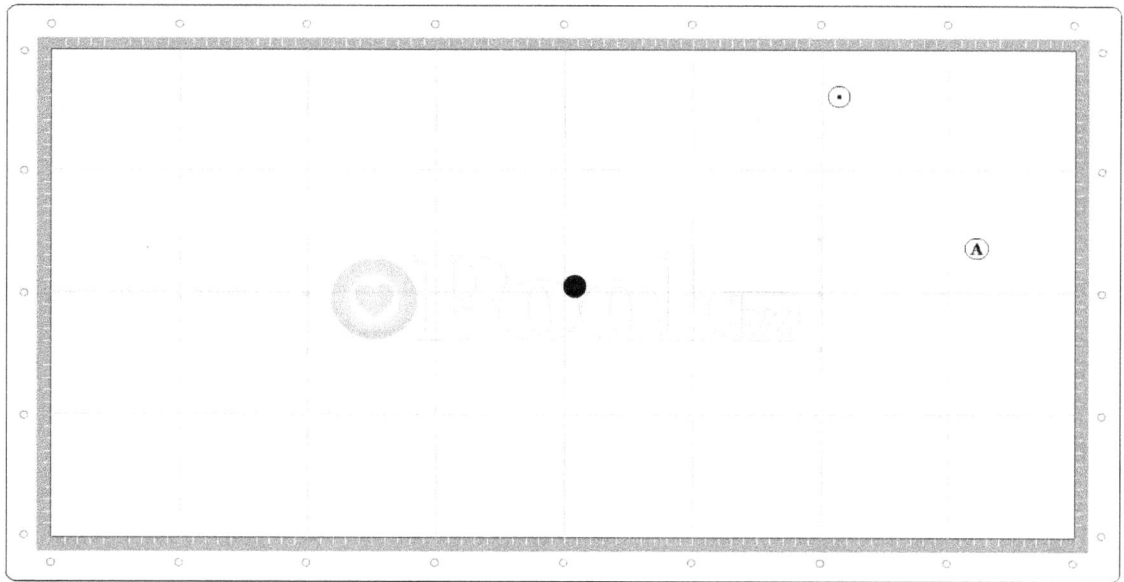

Notas e ideias:

Tiro padrão

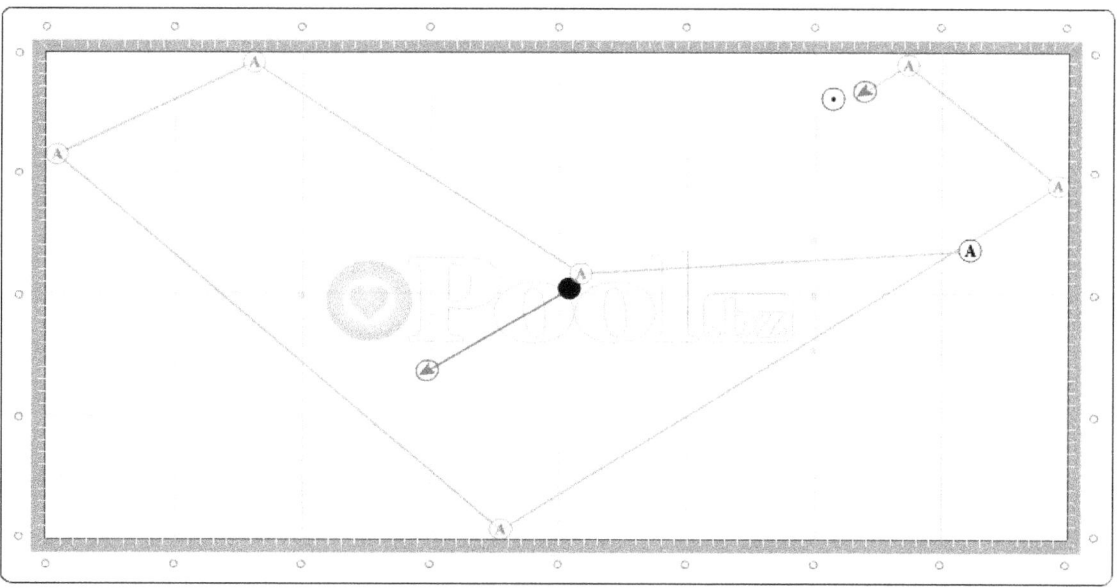

I:3c – Configuração

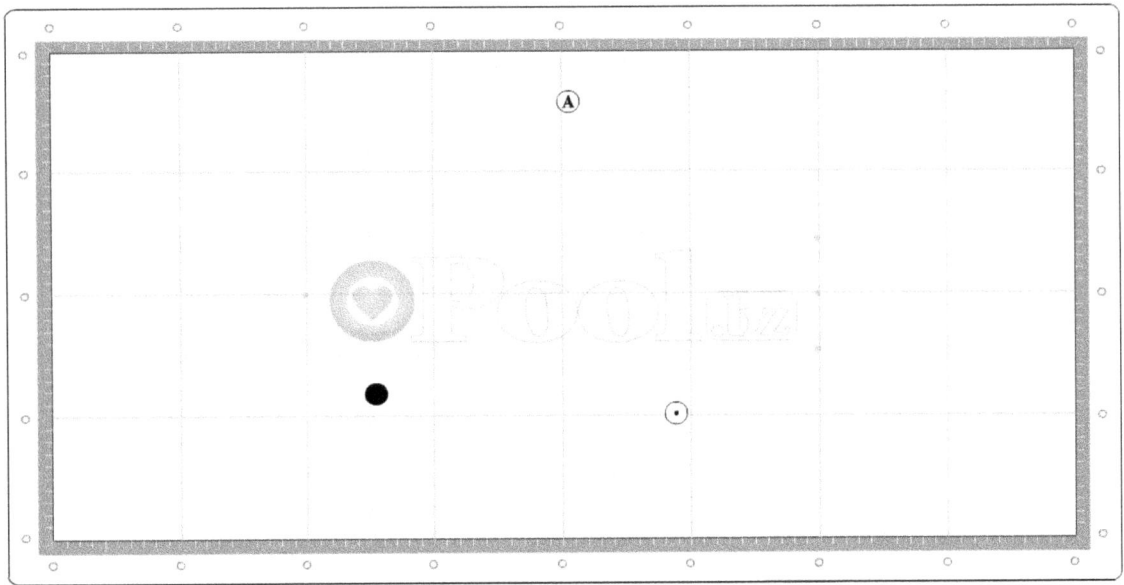

Notas e ideias:

Tiro padrão

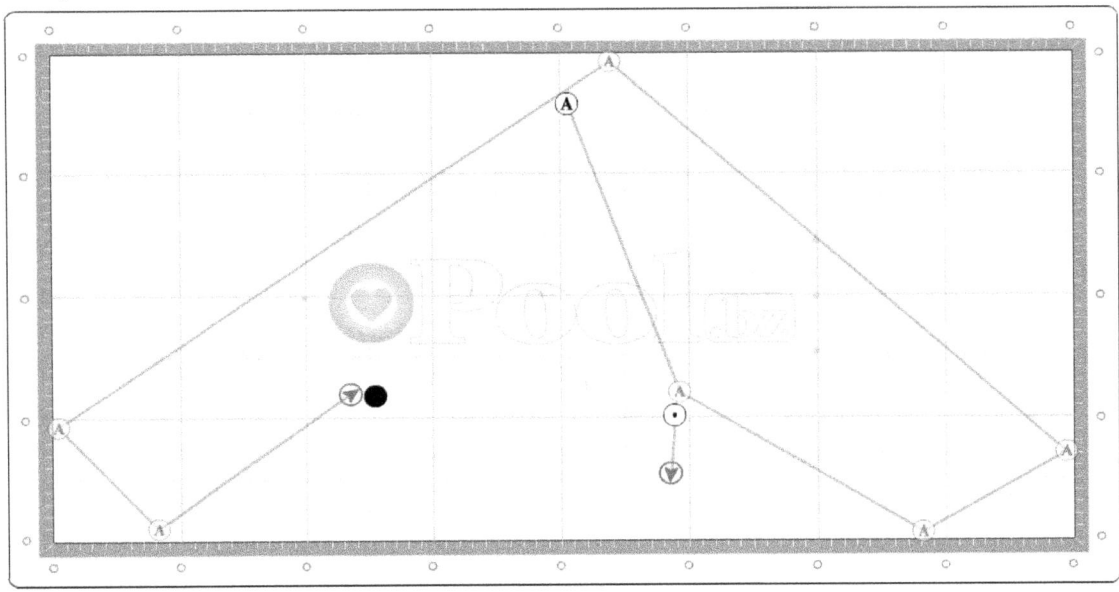

I:3d – Configuração

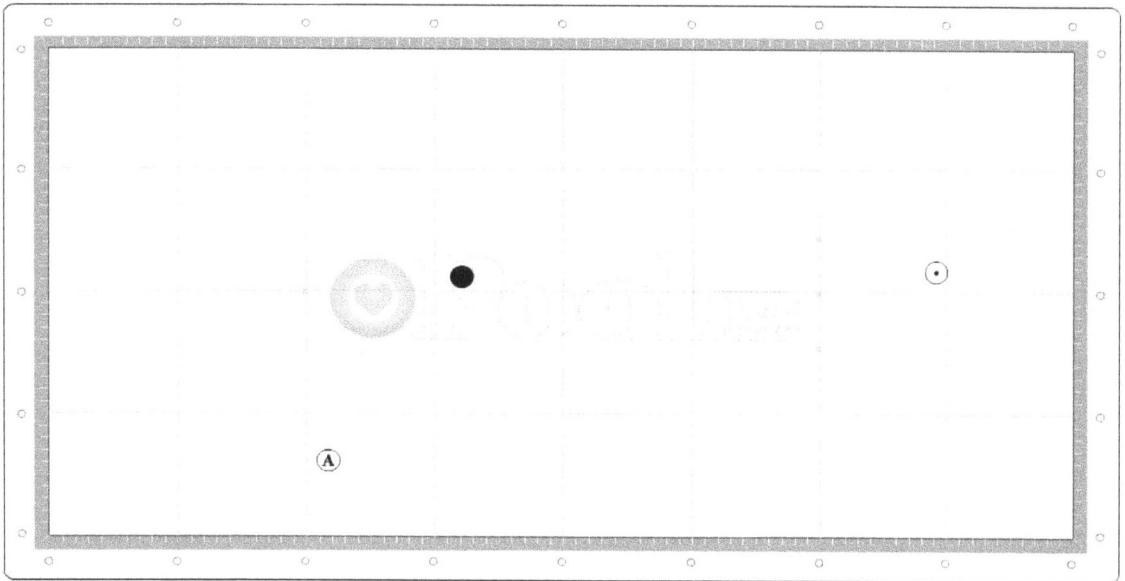

Notas e ideias:

Tiro padrão

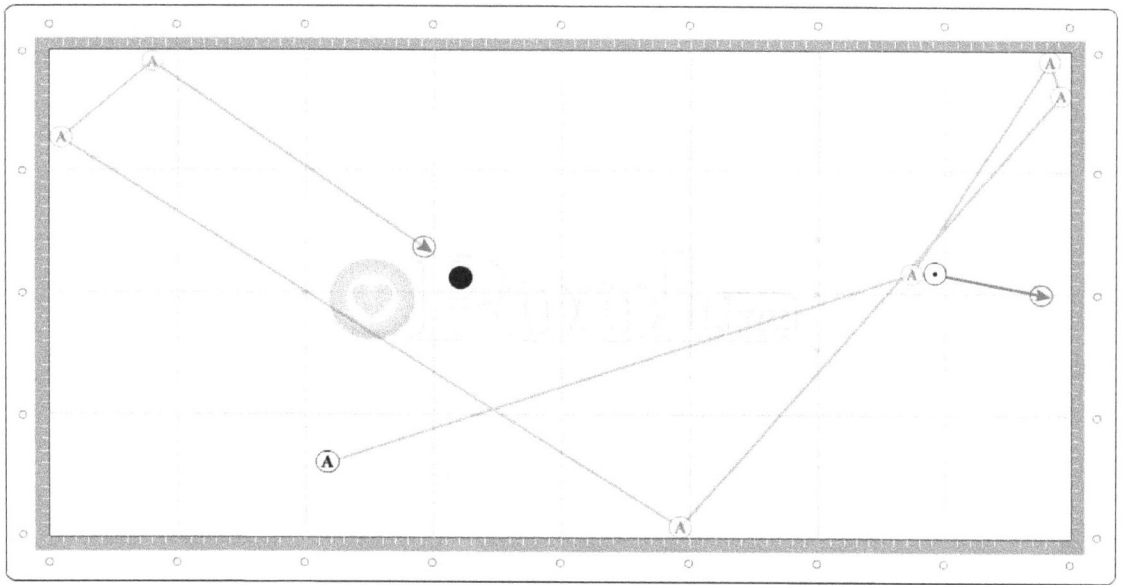

I: Grupo 4

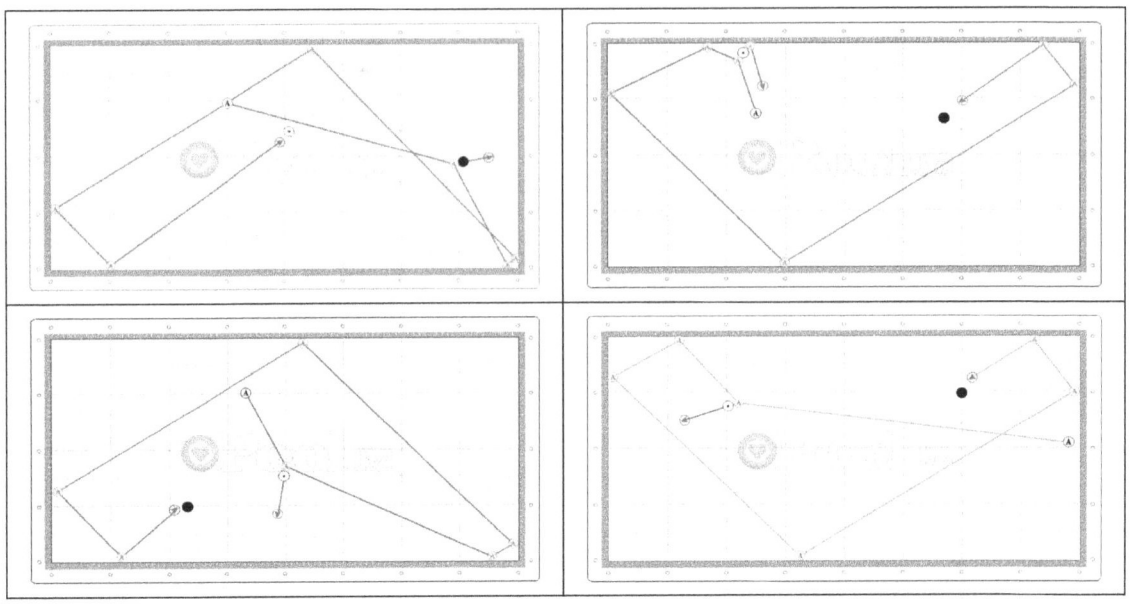

Análise:

I:4a. _____

I:4b. _____

I:4c. _____

I:4d. _____

I:4a – Configuração

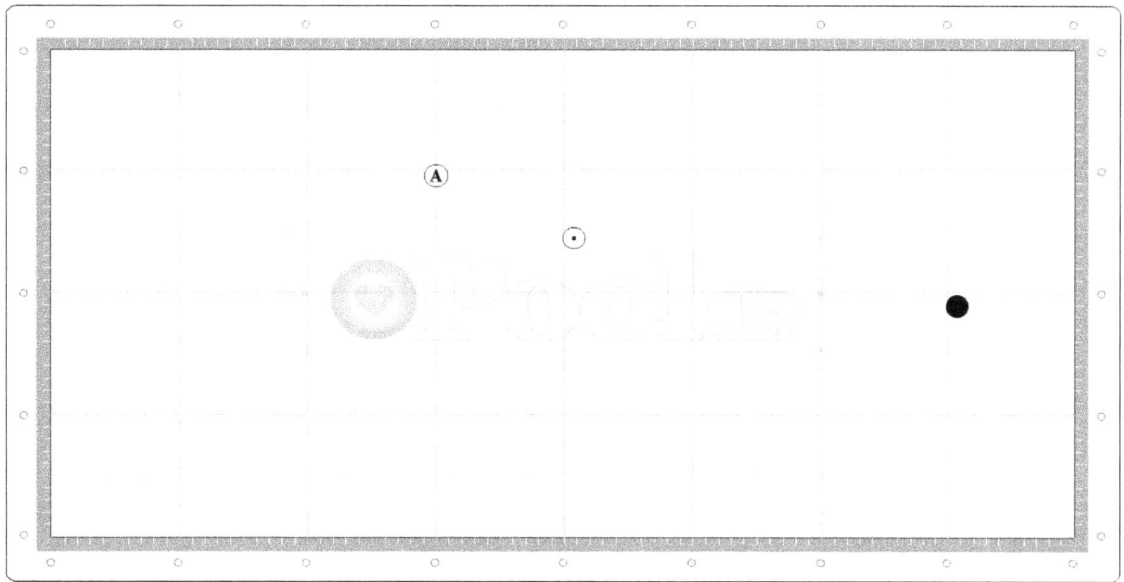

Notas e ideias:

Tiro padrão

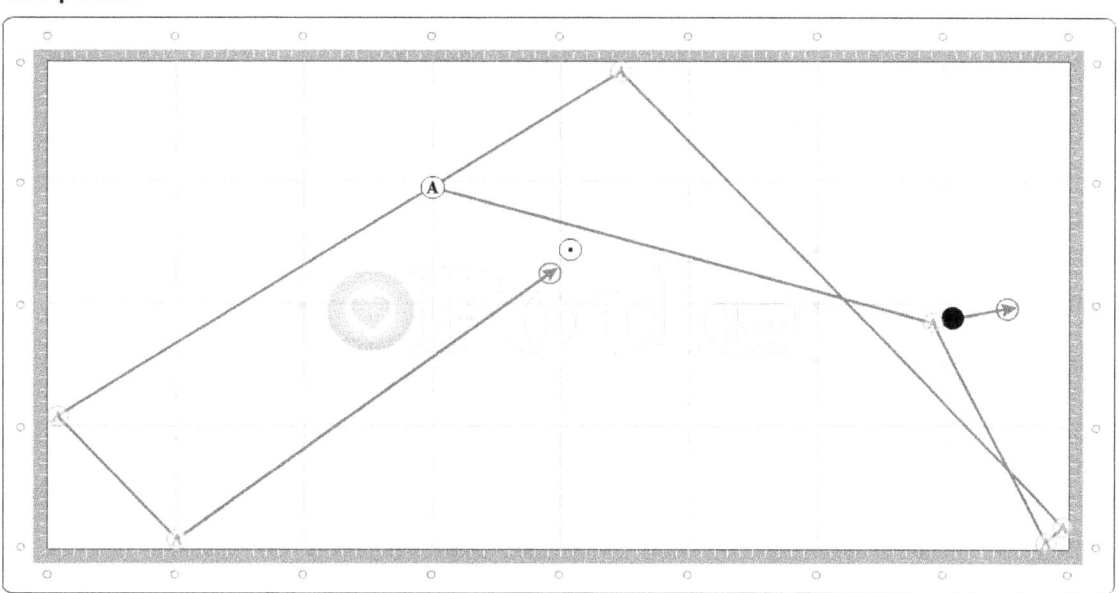

I:4b – Configuração

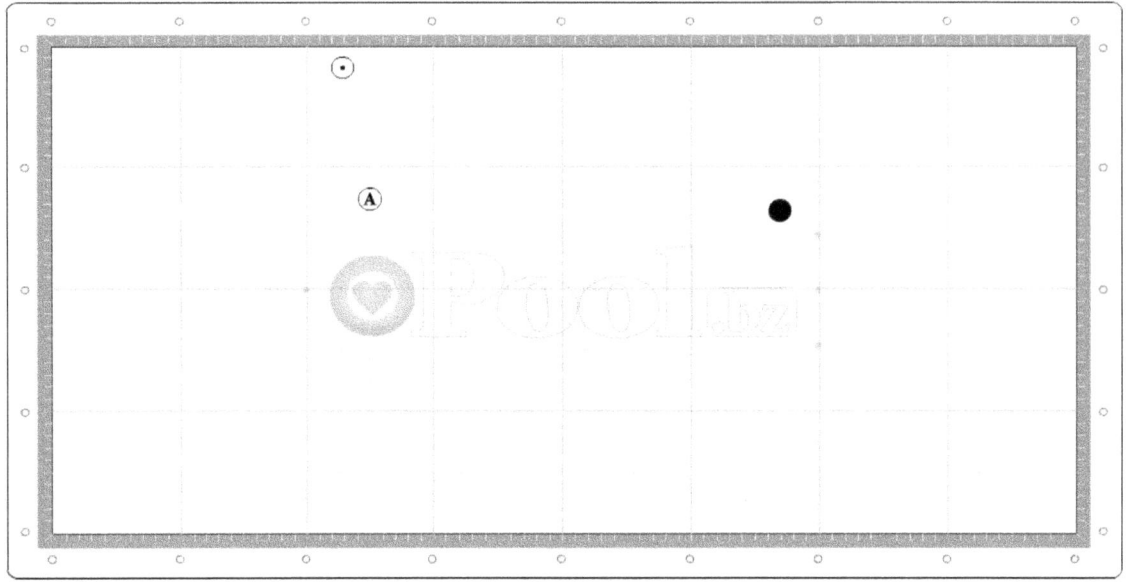

Notas e ideias:

Tiro padrão

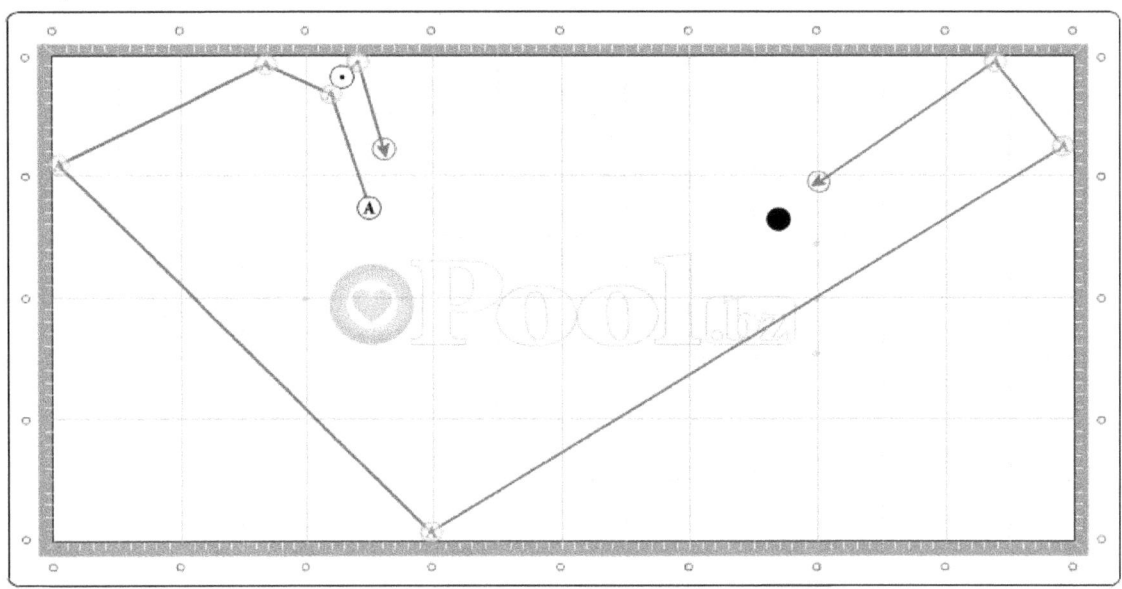

I:4c – Configuração

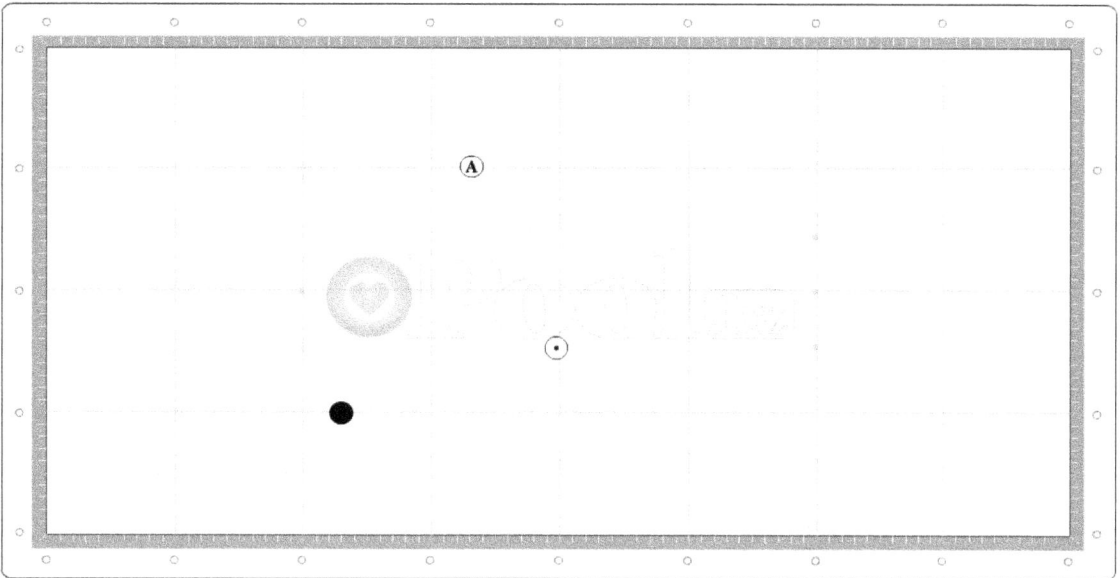

Notas e ideias:

Tiro padrão

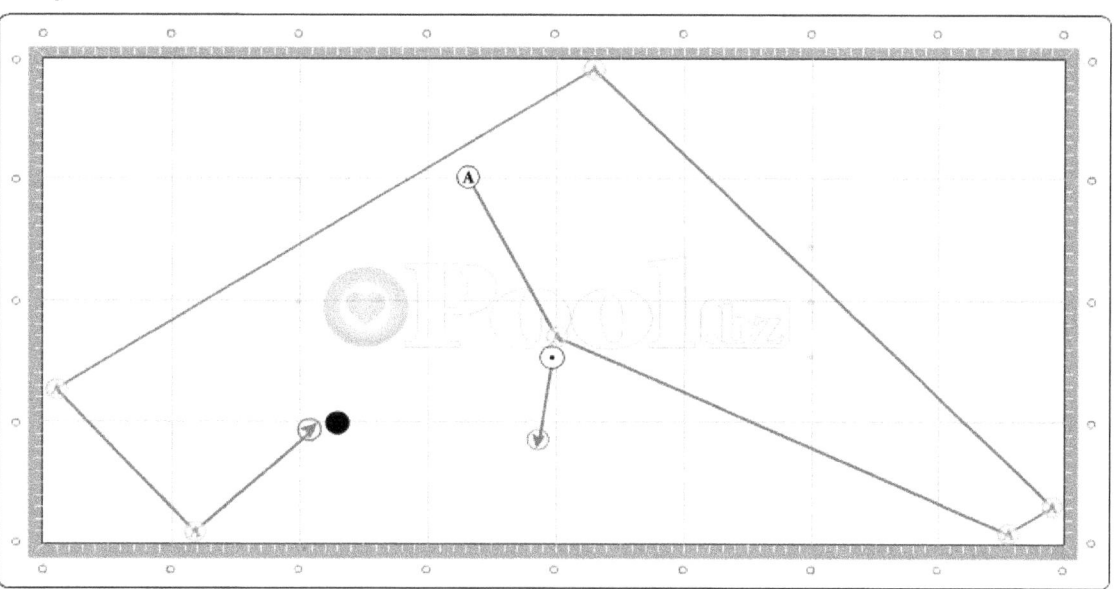

I:4d – Configuração

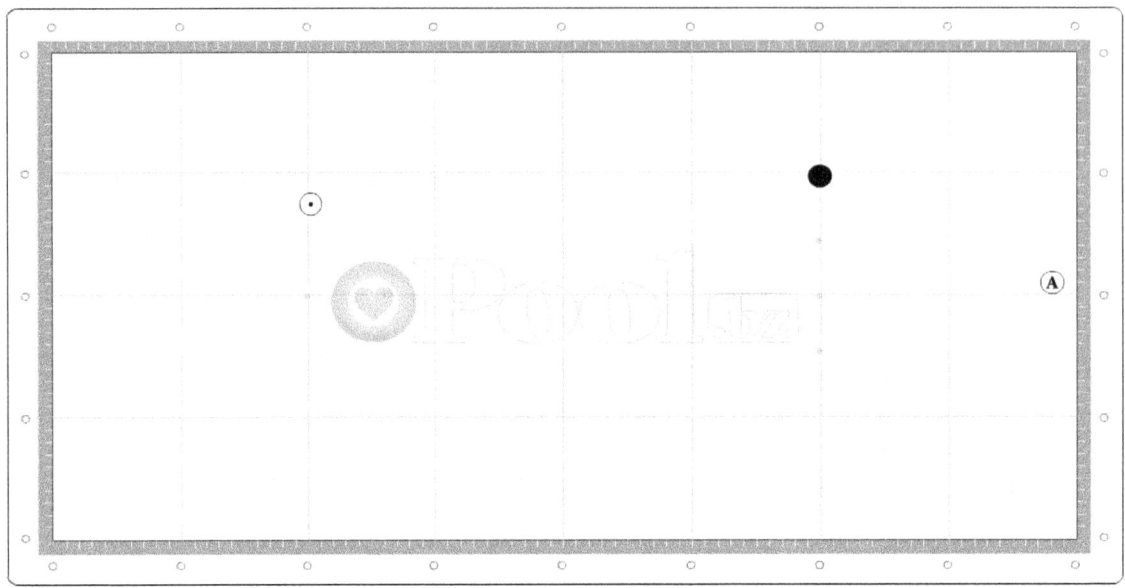

Notas e ideias:

Tiro padrão

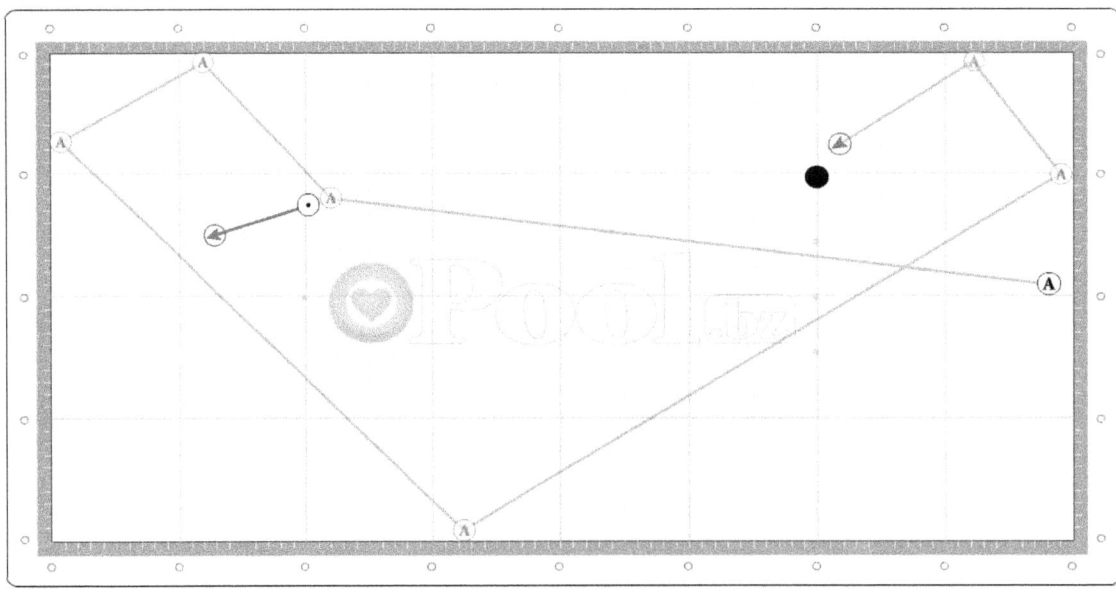

J: Gancho duplo (com diagonal de retorno)

Este é um conjunto interessante de soluções. O (CB) sai do primeiro (OB) para o canto - tabelas longa primeiro. Ele sobe a colina até a tabelas longa oposta. Então, o (CB) entra e sai do canto oposto. O (CB) viaja diagonalmente através da mesa até o outro (OB).

Ⓐ (CB) (sua bola de bilhar) - ⊙ (OB) (bola de bilhar oponente) - ● (RB) (bola de bilhar vermelha)

J: Grupo 1

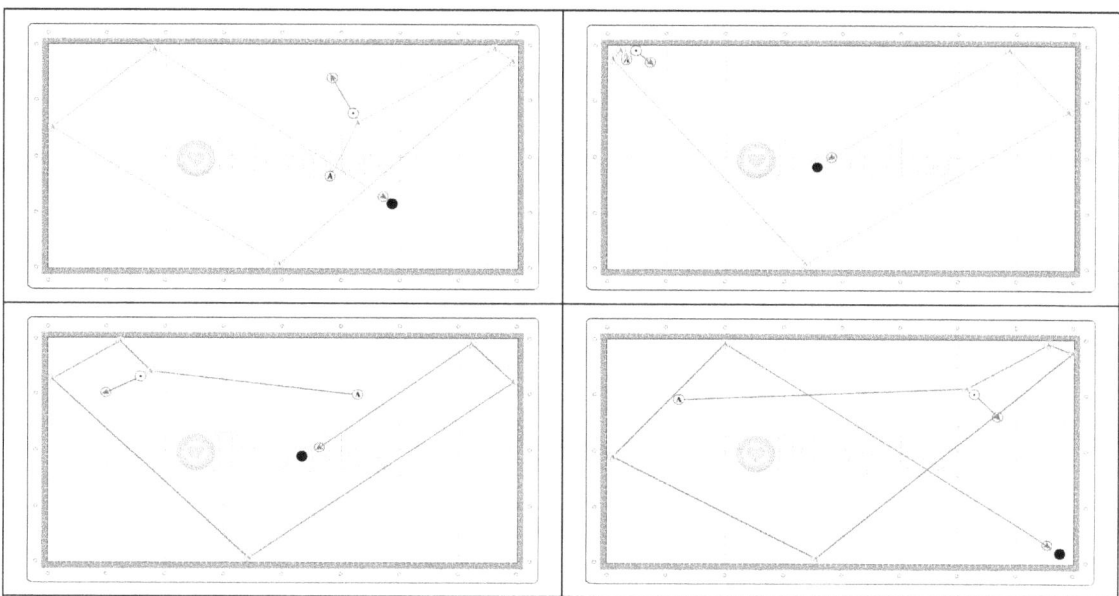

Análise:

J:1a. _____

J:1b. _____

J:1c. _____

J:1d. _____

163

J:1a – Configuração

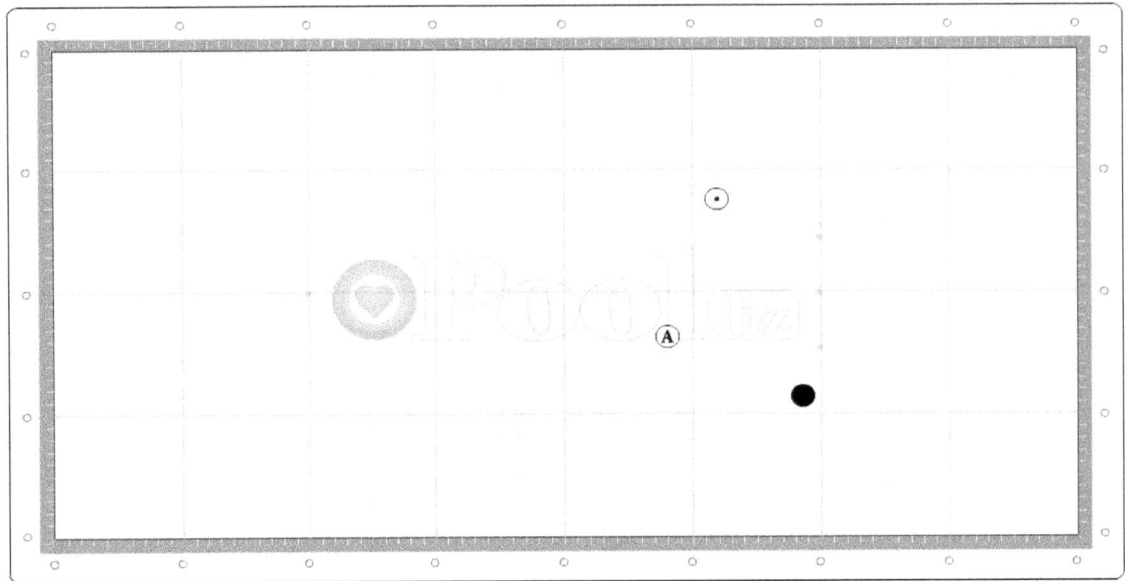

Notas e ideias:

Tiro padrão

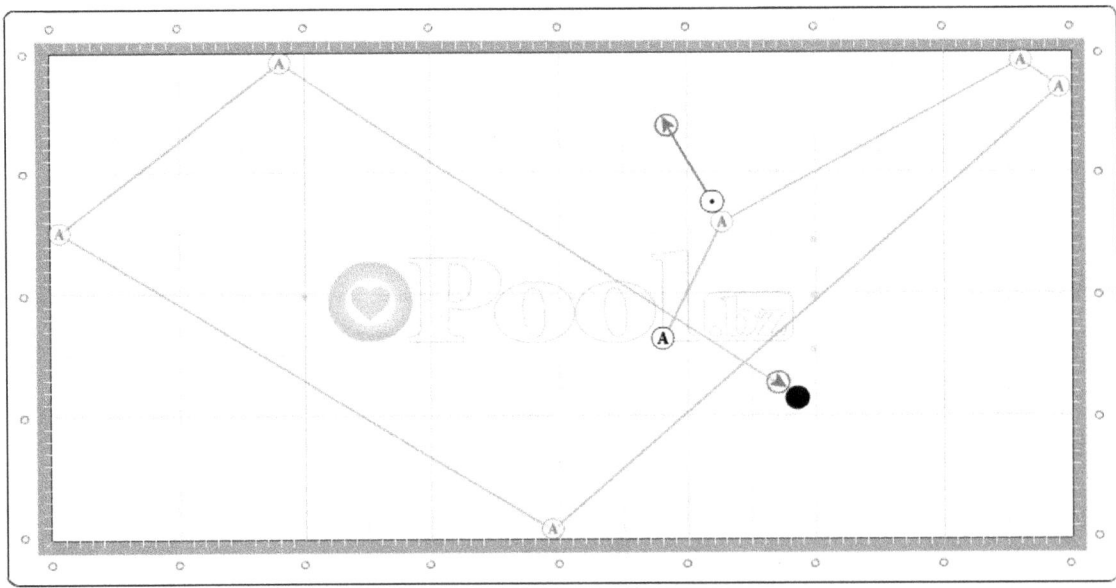

J:1b – Configuração

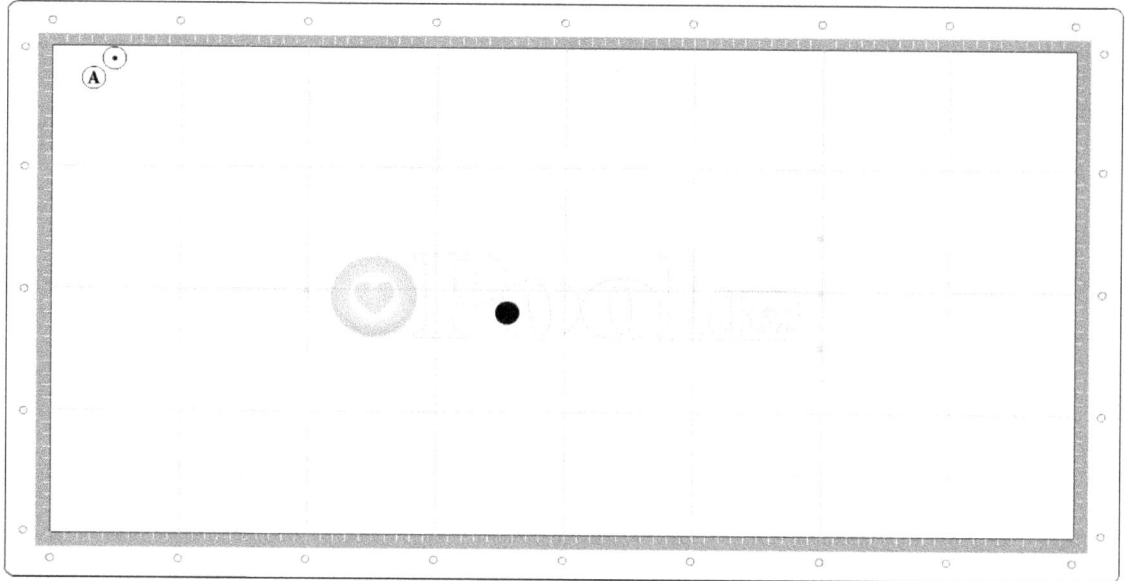

Notas e ideias:

Tiro padrão

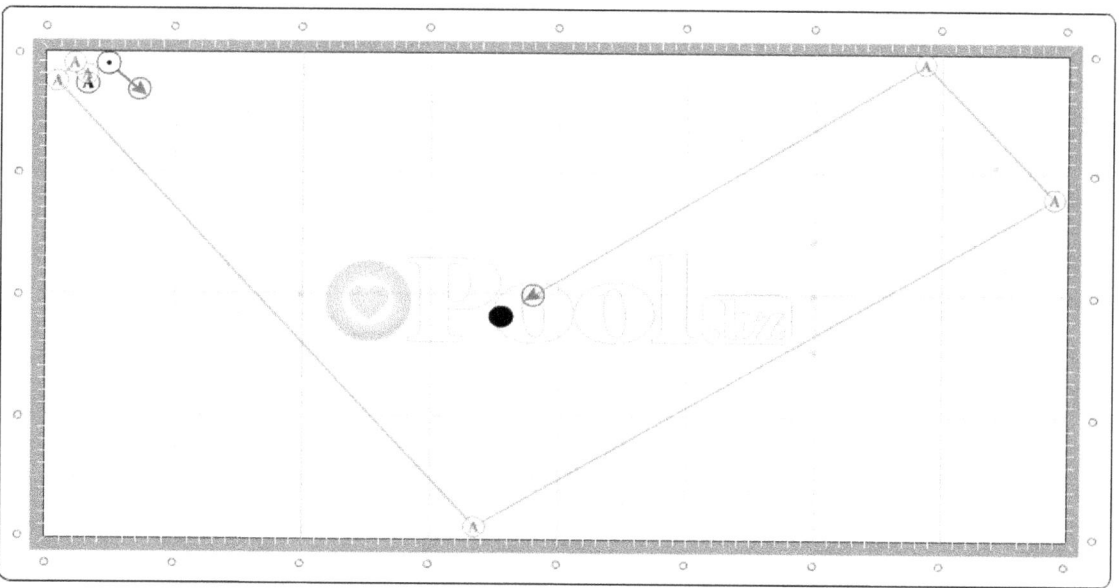

J:1c – Configuração

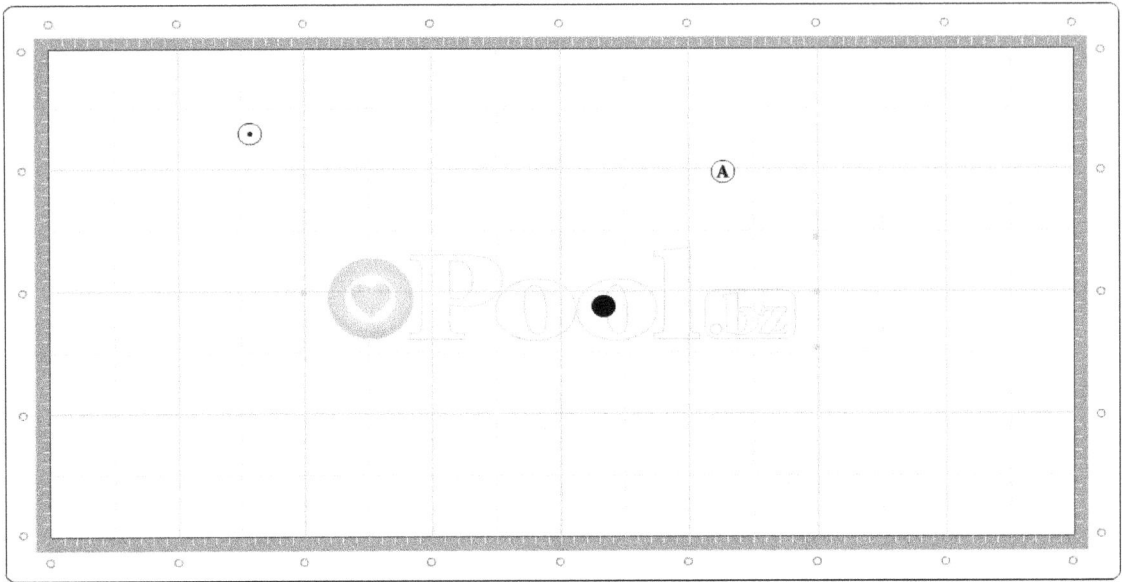

Notas e ideias:

Tiro padrão

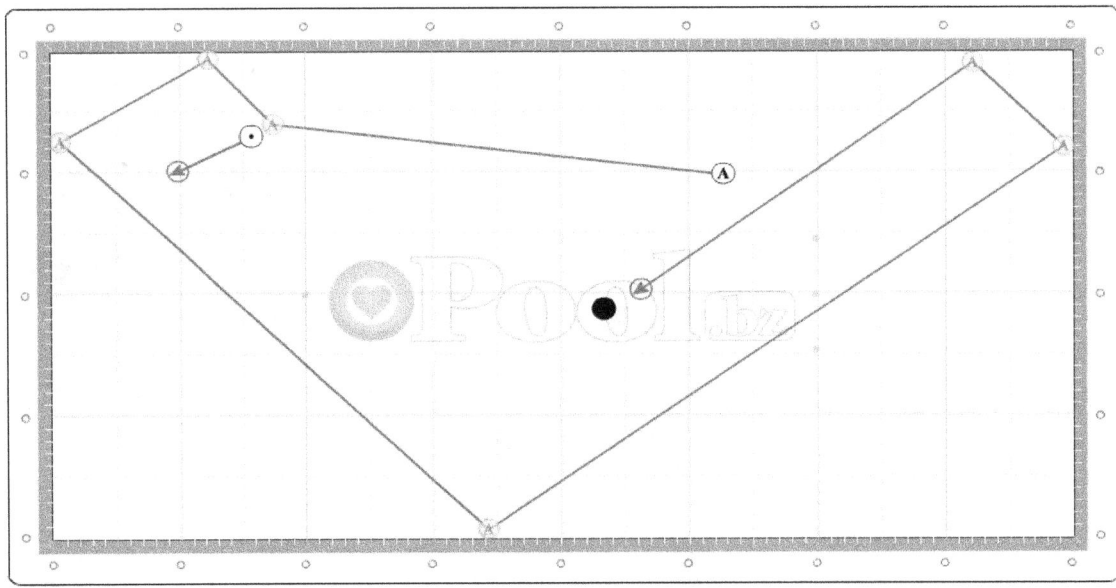

J:1d – Configuração

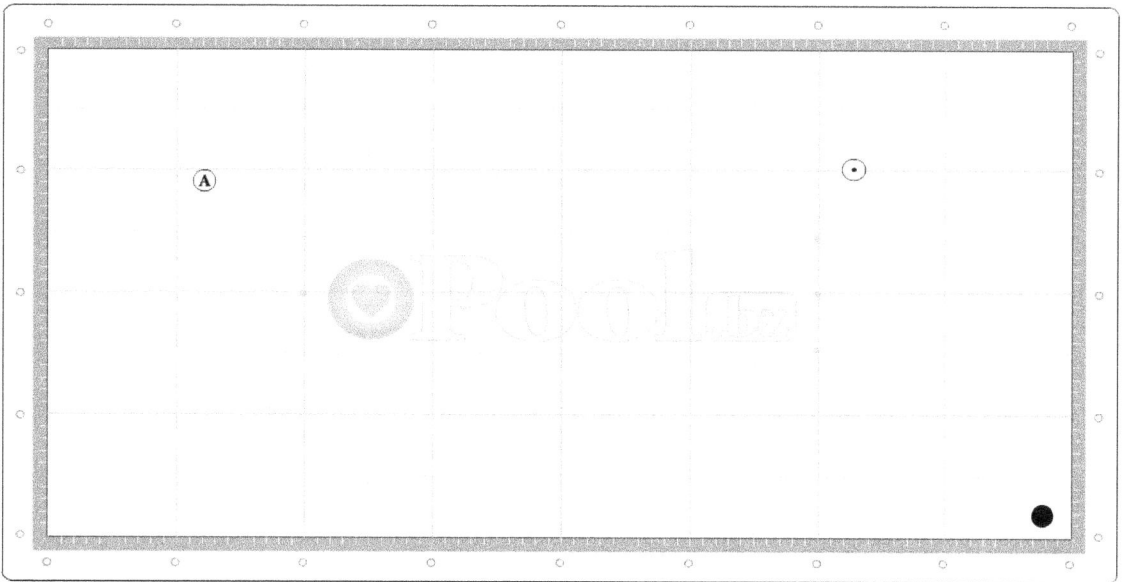

Notas e ideias:

Tiro padrão

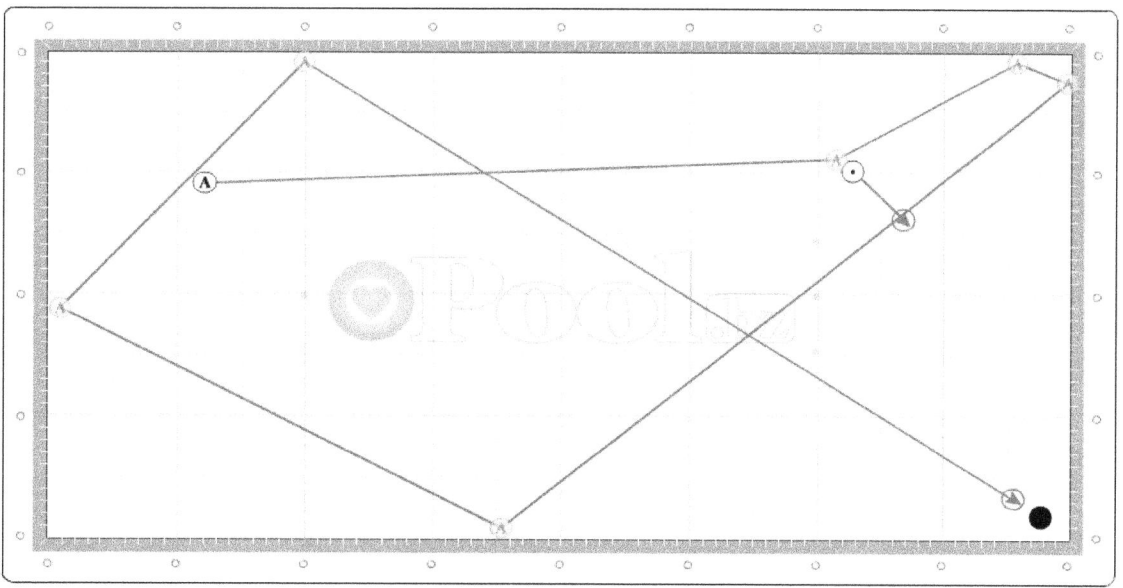

J: Grupo 2

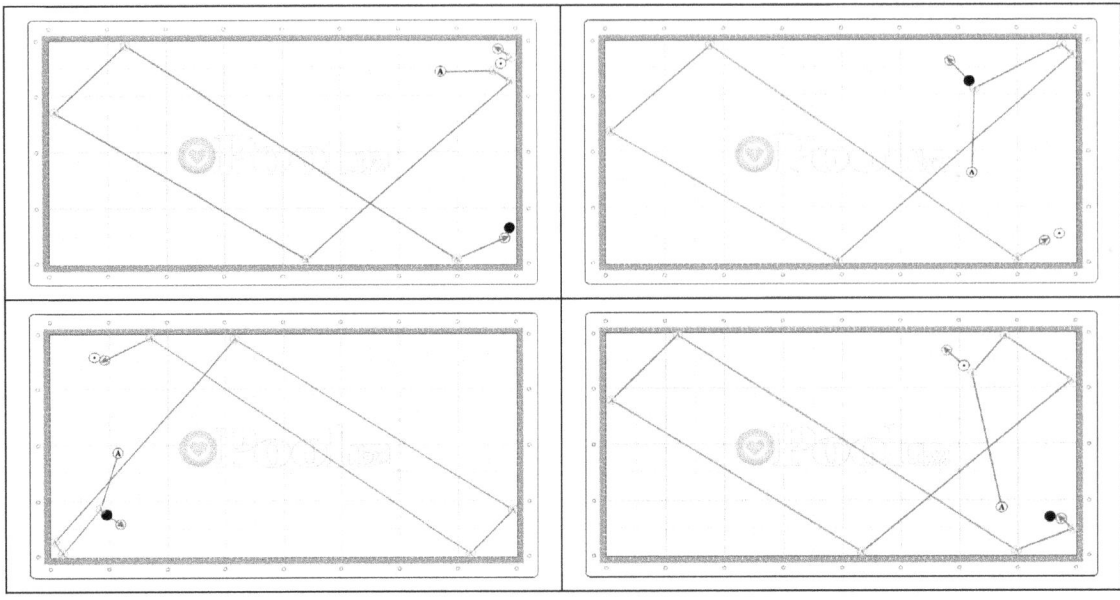

Análise:

J:2a. _____

J:2b. _____

J:2c. _____

J:2d. _____

J:2a – Configuração

Notas e ideias:

Tiro padrão

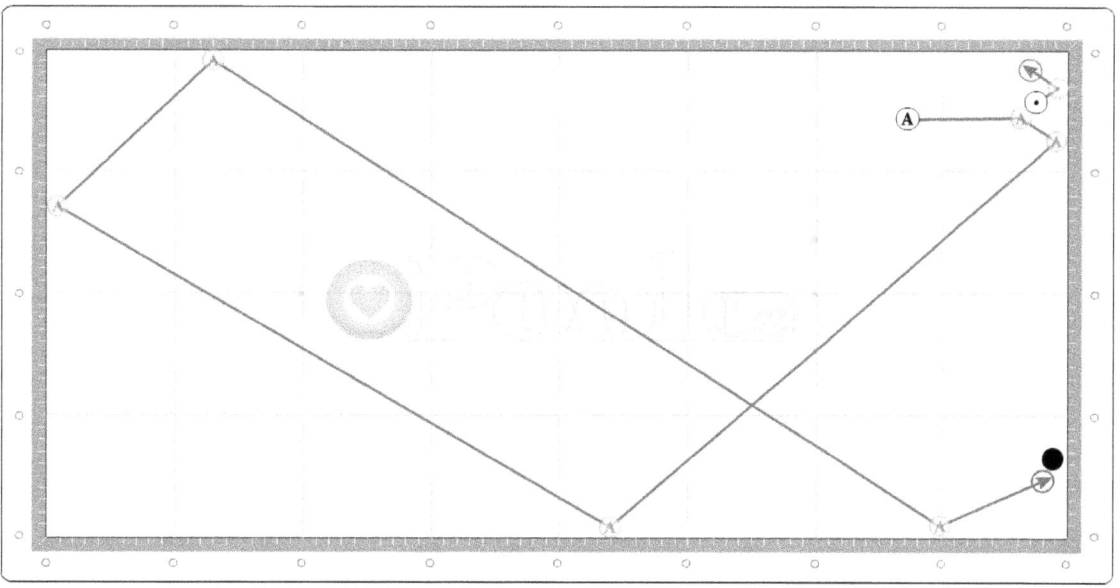

J:2b – Configuração

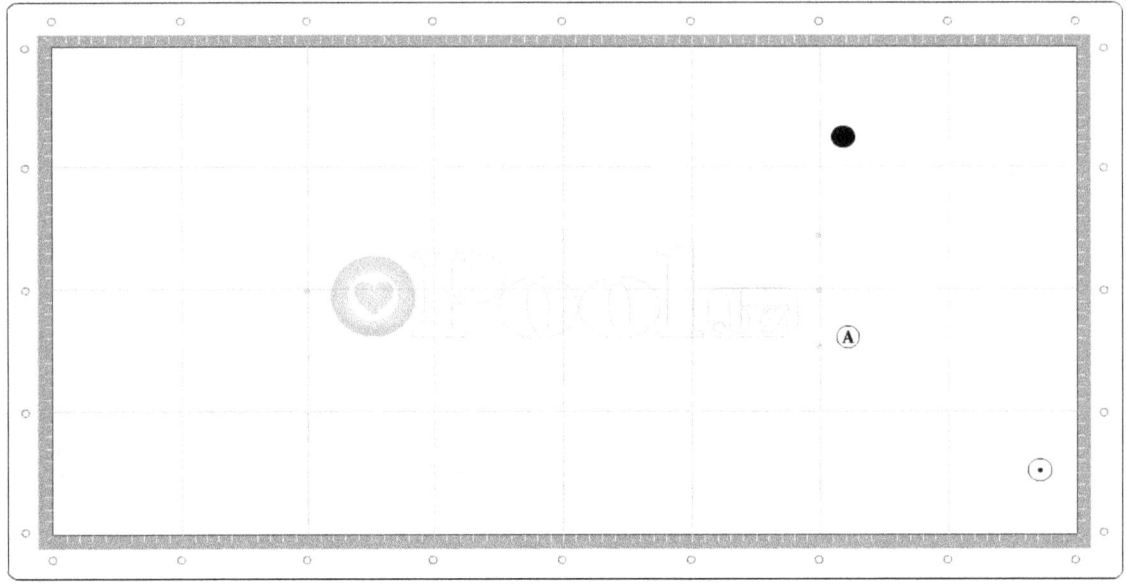

Notas e ideias:

Tiro padrão

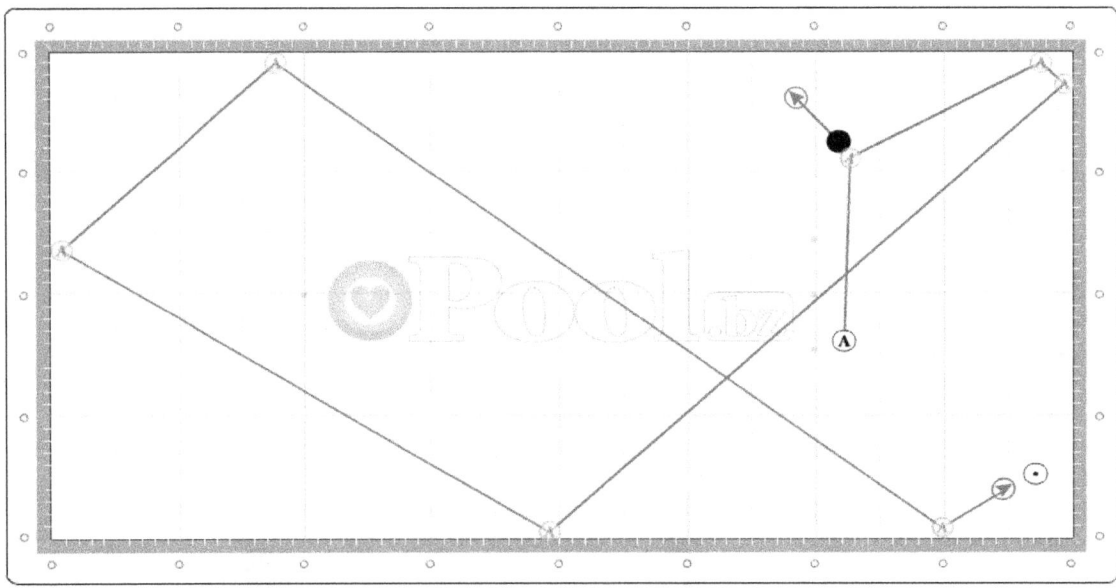

J:2c – Configuração

Notas e ideias:

Tiro padrão

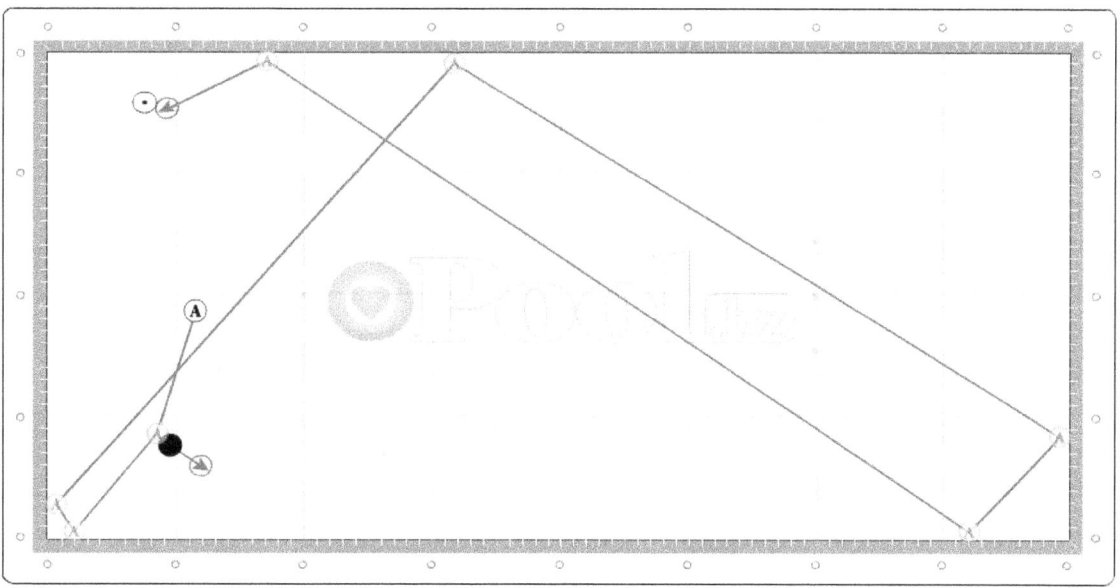

J:2d – Configuração

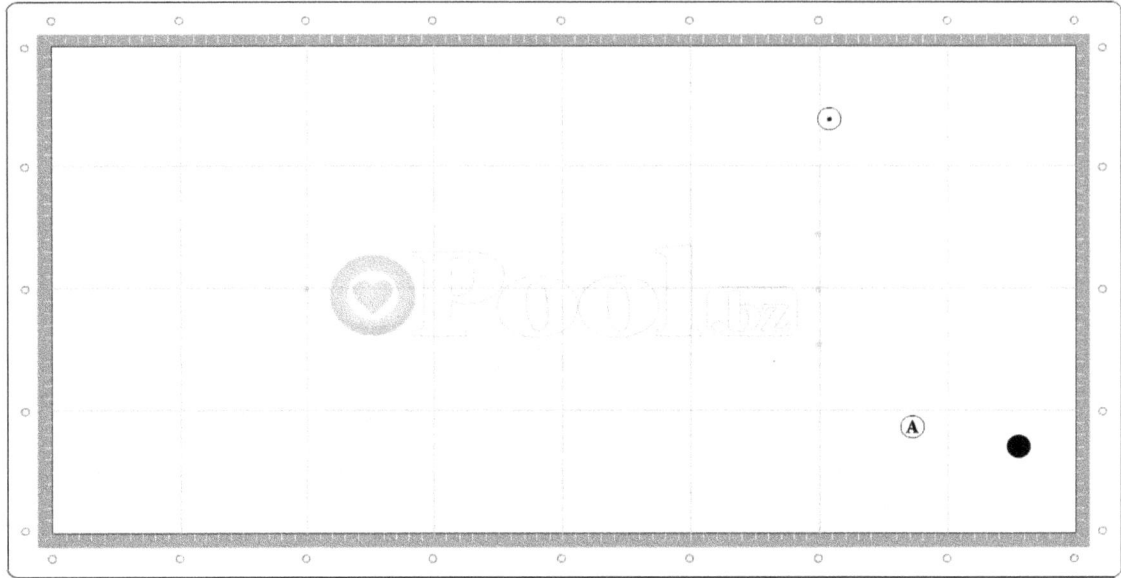

Notas e ideias:

Tiro padrão

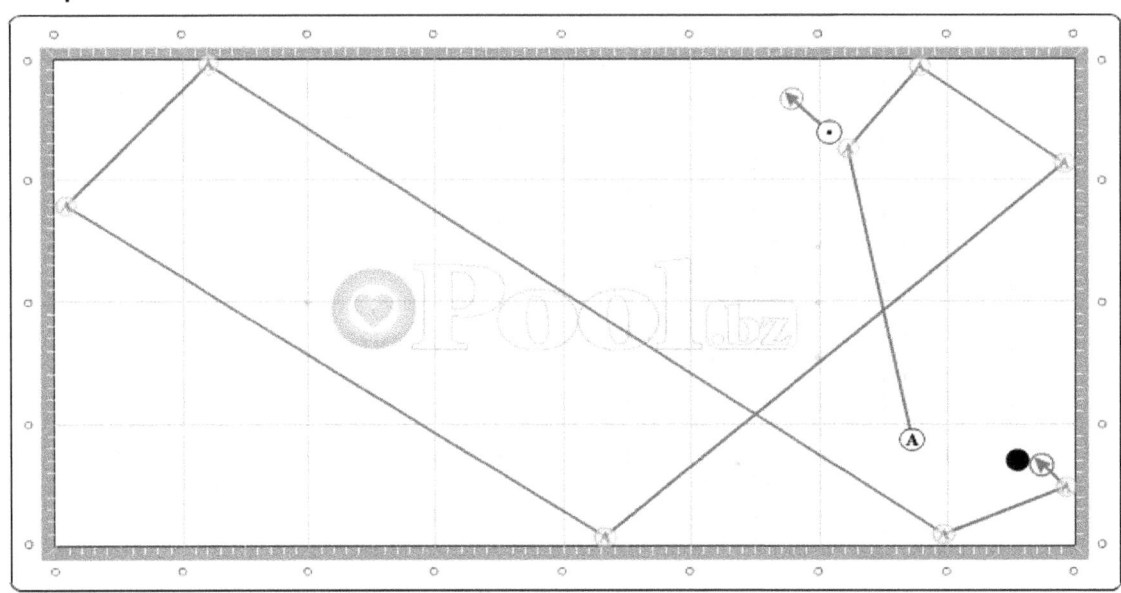

J: Grupo 3

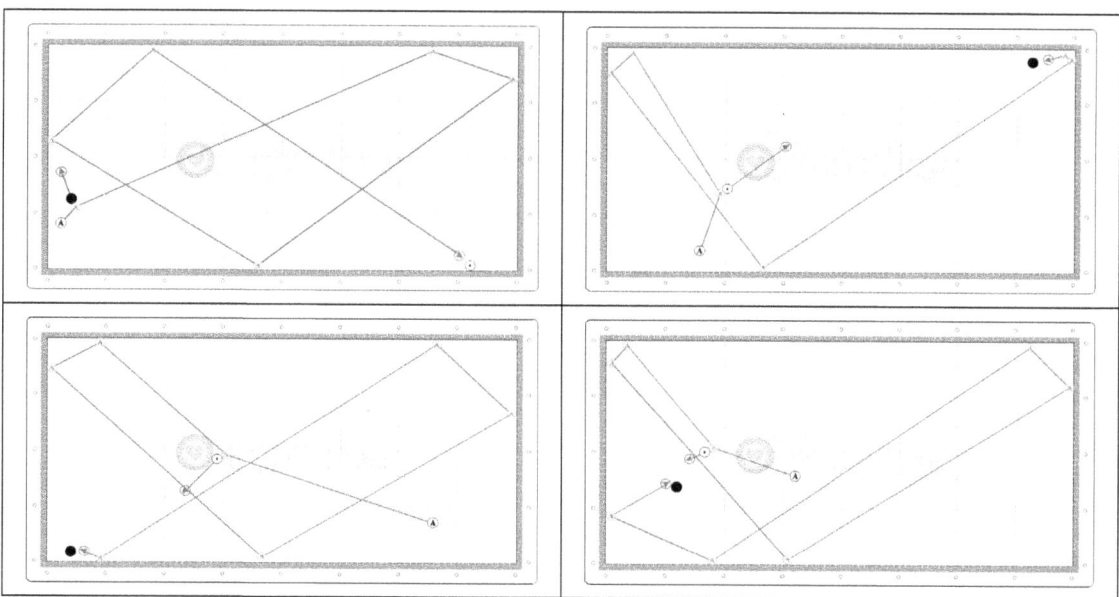

Análise:

J:3a. _____

J:3b. _____

J:3c. _____

J:3d. _____

J:3a – Configuração

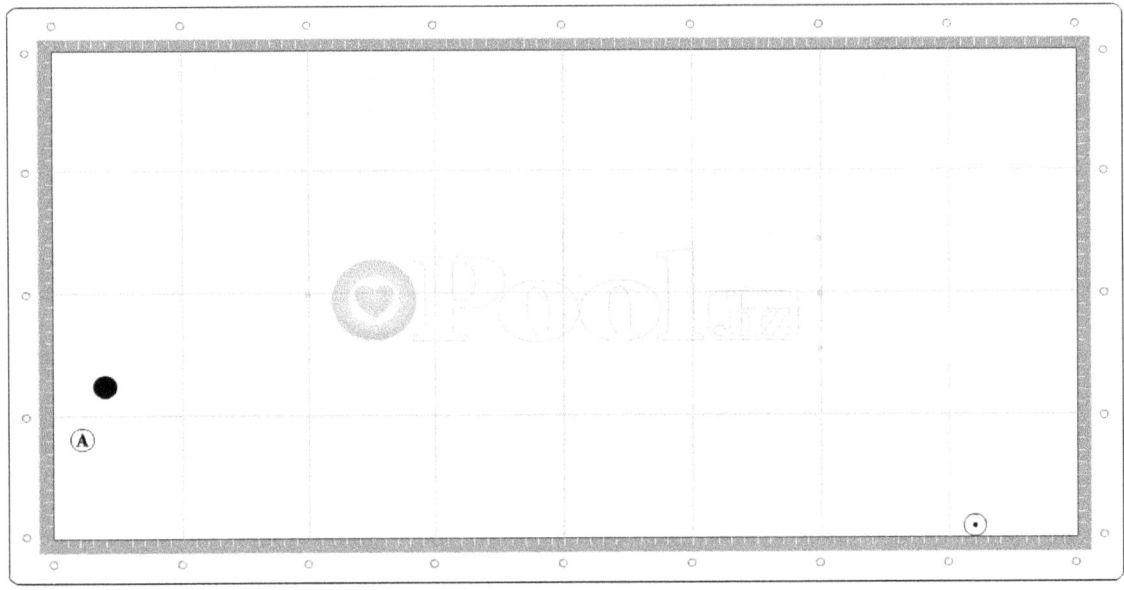

Notas e ideias:

Tiro padrão

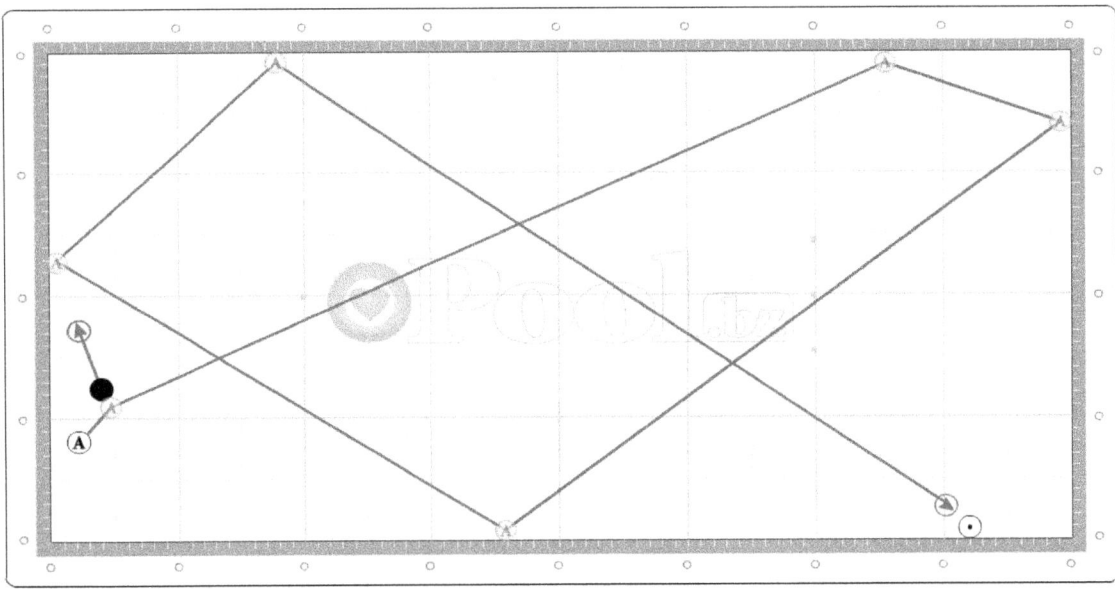

J:3b – Configuração

Notas e ideias:

Tiro padrão

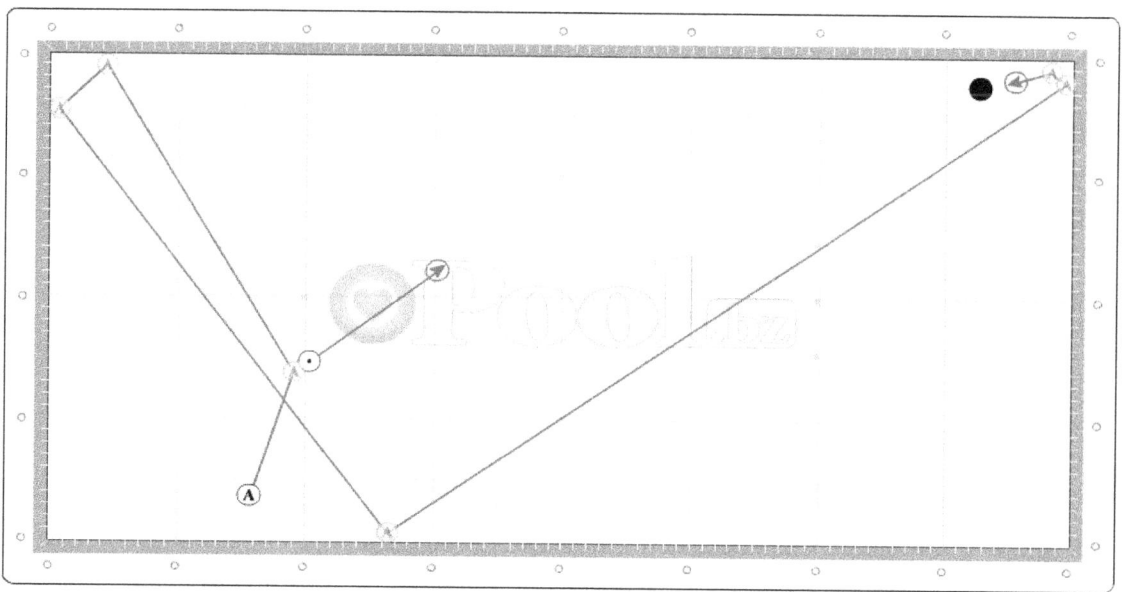

J:3c – Configuração

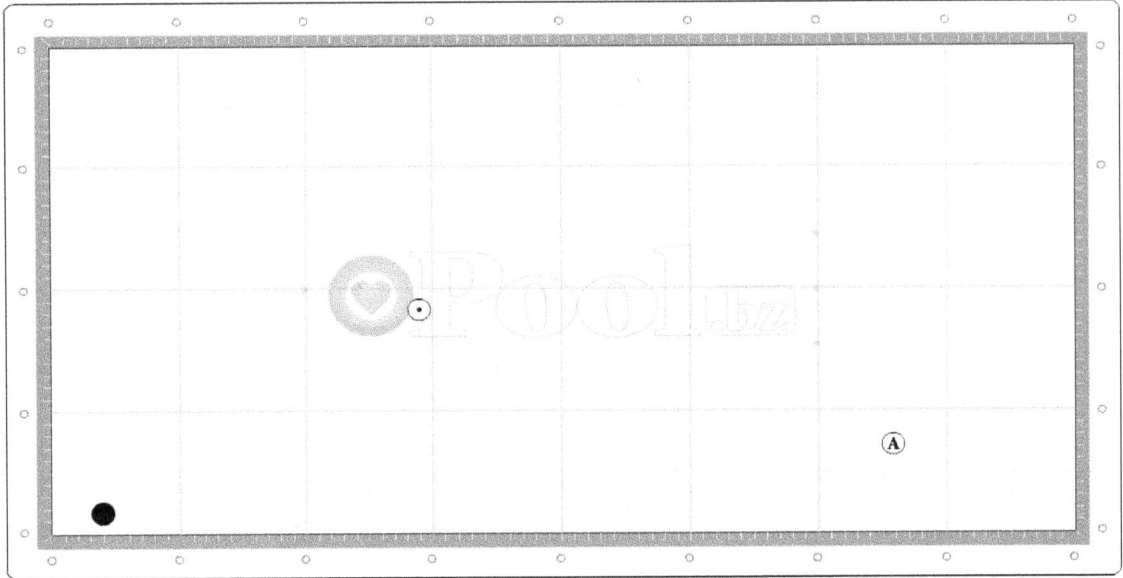

Notas e ideias:

Tiro padrão

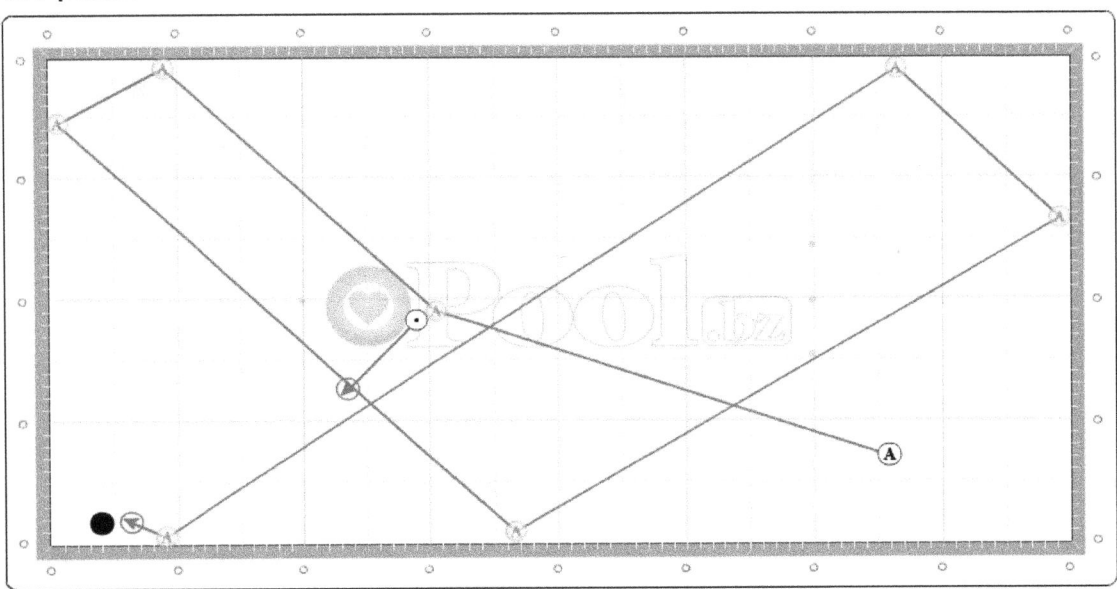

J:3d – Configuração

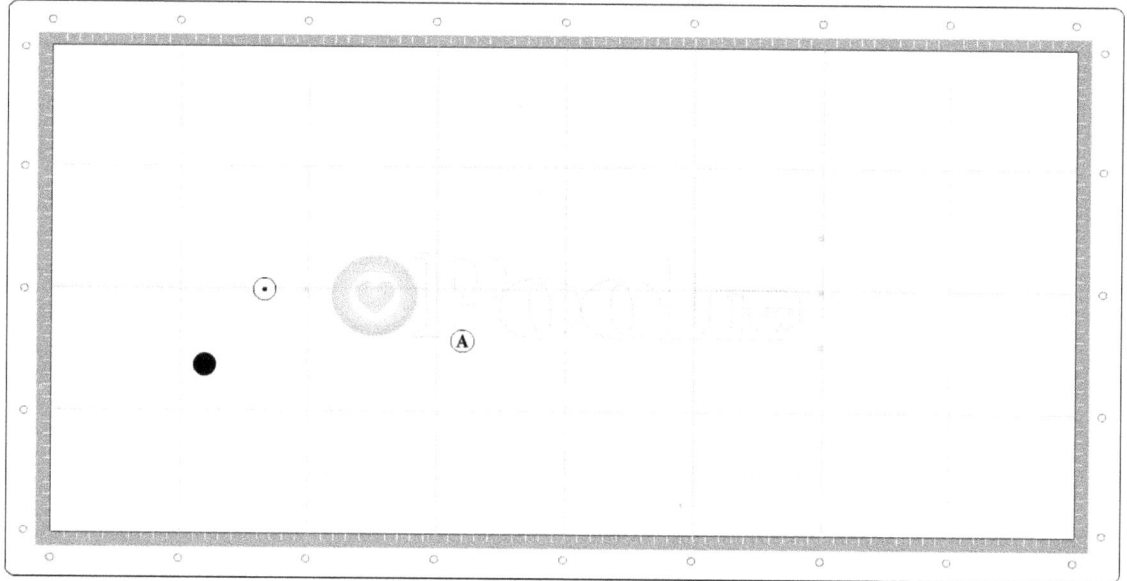

Notas e ideias:

Tiro padrão

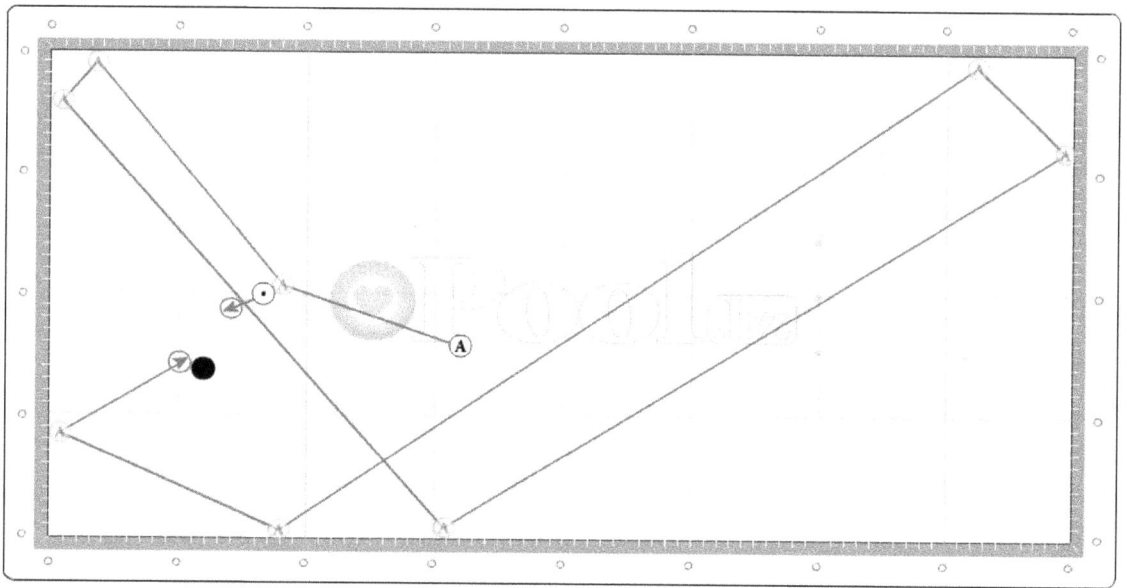

J: Grupo 4

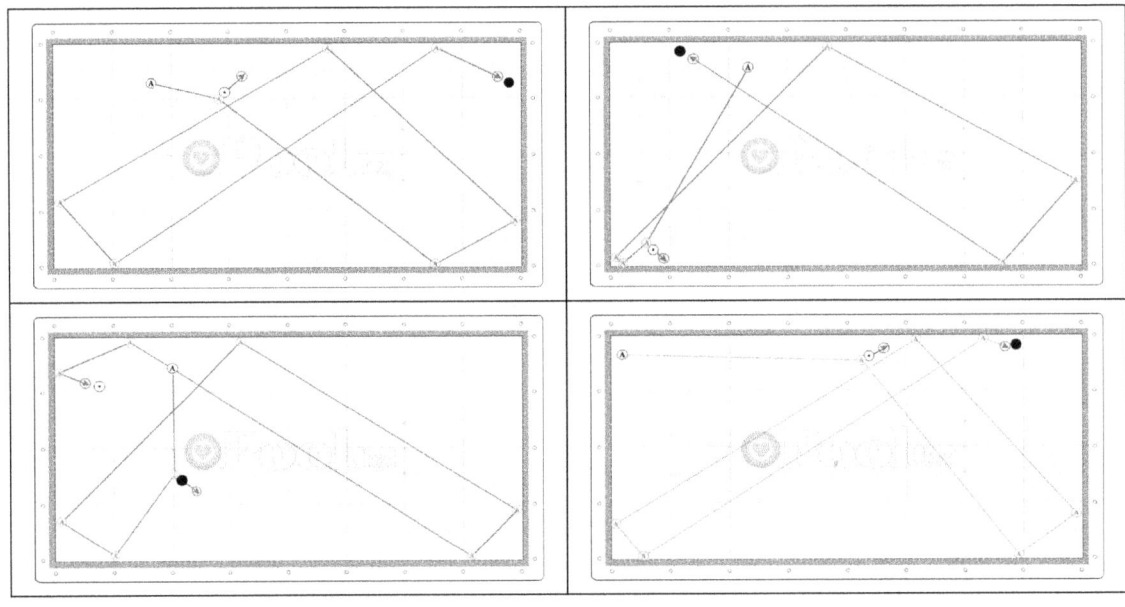

Análise:

J:4a. _____

J:4b. _____

J:4c. _____

J:4d. _____

J:4a – Configuração

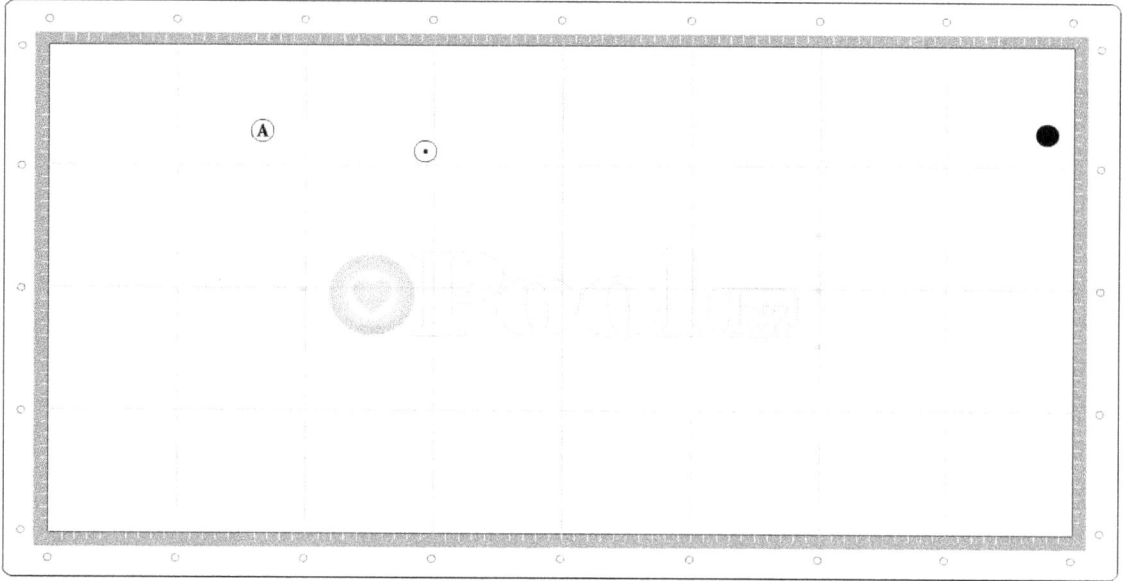

Notas e ideias:

Tiro padrão

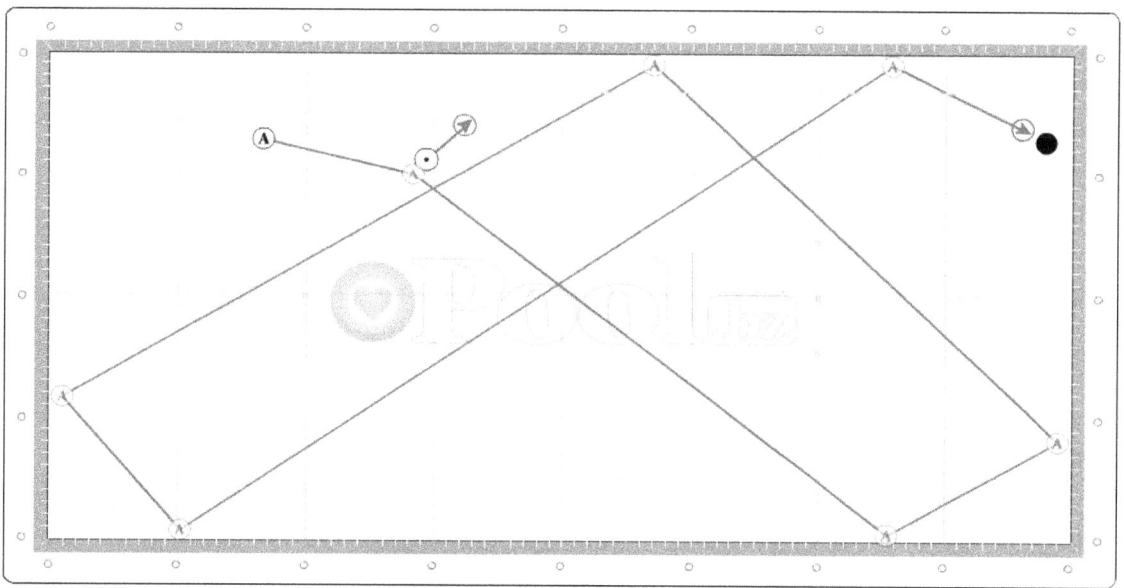

J:4b – Configuração

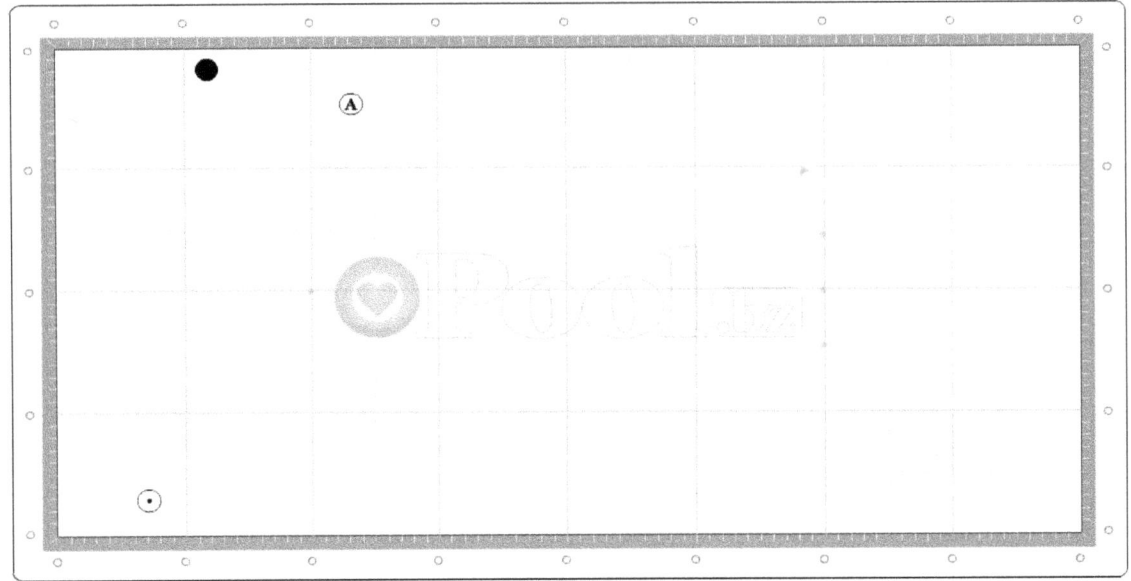

Notas e ideias:

Tiro padrão

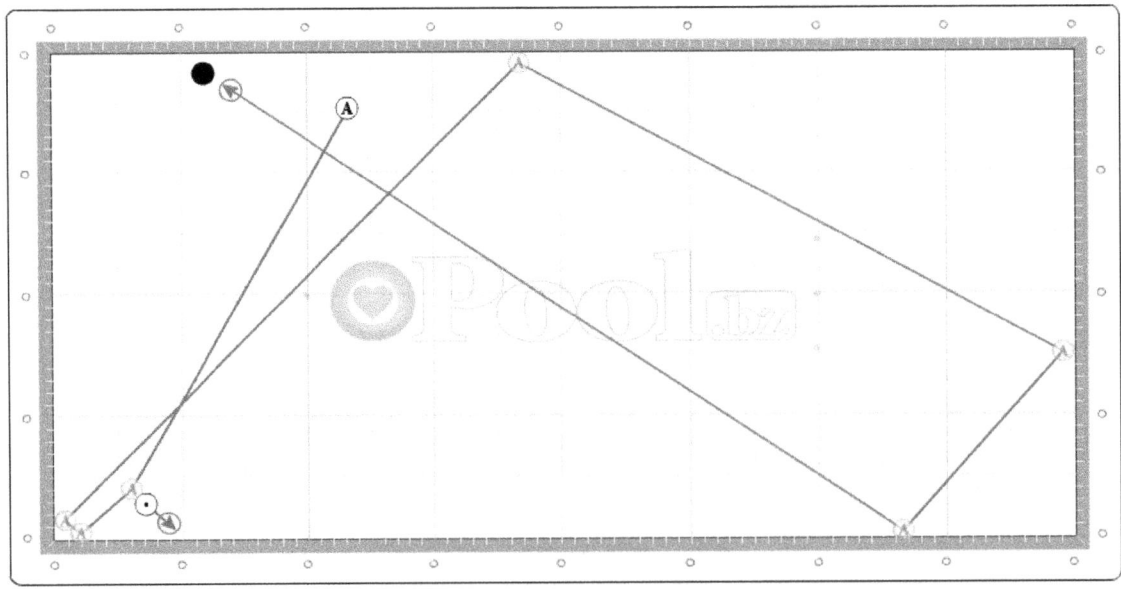

J:4c – Configuração

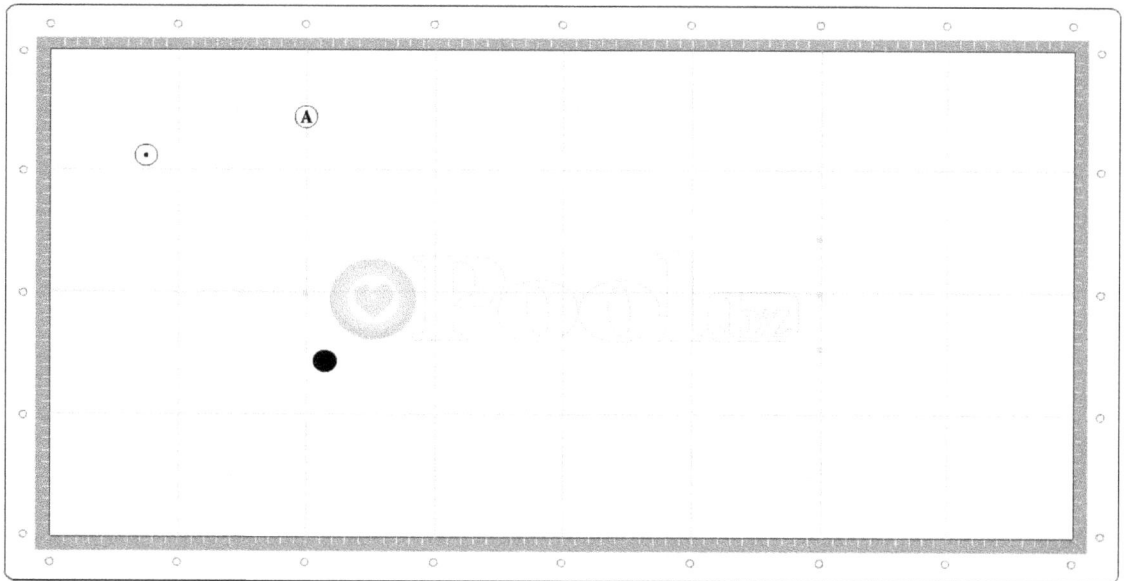

Notas e ideias:

Tiro padrão

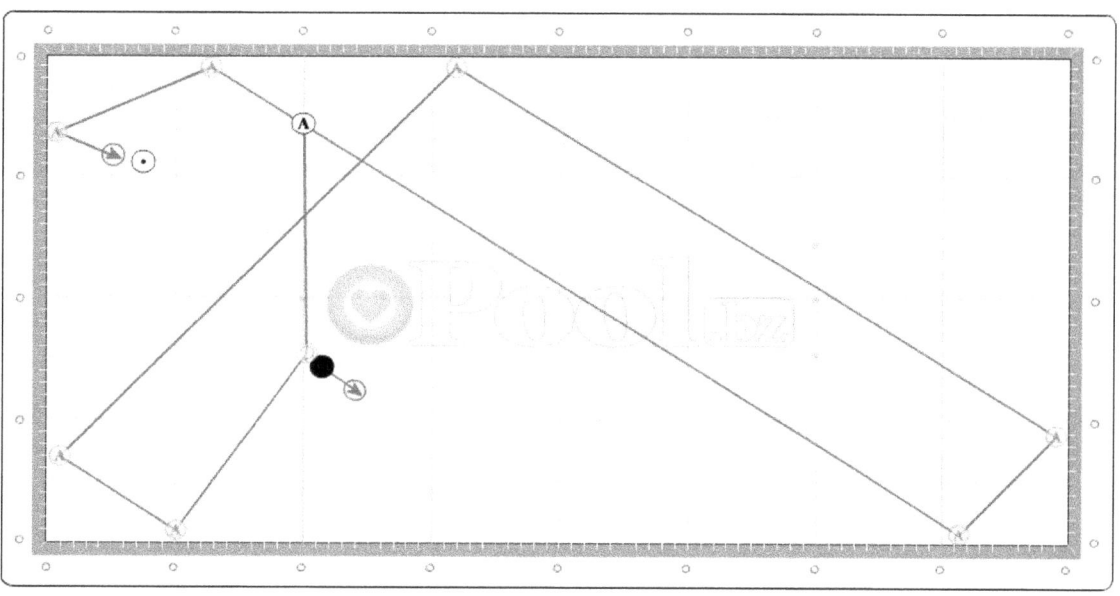

J:4d – Configuração

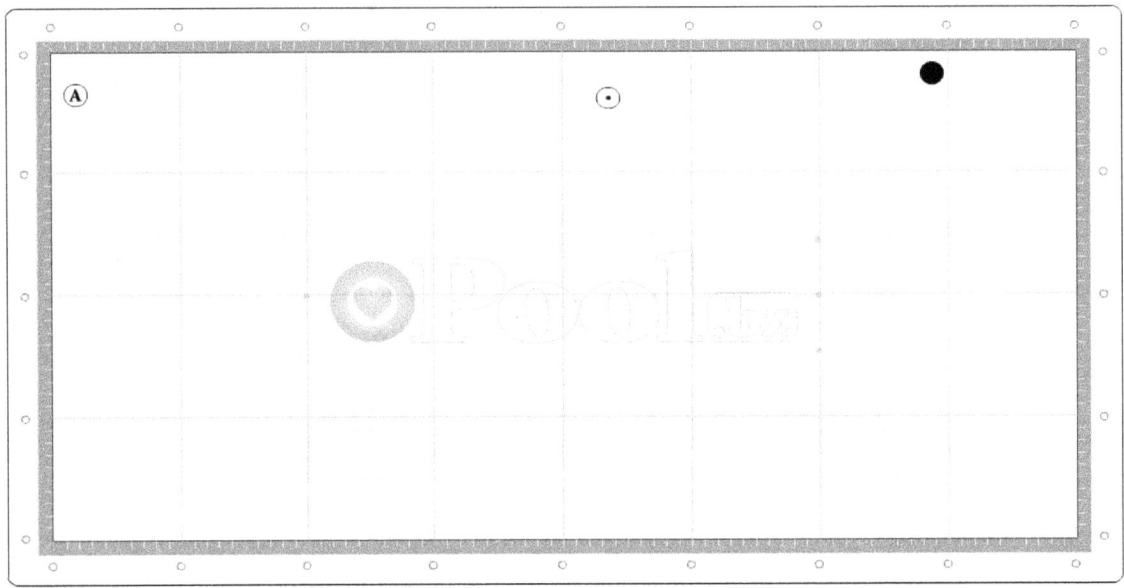

Notas e ideias:

Tiro padrão

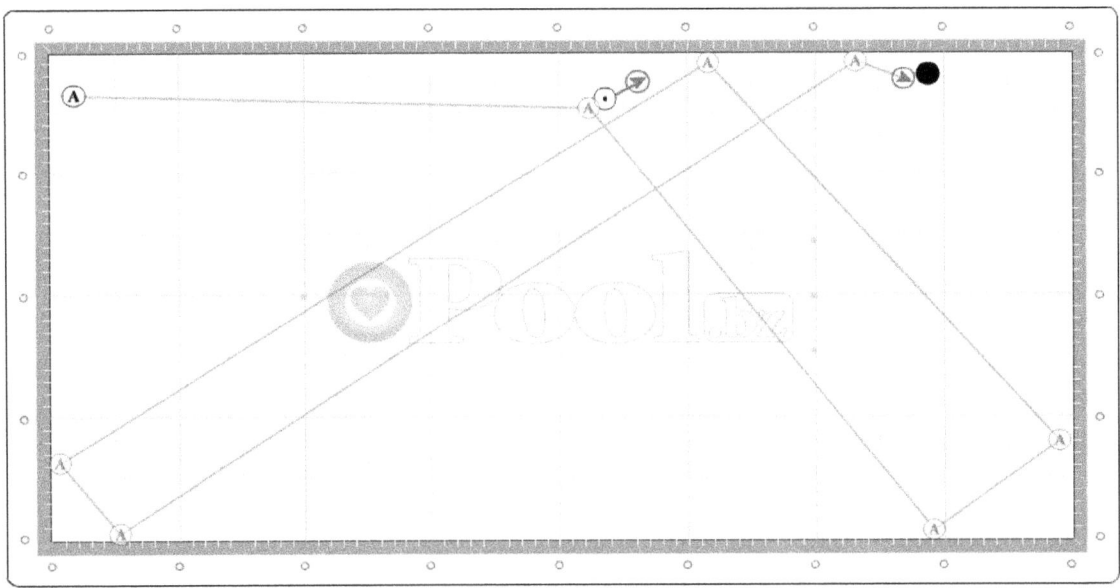

K: Topo duplo da colina

Estas são situações interessantes. O (CB) faz um duplo sobre o padrão de colina.

Ⓐ (CB) (sua bola de bilhar) - ⊙ (OB) (bola de bilhar oponente) - ● (RB) (bola de bilhar vermelha)

K: Grupo 1

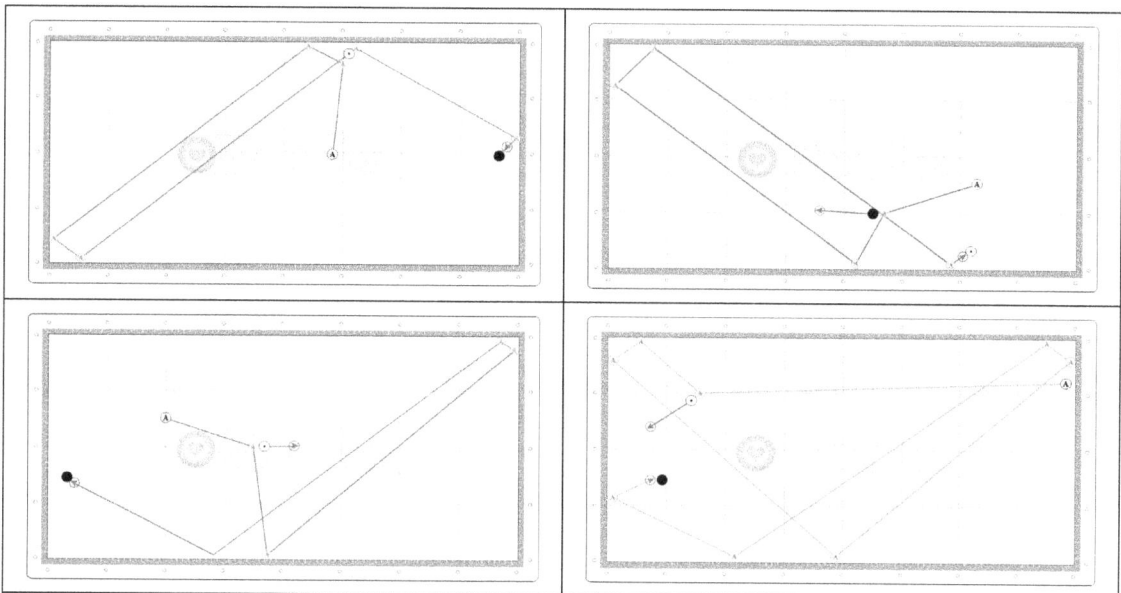

Análise:

K:1a. _____

K:1b. _____

K:1c. _____

K:1d. _____

K:1a – Configuração

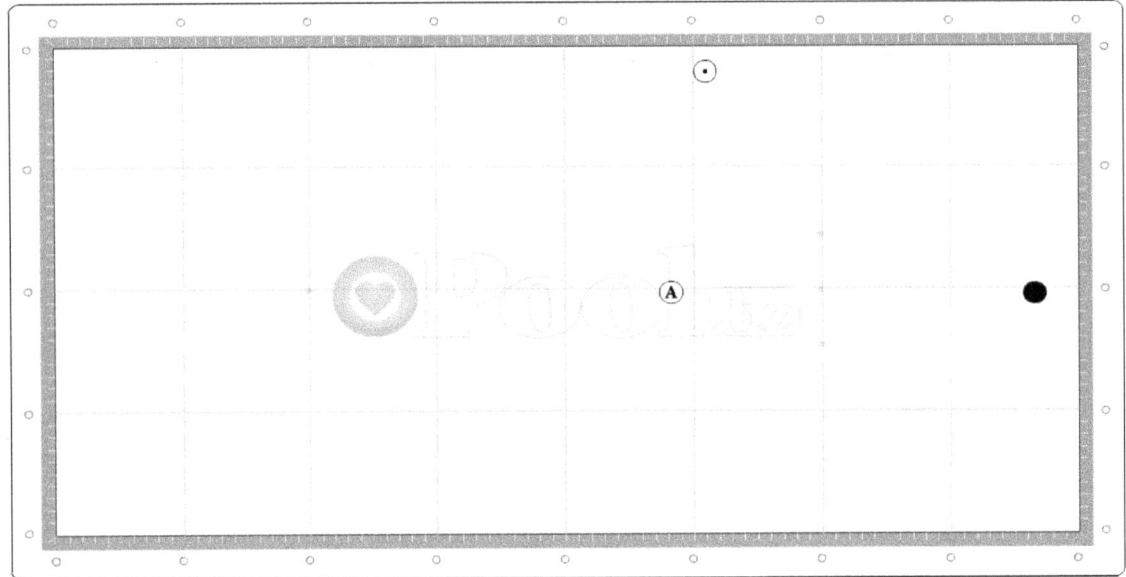

Notas e ideias:

Tiro padrão

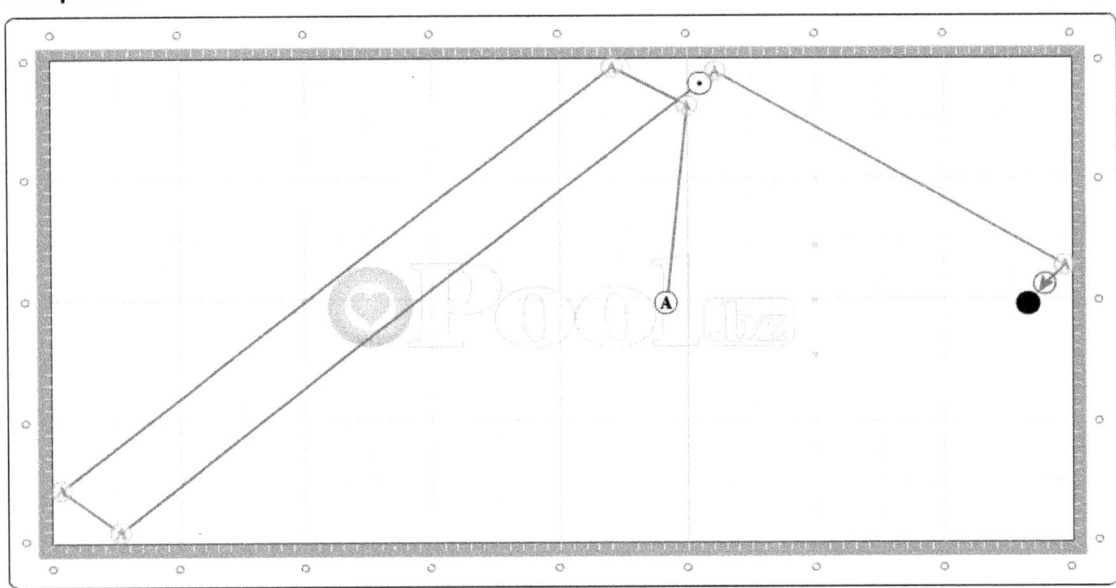

K:1b – Configuração

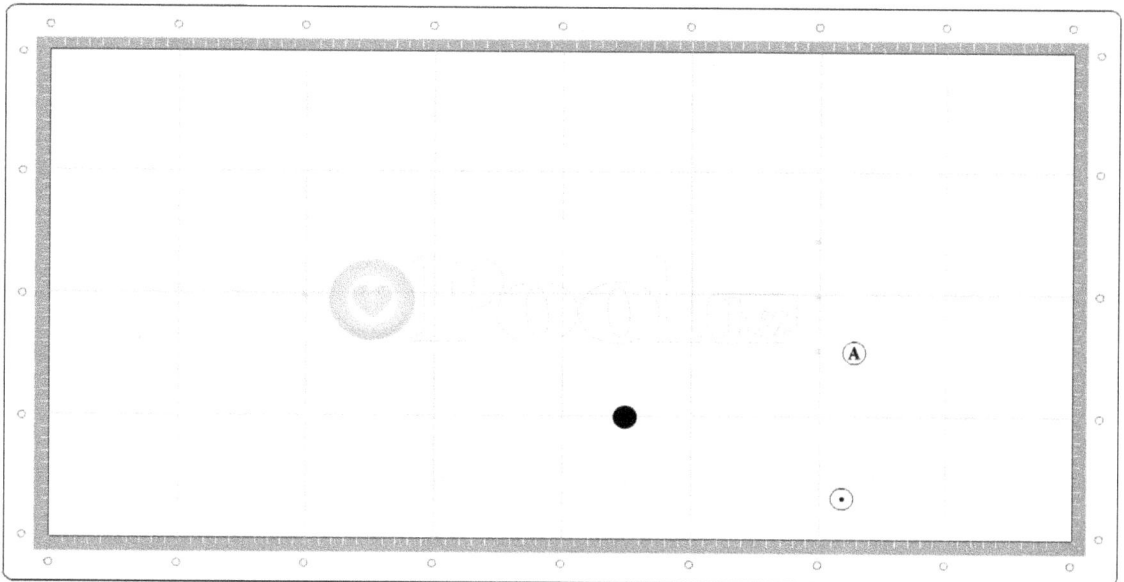

Notas e ideias:

Tiro padrão

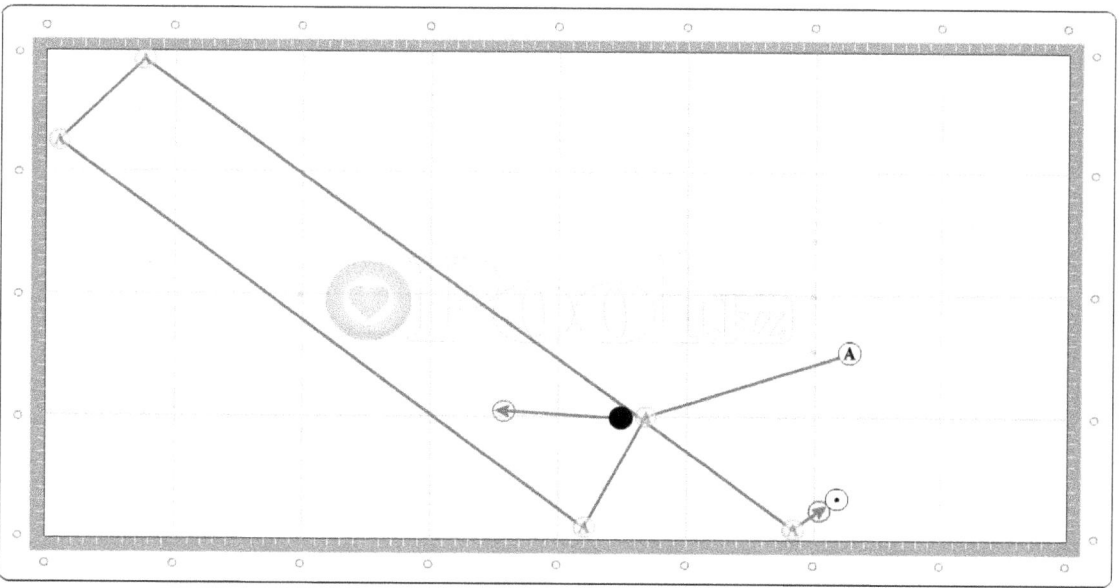

K:1c – Configuração

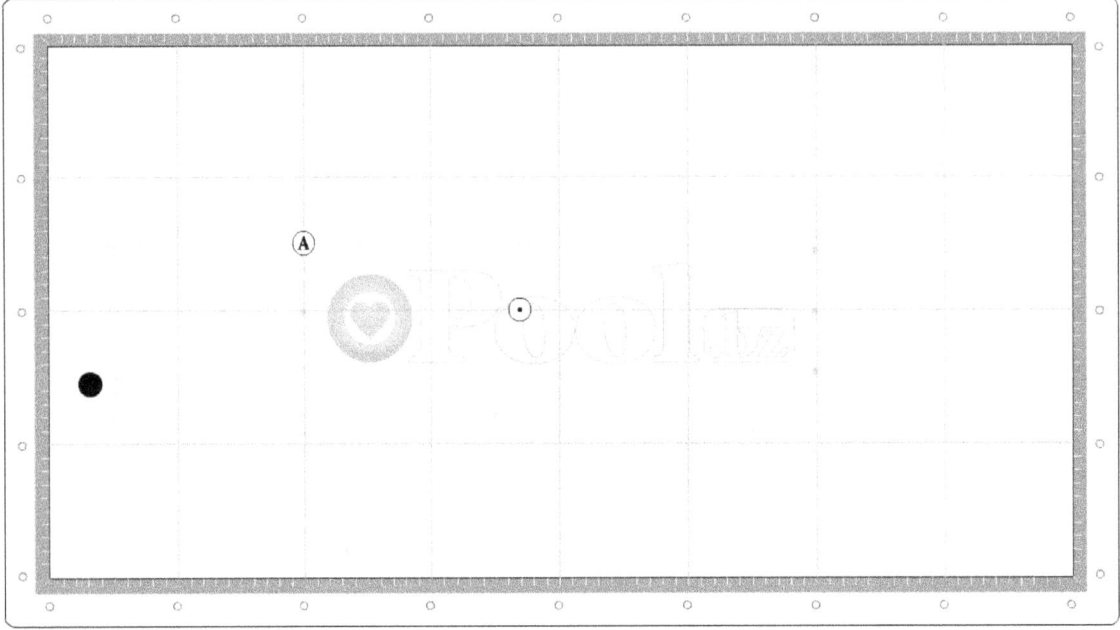

Notas e ideias:

Tiro padrão

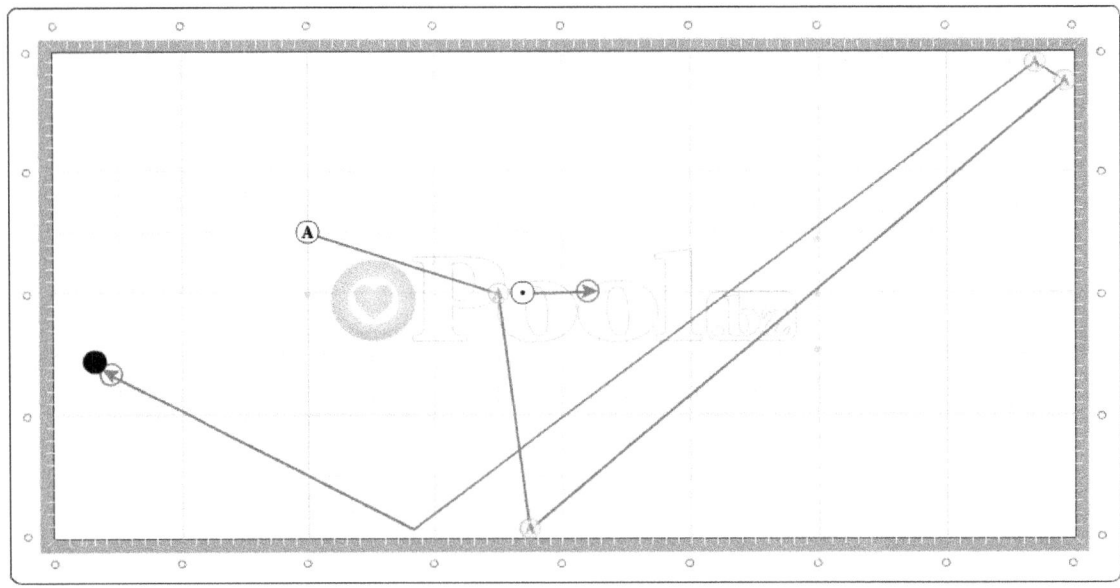

K:1d – Configuração

Notas e ideias:

Tiro padrão

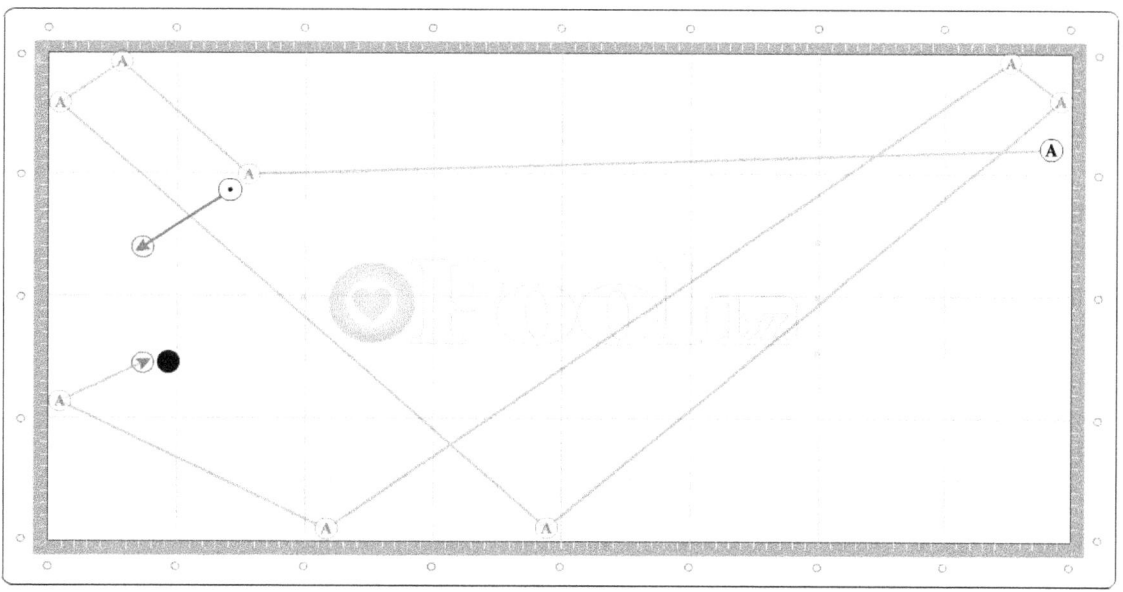

L: Gancho de retorno externo

O (CB) contata o primeiro (OB) e vai para o meio da tabelas longa. O (CB), em seguida, viaja para o canto, primeiro tabelas longa. Então o (CB) contata o outro (OB).

Ⓐ (CB) (sua bola de bilhar) - ⊙ (OB) (bola de bilhar oponente) - ● (RB) (bola de bilhar vermelha)

L: Grupo 1

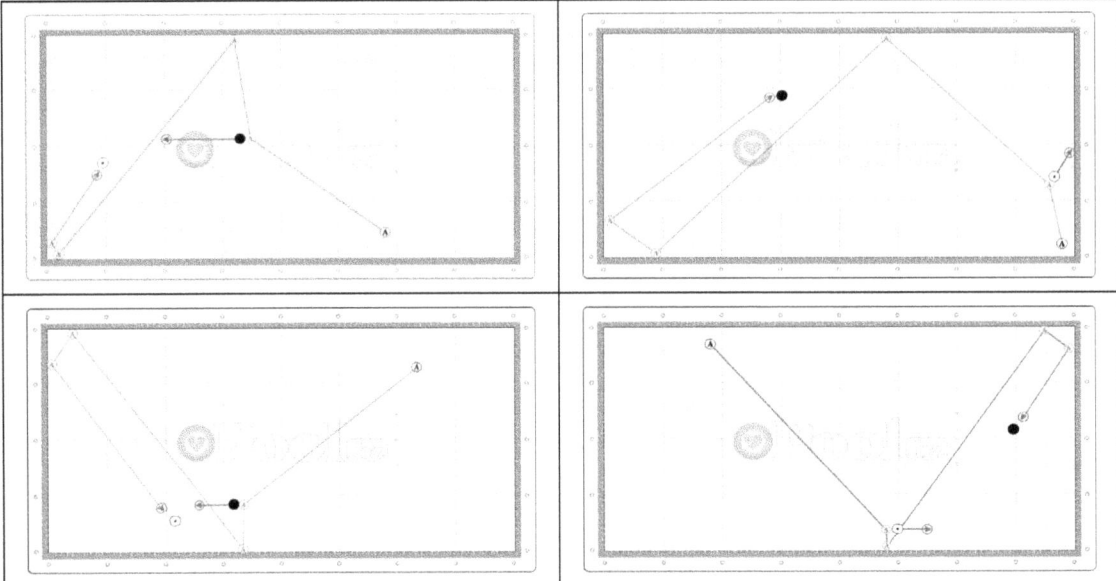

Análise:

L:1a. _____

L:1b. _____

L:1c. _____

L:1d. _____

L:1a – Configuração

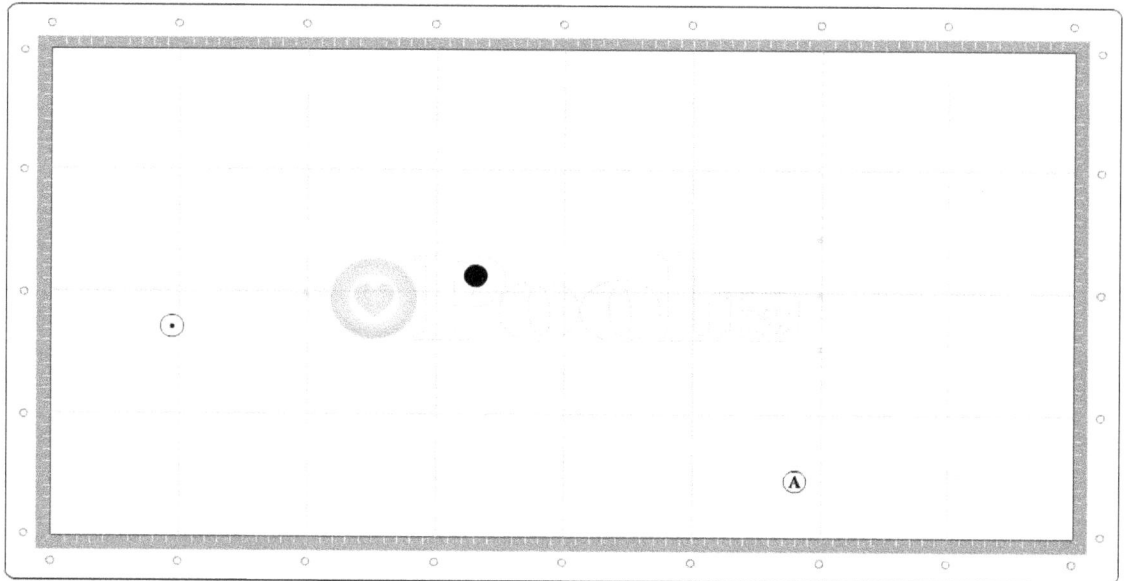

Notas e ideias:

Tiro padrão

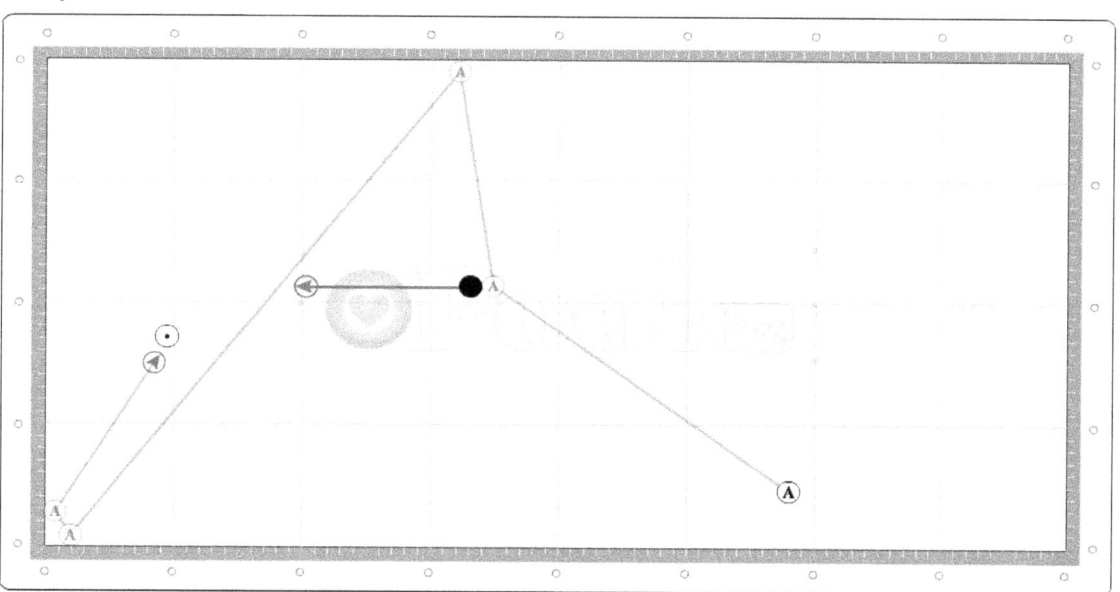

L:1b – Configuração

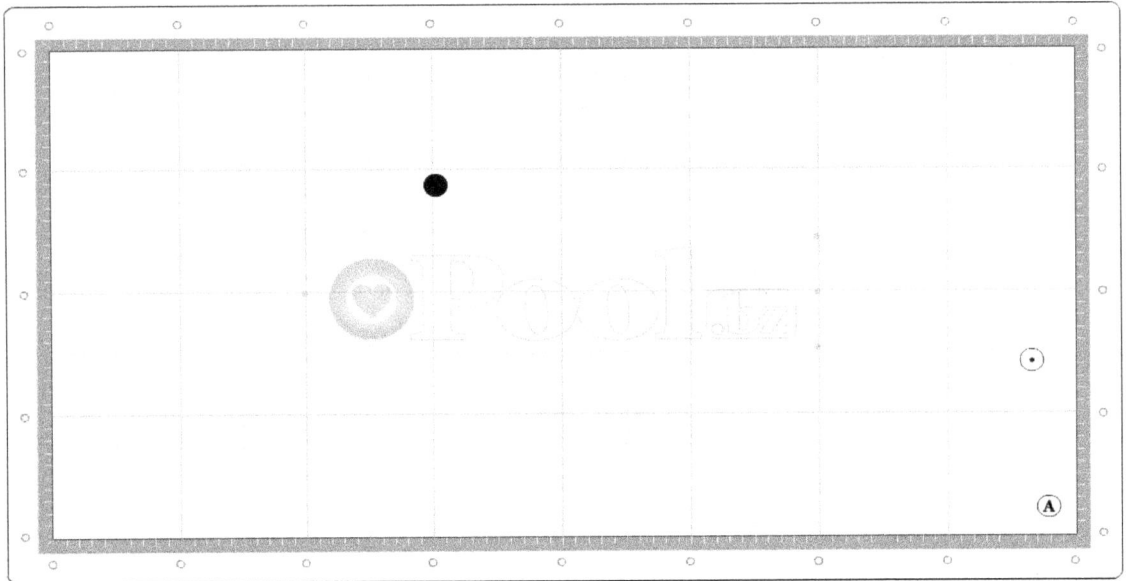

Notas e ideias:

Tiro padrão

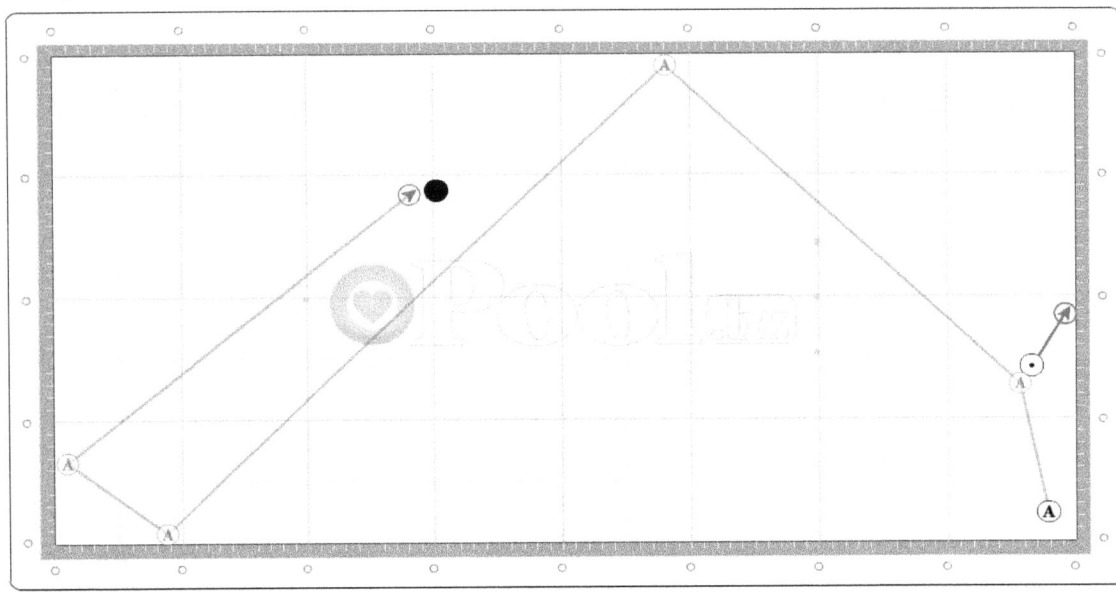

L:1c – Configuração

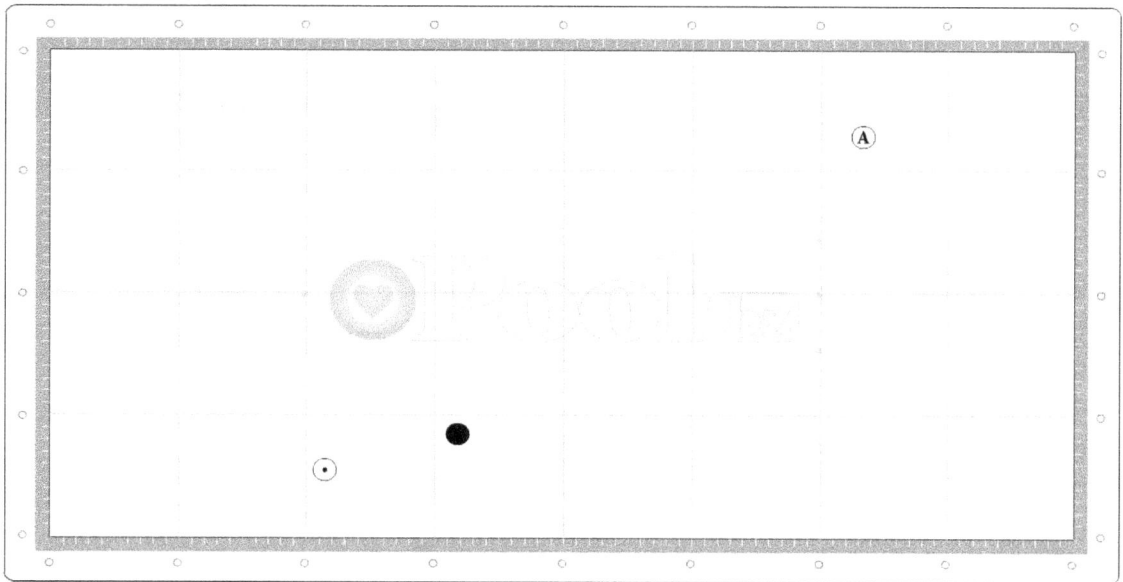

Notas e ideias:

Tiro padrão

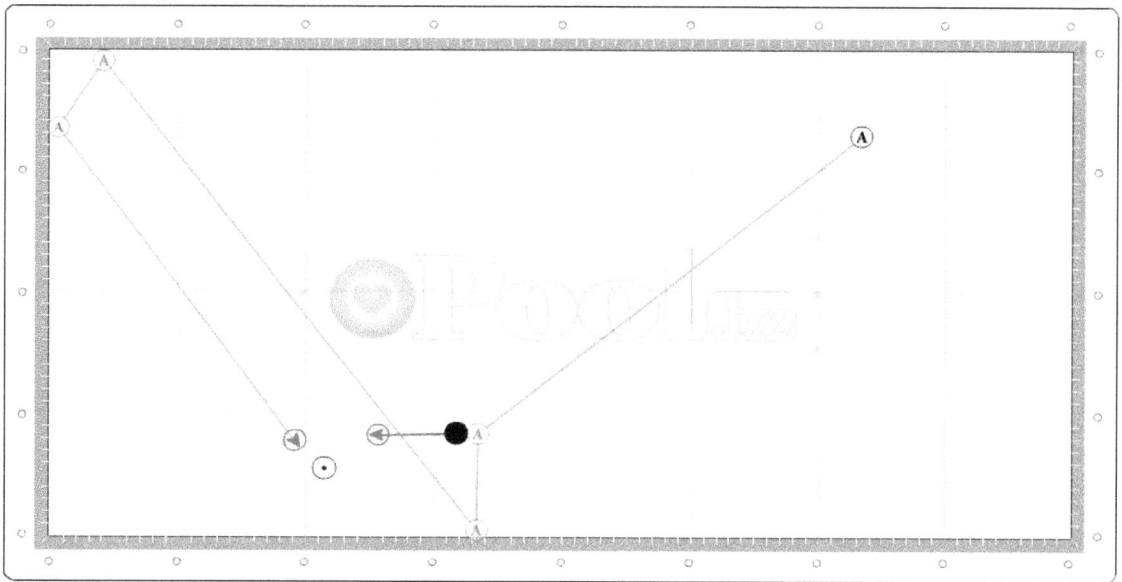

L:1d – Configuração

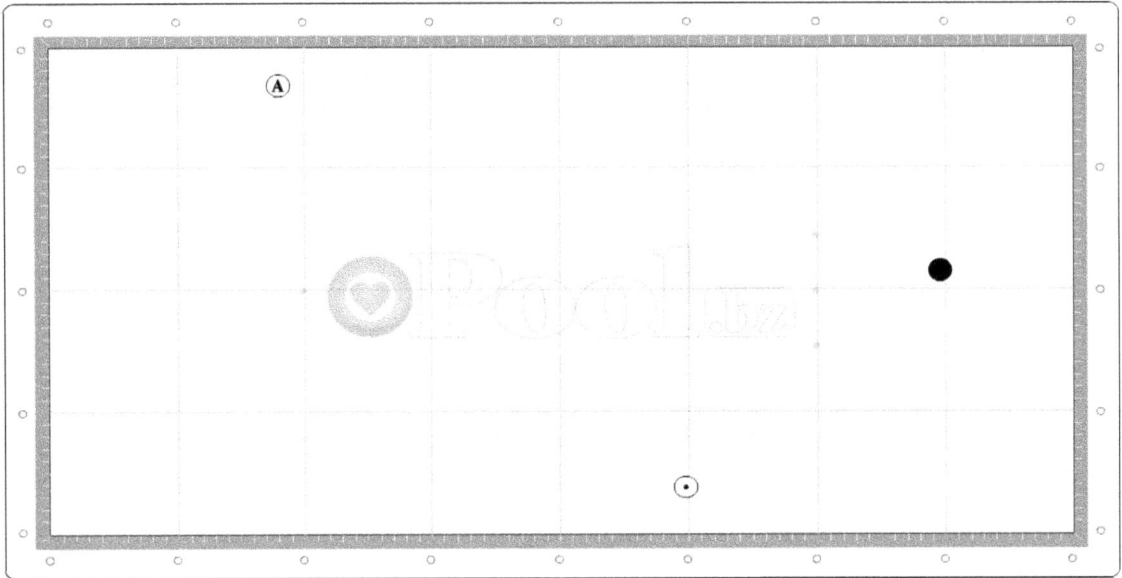

Notas e ideias:

Tiro padrão

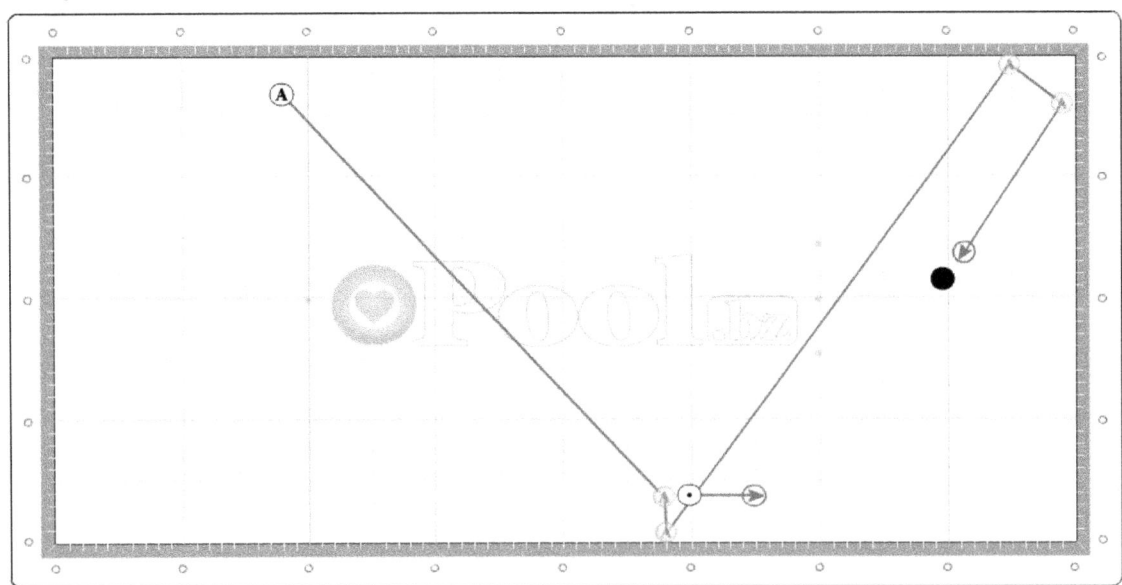

L: Grupo 2

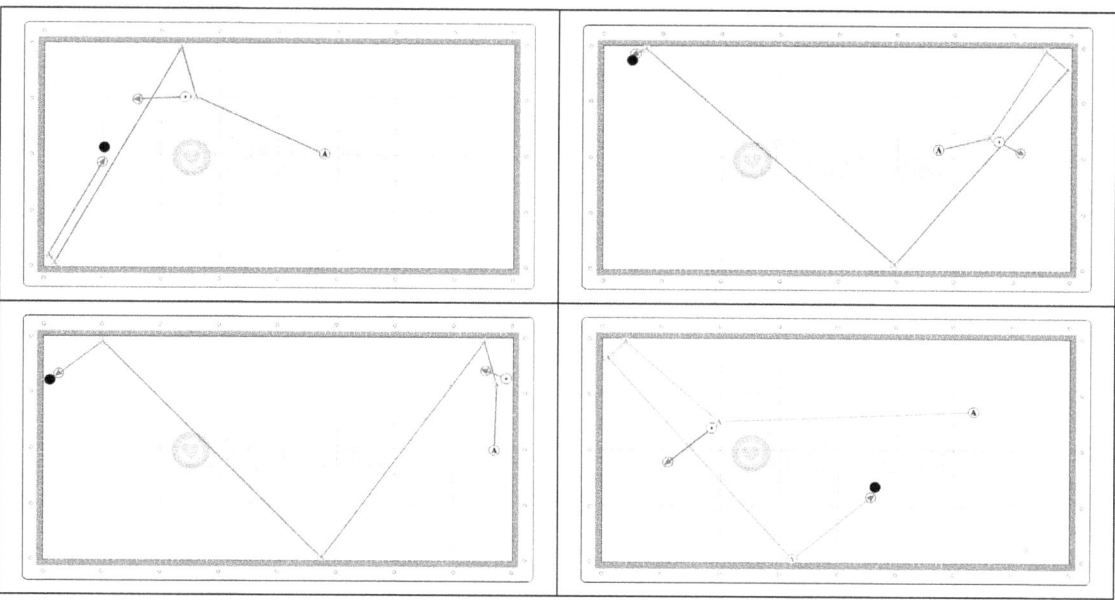

Análise:

L:2a. _____

L:2b. _____

L:2c. _____

L:2d. _____

L:2a – Configuração

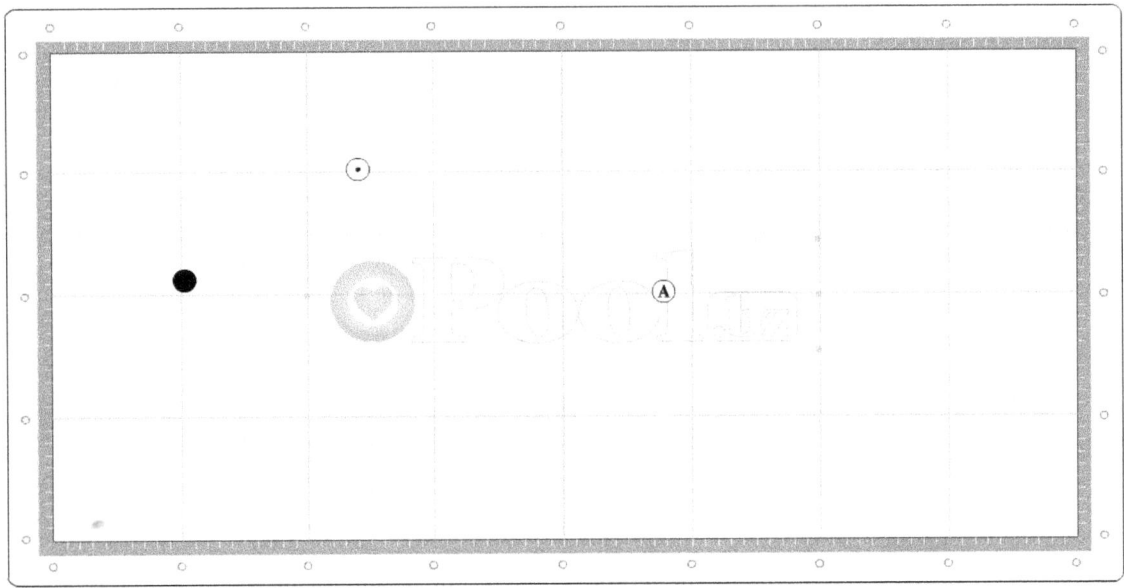

Notas e ideias:

Tiro padrão

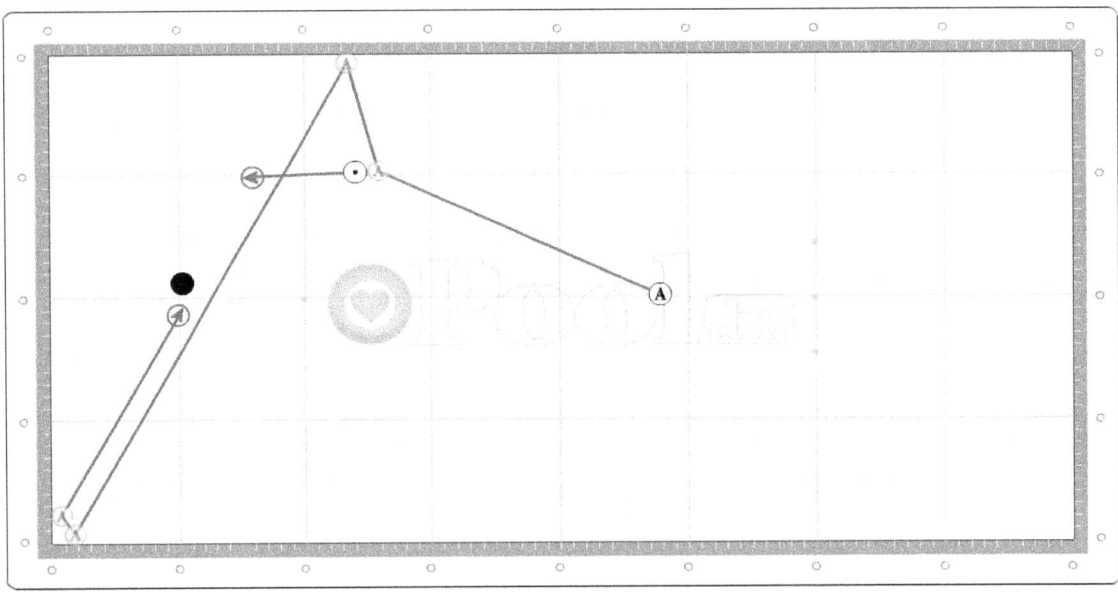

L:2b – Configuração

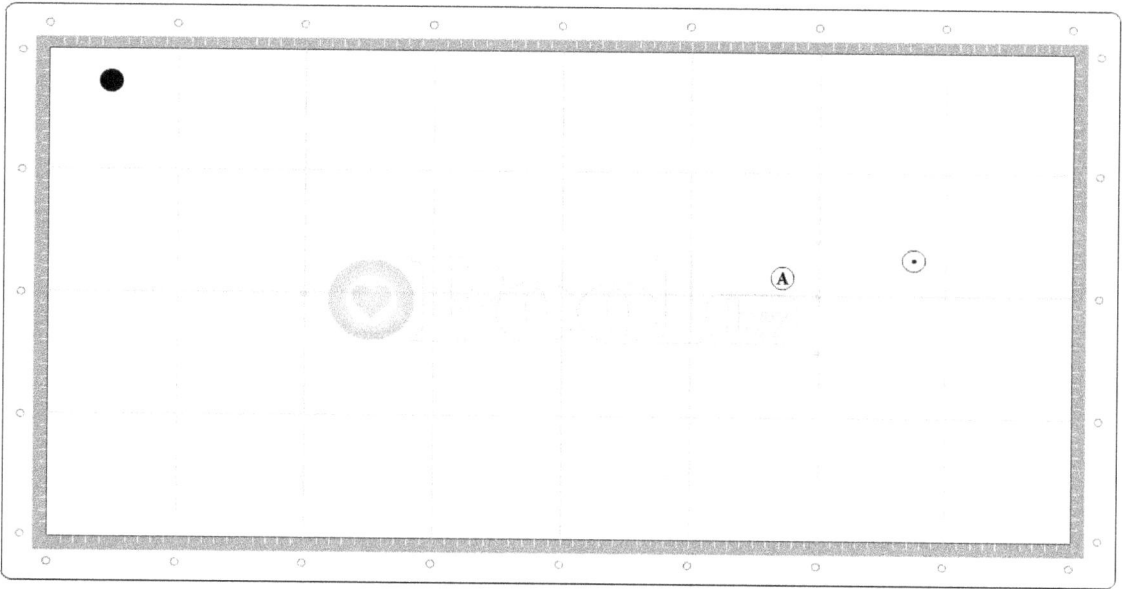

Notas e ideias:

Tiro padrão

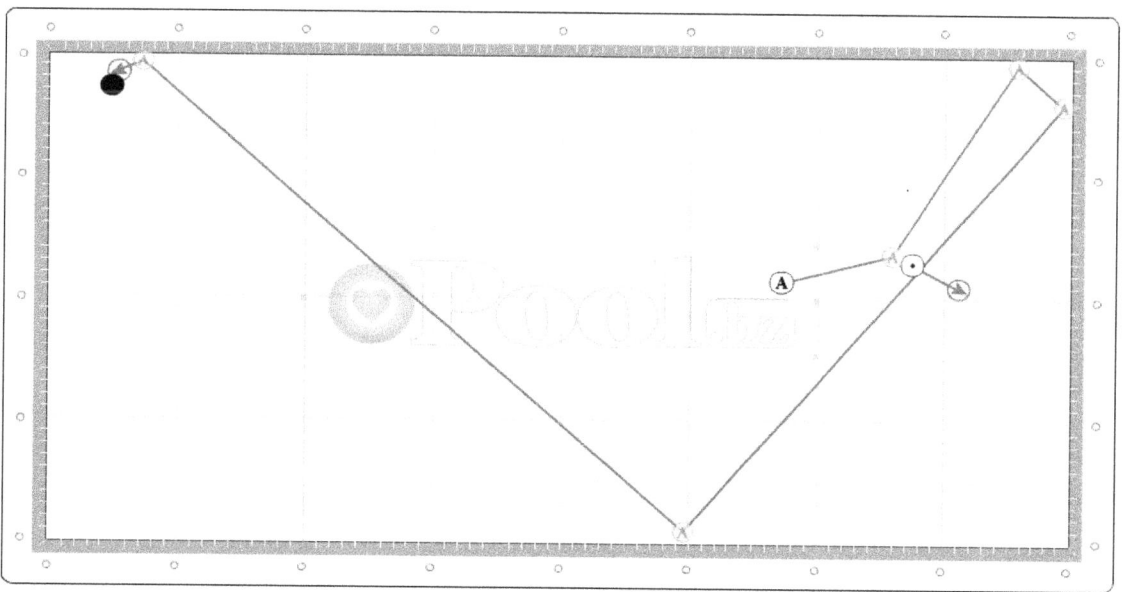

L:1c – Configuração

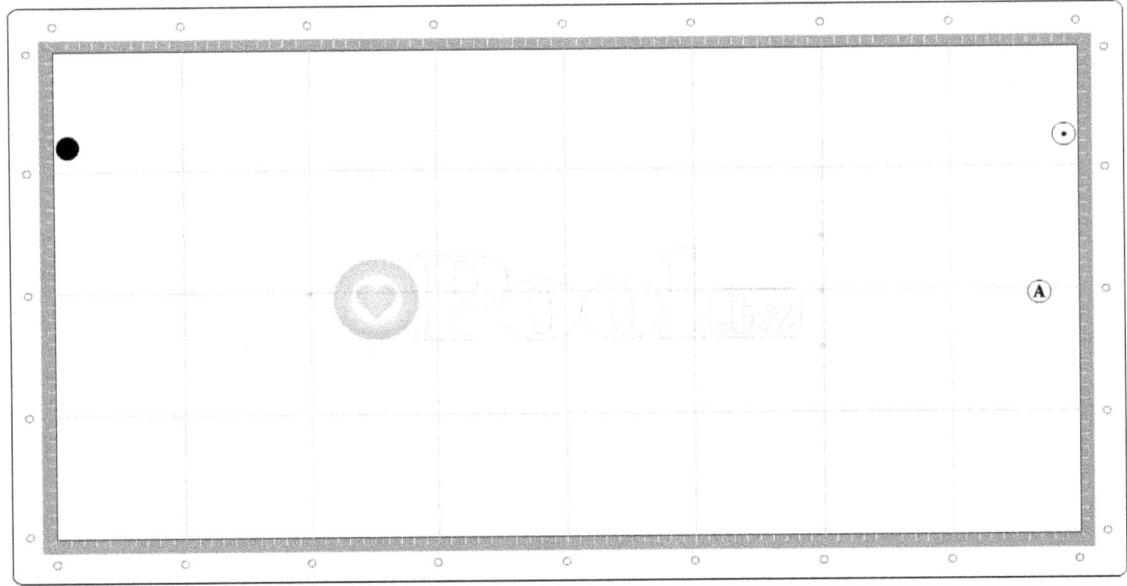

Notas e ideias:

Tiro padrão

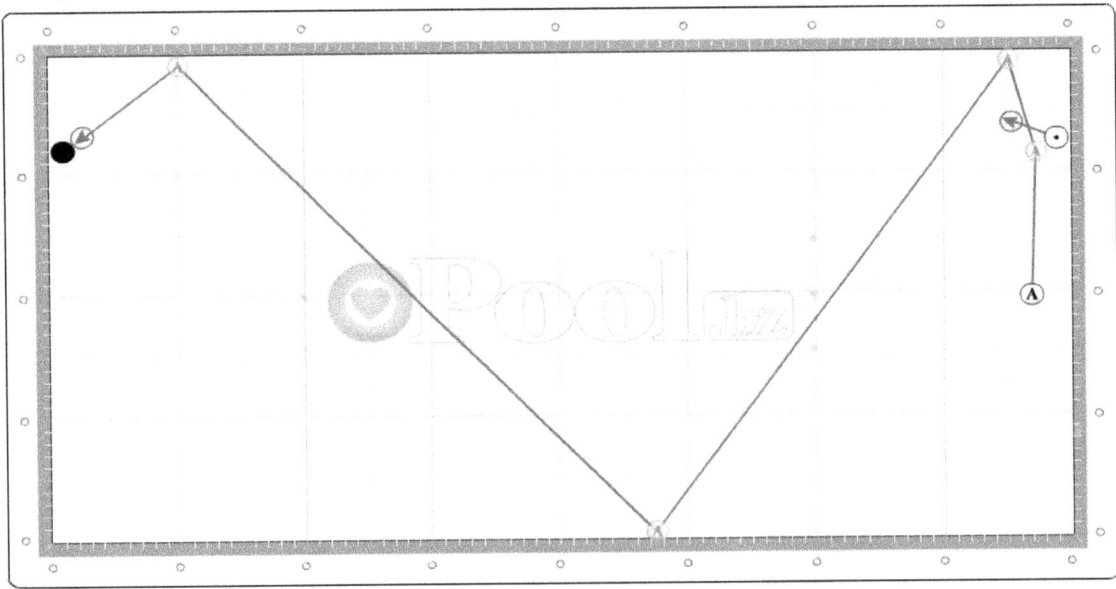

L:2d – Configuração

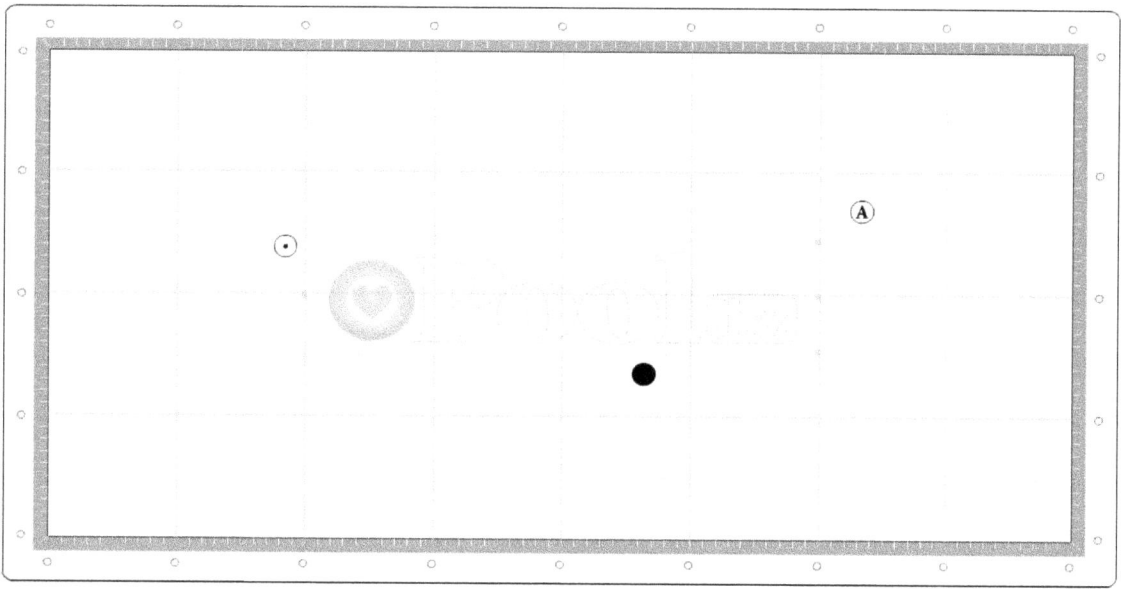

Notas e ideias:

Tiro padrão

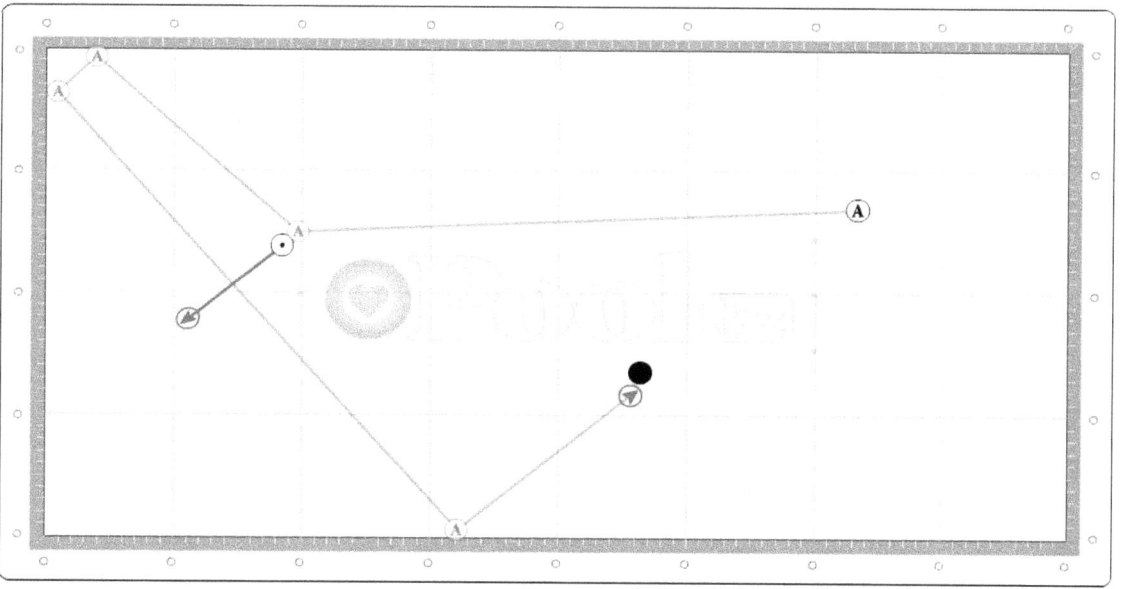

M: Retorno ao canto externo (tabelas curta)

O (CB) sai do primeiro (OB) e depois para o canto, tabelas curta primeiro. O (CB) sobe a colina. No lado negativo, o (CB) contata o outro (OB).

Ⓐ (CB) (sua bola de bilhar) - ⊙ (OB) (bola de bilhar oponente) - ● (RB) (bola de bilhar vermelha)

M: Grupo 1

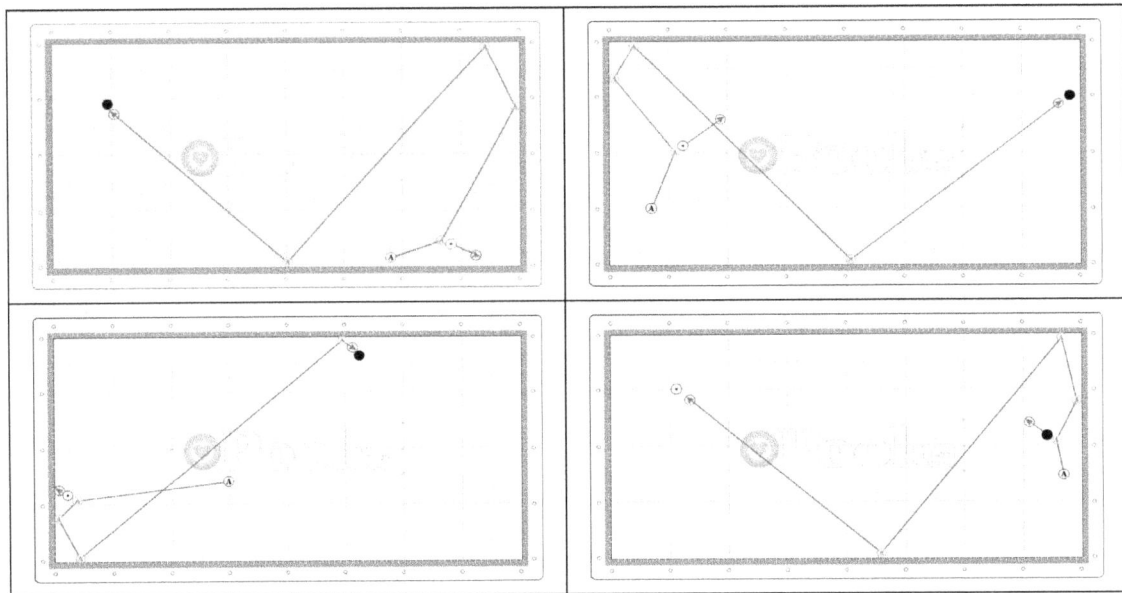

Análise:

M:1a. _____

M:1b. _____

M:1c. _____

M:1d. _____

M:1a – Configuração

Notas e ideias:

Tiro padrão

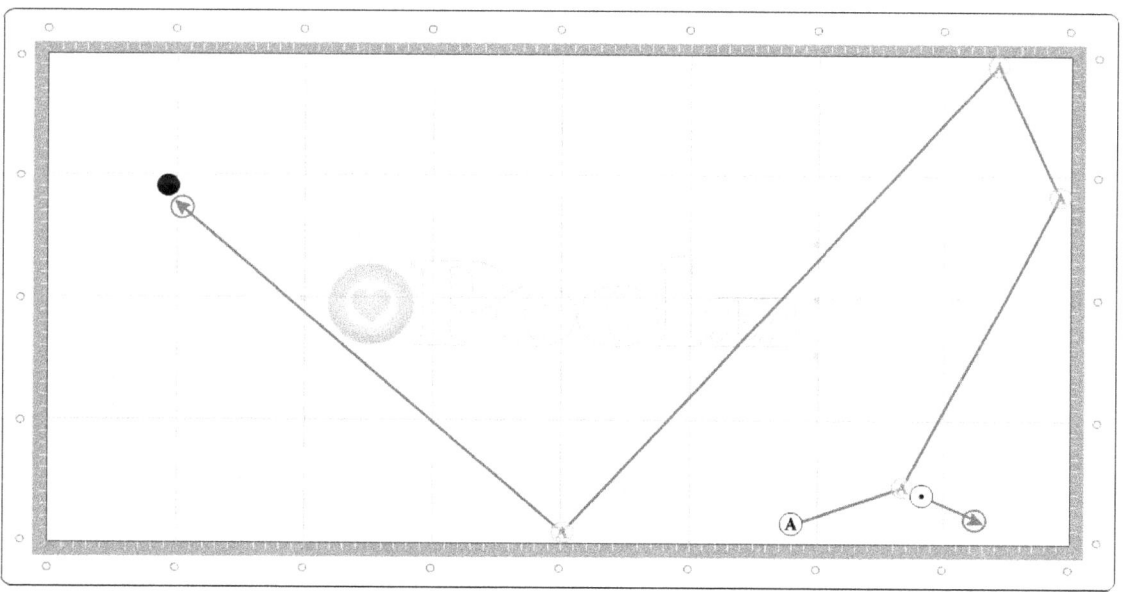

M:1b – Configuração

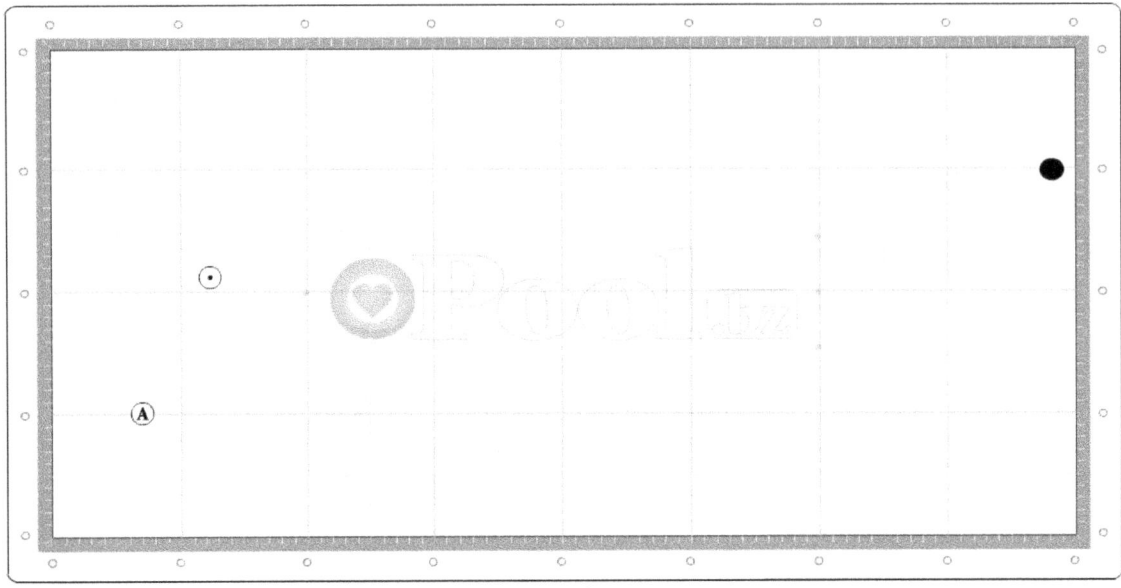

Notas e ideias:

Tiro padrão

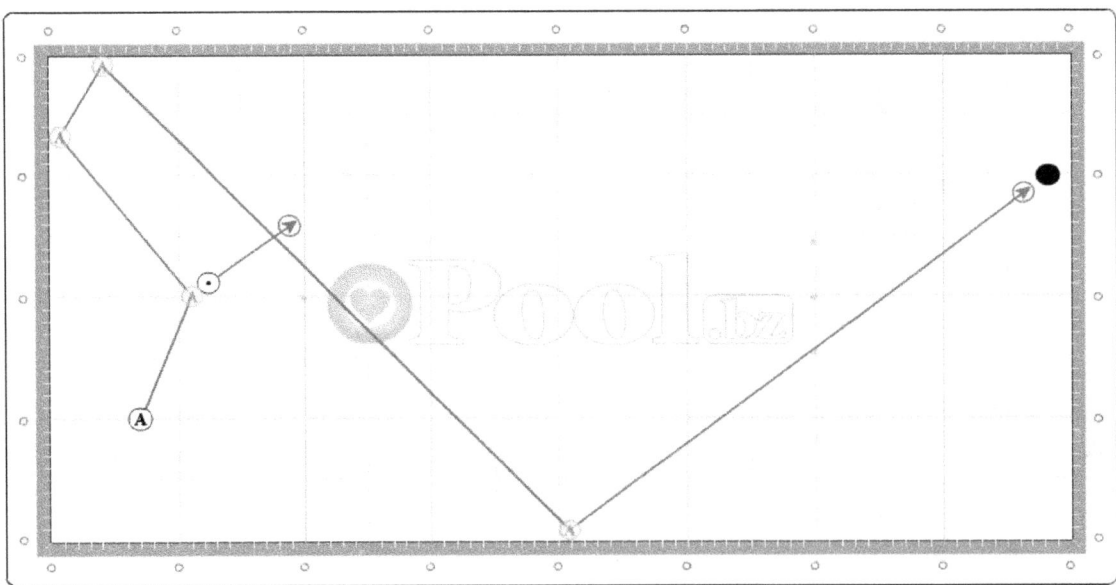

M:1c – Configuração

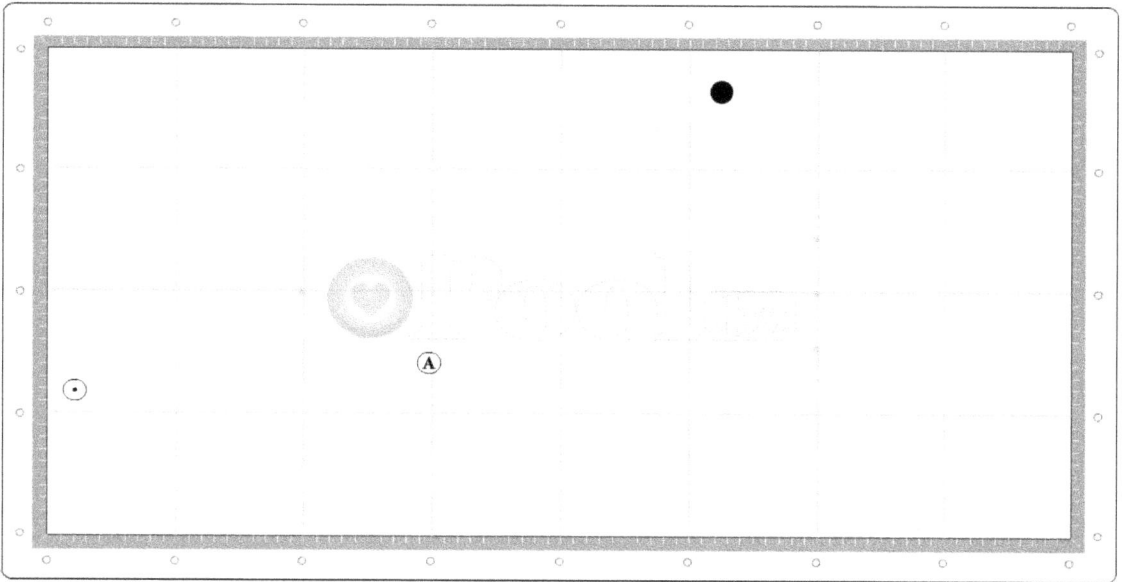

Notas e ideias:

Tiro padrão

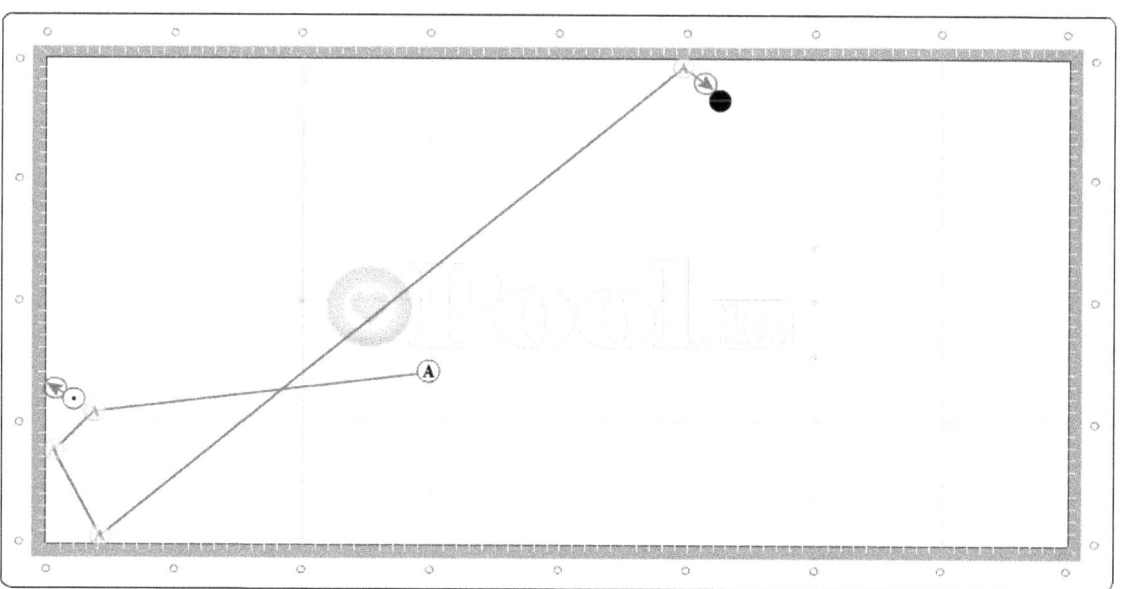

M:1d – Configuração

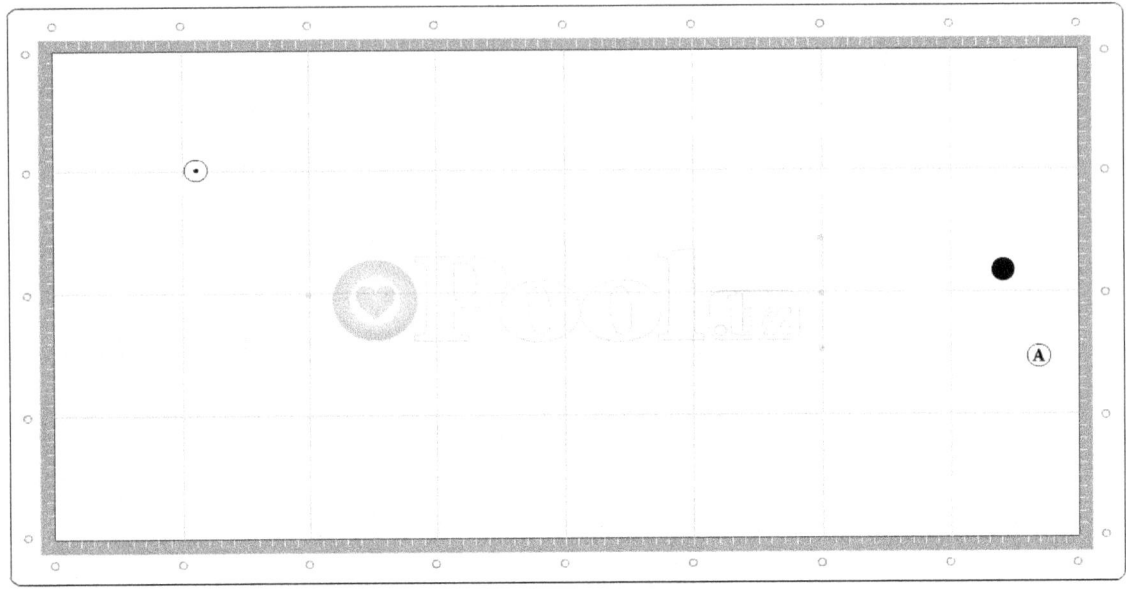

Notas e ideias:

Tiro padrão

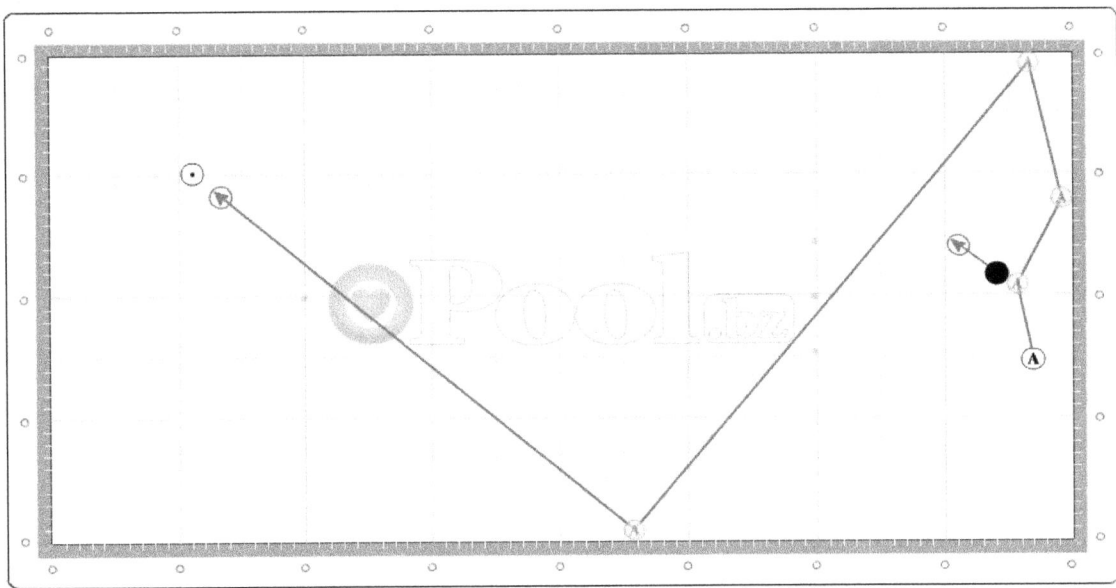

www.ingramcontent.com/pod-product-compliance
Lightning Source LLC
Chambersburg PA
CBHW080336170426
43194CB00014B/2593